MARLISA SZWILLUS

ASIATISCH
gut
GEKOCHT!
DAS GRUNDKOCHBUCH

MARLISA SZWILLUS

ASIATISCH
gut
GEKOCHT!
DAS GRUNDKOCHBUCH

Fotos von Alexander Walter

KOSMOS

ALLES, WAS MAN BRAUCHT

Länderübersicht **6**
Vorwort **7**

Küchenwerkzeug **10**
Die richtige Grundausstattung für die Asia-Küche.

Gemüse und Pilze **12**
Küchentechniken für den Umgang mit Paksoi, Thai-Spargel, Shiitake-Pilzen & Co.

Kräuter **22**
Asia-Kräuter und exotische Würzzutaten richtig vorbereiten.

Früchte **30**
Küchenkniffe für die Zubereitung von exotischen Obstsorten.

Asiens Geheimnis **36**
...steckt in der Würze – Wissenswertes zu Würzsaucen, Pasten, Gewürzen & Co.

Reissorten **40**
Unverzichtbar und vielseitig: die Reissorten Asiens in der Übersicht.

Nudelsorten **42**
Abwechslungs- und formenreich: Hier zeigen sich Teigwaren von ihrer asiatischen Seite.

JETZT WIRD GEKOCHT

Pfannenrühren **46**
Dieses Zeichen finden Sie bei pfannengerührten Rezepten.

Schmoren **48**
Schmorrezepte werden mit diesem Symbol signalisiert.

Dämpfen **50**
Wird in einem Rezept gedämpft, ist dieses Zeichen zu sehen.

Frittieren **52**
Rezepte, in denen frittiert wird, sind mit diesem Icon ausgezeichnet.

Grundrezepte **54**
Asien pur: die Basisrezepte für Currypasten, Brühen, Saucen, Dips & Co.

DAS IST WIRKLICH WICHTIG

Darauf kommt's an! Hier erläutern wir alles, was zum Gerlingen eines Rezepts wirklich wichtig ist. Wenn es sinnvoll ist, mit Bild, sonst auch mal ohne.

UND HIER SEHEN SIE ES GANZ GENAU

INHALT

DAS SIND DIE REZEPTE

Suppen, Salate & Snacks **58**
Leicht und abwechslungsreich: von Misosuppe über Entenbrustsalat bis Sushi.

Gemüse & Hülsenfrüchte **82**
Elementar: knackige Beilagen und Hauptgerichte, dazu das Beste aus Indien mit Linsen & Co.

Currys **108**
Aromatisch und saucenreich: Currys sind so verschieden wie Asiens Länder.

Fisch & Meeresfrüchte **134**
Vielseitig zubereitet: von im Bananenblatt gedämpftem Fisch bis zu gegrillten Garnelenspießen.

Fleisch & Geflügel **158**
Herzhaft und würzig: viel Abwechslung mit Hähnchen, Ente, Lamm, Rind und Schwein.

Nudeln, Reis & Tofu **180**
Variationsreich: Das große Angebot entdecken und genießen.

Desserts **202**
Leicht und fruchtig: eine kleine Auswahl der besten süßen Rezepte Asiens.

Getränke-Tipps **216**
Glossar **217**
Register **219**
Impressum **224**

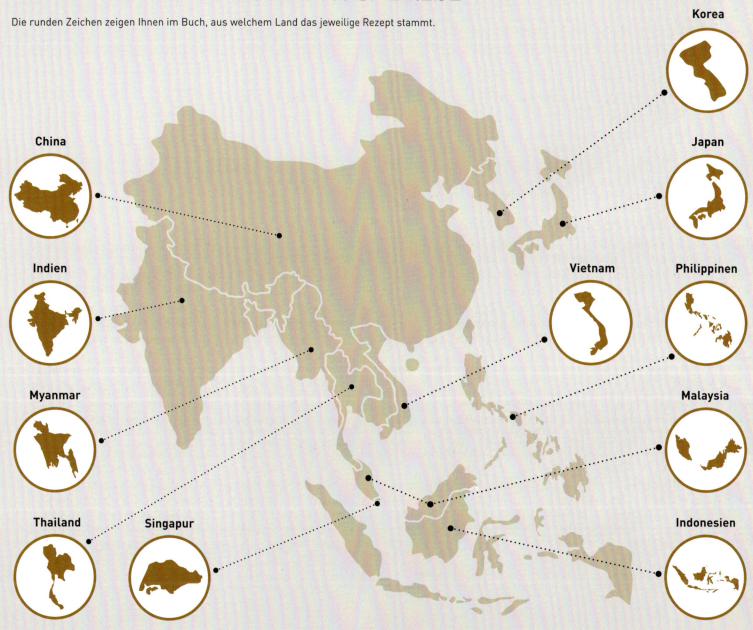

SO KOCHT ASIEN

JEDES ASIATISCHE LAND HAT SEINE EIGENE, TYPISCHE KÜCHE. MARKTFRISCHE PRODUKTE, FETTARME ZUBEREITUNGEN, KURZE GARZEITEN UND EINE UNGLAUBLICHE FÜLLE AN AROMEN BIETEN SIE ABER ALLE.

Kommen Sie mit auf eine kulinarische Entdeckungsreise. Wir servieren Ihnen: Highlights aus Thailand, Raffiniertes aus Vietnam, Köstlichkeiten aus China, Klassiker aus Indonesien, Delikates aus Japan, Spezialitäten aus Korea und Leckerbissen aus Indien. Nebenbei erfahren Sie in spannenden Reportagen mehr über die kulinarischen Besonderheiten, die Kultur und die Menschen dieser Länder. Lassen Sie sich verzaubern und inspirieren von betörenden Düften und exotischen Aromen, vom schnellen Wirbeln im Wok, vom Genießen mit Stäbchen und aus der Reisschale. Übrigens: In Asien kennt man keine Menüfolge wie bei uns – alle Speisen kommen gleichzeitig auf den Tisch, auch das Dessert.

EINKAUFEN

Echt asiatisch kochen ist einfach geworden, denn Sojasaucen, Currypasten, Limetten, Ingwer, Thai-Basilikum, Koriandergrün und selbst Shiitake-Pilze gibt es mittlerweile in fast jedem gut sortierten Supermarkt zu kaufen. Tofu finden Sie in großer Auswahl in Reformhäusern oder Bioläden. Nur für einige spezielle Zutaten wie Palmzucker, Reisessig oder Fischsauce muss man z. T. noch in einen Asia-Laden gehen.

BASICS

In einem ausführlichen Serviceteil erfahren Sie alles zum Umgang mit asiatischen Gemüse- und Obstsorten, Pilzen und Kräutern. Typische Nudel- und Reissorten lernen Sie ebenso kennen wie die wichtigsten Grundrezepte für Saucen und Dips. Lesen Sie alles Wissenswerte über die am häufigsten verwendeten Gewürze und andere typische Zutaten. Außerdem wird Schritt für Schritt gezeigt, worauf es bei den wichtigsten Gartechniken der Asia-Küche ankommt, damit Sie während des Nachkochens immer wieder darauf zurückgreifen können. Abgerundet wird die kulinarische Reise mit Tipps zu Getränken, die gut zu den Rezepten passen.

KOCHEN

In Asien begrüßt man sich nicht mit „Guten Tag" und „Guten Abend", sondern – sinngemäß übersetzt – mit „Haben Sie schon gegessen?". Diese Leidenschaft zum Essen ist in jedem einzelnen Rezept zu spüren. Worauf warten Sie also noch? Probieren Sie sich durch die authentischen Rezepte aus den vielfältigen Regionen des größten Kontinents. An die Stäbchen, fertig, los!

ALLES, WAS MAN BRAUCHT

VON NOTWENDIGEN KÜCHENUTENSILIEN ÜBER KÜCHENTECHNIKEN FÜR DEN UMGANG MIT EXOTISCHEM OBST UND GEMÜSE BIS HIN ZU DEN WICHTIGSTEN ASIA-PRODUKTEN – DIESES KAPITEL FÜHRT SIE SCHRITT FÜR SCHRITT IN DIE GRUNDLAGEN DER ASIATISCHEN KÜCHE EIN.

KÜCHENWERKZEUG
zum Zerkleinern, Rühren & Garen

UM GANZ IN DIE KÜCHE ASIENS EINTAUCHEN ZU KÖNNEN, IST EINE KLEINE BASISAUSSTATTUNG AN ASIATISCHEM HANDWERKSZEUG NÖTIG. EINIGES WERDEN SIE BESTIMMT SCHON IN IHRER KÜCHE HABEN. DER REST IST NICHT TEUER UND IN ASIA-LÄDEN ODER GUT SORTIERTEN HAUSHALTSWARENLÄDEN ZU FINDEN.

MESSER-SET
Ein Set aus drei scharfen Messern genügt: **Kochmesser [1]** Das traditionelle europäische Schneidewerkzeug gilt als Universalmesser. Mit seiner langen, breiten Klinge ist es zum Schneiden von Fleisch, Fisch und Gemüse, zum Hacken von Kräutern und zum Plattieren von Zitronengras gut geeignet. Bei Modellen mit Kullenschliff bleiben Zutaten beim Schneiden nicht an der Klinge haften. Japaner verwenden für diese Zwecke ein **japanisches Allzweckmesser** mit Damastklinge, ein sogenanntes Santoku-Messer. **Filiermesser [2]** Durch die schmale, lange Klinge ist es ideal, um hauchdünn zu schneiden, sowie zum Häuten, Entgräten und Filetieren. **Gemüsemesser [3]** Es eignet sich mit seiner kurzen geraden Klinge für Feinarbeiten und zum Zerkleinern, Schälen und Putzen von Obst und Gemüse.

MÖRSER
Mithilfe von **Mörser und Stößel [4]** lassen sich die meisten Gewürze sowie getrocknete und frische Kräuter zerstoßen oder zu Pasten zerreiben. Mörser gibt es aus Gusseisen, Marmor, Granit, Porzellan und Wurzelholz. Diese harten und dickwandigen Naturmaterialien sind an sich geschmacksneutral und nehmen keine Aromen und Pflanzenfarbstoffe auf. Einige Mörser und Stößel sind an den Reibestellen angeraut, um ein Verrutschen von Gewürzen zu reduzieren. Ein praktikabler Mörser sollte einen Durchmesser von mindestens 13 cm haben.

MULTITALENT WOK
Ohne **Wok [5]** geht in der asiatischen Küche gar nichts. Ob Pfannenrühren, Braten, Dünsten, Schmoren, Dämpfen oder Frittieren, der Wok kann einfach alles. Für welche Ausführung Sie sich entscheiden, ist letztlich eine Geldfrage. Ein Wok sollte aber immer rasch und gleichmäßig aufheizen und die Hitze bis zum Rand hin optimal verteilen. Diese Eigenschaften garantieren Geräte aus Edelstahl, Aluguss und Gusseisen mit Antihaftversiegelung, Stahlemail und Silargan. Die meisten Woks haben mittlerweile einen plangeschliffenen und extrastarken Energiesparboden und sind für alle Herdarten inklusive Induktion geeignet. Unverzichtbar beim Wok ist ein hoher gewölbter und gut schließender Deckel, der zum Schmoren, Dämpfen und Warmhalten nötig ist. Nützlich als Ablage und Abtropfgitter ist ein halbrunder Metallrost, den man meistens als Zubehör beim Kauf des Woks dazuerhält. Zum Zubereiten von 4 Portionen sollte der Wok mindestens einen Durchmesser von 32–36 cm haben.

WOK-BESTECK
Schaumlöffel-Siebe [6] gibt es in verschiedenen Größen und sind in der Regel aus Edelstahl. Damit werden Frittiertes aus dem heißen Fett oder gegarte Zutaten aus Brühen oder Saucen gefischt. Dabei benutzt man das Sieb wie einen Durchschlag.
Mit einem **Wender** mit abgerundeter Vorderkante **[6]** lassen sich die Zutaten bequem fassen und wenden. Wender gibt es aus Holz oder hitzebeständigem Spezialkunststoff, um beschichtete Woks nicht zu zerkratzen.

DÄMPFKÖRBCHEN
Dekorativ und typisch asiatisch sind **Bambuskörbchen mit Deckel [7]**. Sie sind meist stapelbar und in verschiedenen Größen erhältlich. Eine gleichwertige Alternative ist ein zusammenfaltbarer Dämpfeinsatz (Siebeinsatz) aus Metall, der sich den unterschiedlichen Durchmessern von Wok oder Topf anpasst.

SUSHI-ROLLMATTE
Eine **Bambus-Rollmatte [8]** ist beim möglichst exakten Formen von Maki-Sushi unentbehrlich. Die Rollmatte nach Gebrauch nur mit klarem Wasser reinigen und an der Luft trocknen lassen.

BASICS

PAKSOI
zart & leicht scharf

DIE CHINESISCHE SENFKOHLSORTE ist in der asiatischen Küche überaus beliebt. Obwohl **Paksoi** mit Chinakohl verwandt ist, gleicht er im Aussehen eher Stielmangold und wird inzwischen auch in Europa ganzjährig angebaut. Beim Einkauf sollten die Kohlblätter knackig und ohne Risse sein. Der zarte Blattkohl schmeckt leicht herb. Die dunkelgrünen Blätter werden beim kurzen Garen weich und aromatisch, während die weißen und fleischigen Stiele knackig bleiben.
Eine besondere Delikatesse ist **Mini-Paksoi** oder **Baby-Paksoi**. Die Blätter der jungen Pflanzen sind maximal 10–12 cm lang. Sie schmecken im Gegensatz zu dem größeren Gemüse leicht süß und etwas nussig.

So geht's

Paksoi unter fließendem Wasser waschen und trocken schütteln.

Bei Bedarf nicht mehr so schöne Außenblätter entfernen.

Die Wurzelenden großzügig abschneiden, um die Blätter samt Stielen voneinander lösen zu können [→1].

Die dunkelgrünen Blätter in fingerbreite Streifen schneiden. Die weißen Stiele in feine Streifen oder Würfel schneiden [→2].

Mini-Paksoi oder **Baby-Paksoi** waschen und trocken schütteln. Das Wurzelende nur knapp abschneiden, damit der Kohl nicht auseinanderfällt, dann der Länge nach halbieren [→3].

AUBERGINEN
vielfältig in Form & Farbe

IN ASIEN UND GANZ BESONDERS IN THAILAND gibt es ein gigantisches und farbenfrohes Angebot an Auberginen. Bei uns in den Asia-Läden ist die Auswahl zwar kleiner, aber immer noch erfreulich vielfältig. Die asiatischen Sorten sind eher zierlich: erbsen- bis golfballgroß, kugelig, länglich, keulen- oder tropfenförmig und weiß, gelb, grün oder leuchtend purpurfarben mit hellen Streifen. Auberginen haben, unabhängig vom Äußeren, immer weißes Fruchtfleisch, dessen unvergleichliches Aroma sich erst durchs Garen entfaltet.

So geht's

Die Auberginen waschen und die Stielansätze und Blattkelche abschneiden.

Kleine Früchte, die nur erbsen- oder kirschgroß sind, ganz lassen. Golfballgroße Mini-Auberginen werden geviertelt [→1]. Diese kleinen Sorten passen besonders gut zu Currys.

Zum Braten oder Schmoren größere Auberginen zuerst der Länge nach in Scheiben schneiden [→2], dann diese quer in Streifen oder Würfel teilen [→3].

ASIATISCHE AUBERGINEN werden beim Garen in der Regel nicht so weich wie die europäischen Sorten, sondern behalten einen knackigen Biss. Am Anfang kann ihr leicht bitteres Aroma etwas gewöhnungsbedürftig sein.

SÜSSKARTOFFELN
mögen es würzig

URSPRÜNGLICH AUS MITTEL- UND SÜDAMERIKA kommend, werden die auch Bataten genannten Süßkartoffeln gerne in der asiatischen Küche verwendet. Trotz des fast gleichen Namens und der äußeren Ähnlichkeit verbindet die Wurzelknollen aber keine botanische Verwandtschaft zu unseren Kartoffeln.
Verschiedene Süßkartoffelsorten sind an der unterschiedlichen Schalenfarbe wie Hellbraun, Rötlich oder Violett zu erkennen. Das Fruchtfleisch kann weiß, gelblich oder leicht rötlich sein. Gemeinsam ist ihnen allen der typisch süße Geschmack, den sie dem hohen Gehalt an Zucker verdanken. Sonst gibt es geschmacklich allerdings keine großen Unterschiede.
Süßkartoffeln mögen es gerne warm. Deshalb nicht im Kühlschrank lagern, sondern am besten an einem trockenen, kühlen Ort.

So geht's

Die Süßkartoffeln waschen und mit einem Sparschäler schälen [→1].

Zuerst der Länge nach in Scheiben [→2], dann in Stifte oder Würfel schneiden [→3].

Milchsaft, der beim Schneiden der Knollen austritt, ist unbedenklich.

SÜSSKARTOFFELN können geschmort, geröstet, frittiert oder gebraten werden. Sie geben vor allem Currys eine leicht exotische Note und schmecken toll in würziger Sauce.

ASIA-BOHNEN
in schöner Optik

SCHLANGENBOHNEN HABEN IHREN NAMEN nicht umsonst: Die dünnen und je nach Sorte hell- bis dunkelgrünen Bohnen werden 30–60 cm lang. Das auch unter Thai-Bohnen bekannte Gemüse ist sehr zart, schmeckt aromatisch und ein wenig süßer als europäische grüne Bohnen – sie können aber notfalls durch letztere ersetzt werden. Die grünen **Flügelbohnen** sind wegen ihrer bizarren Form, der länglichen gewellten Flügel, optisch ein Hingucker. Sie sind besonders zart und darum sehr druckempfindlich.

So geht's

Die **Schlangenbohnen** waschen und den Stielansatz abschneiden **[→1]**. Das Entfädeln entfällt.

Bohnen in 3–5 cm lange Stücke schneiden **[→2]**.

Bohnenstücke in kochendes Wasser geben und in 2–3 Minuten bissfest blanchieren.

Bohnen kalt abschrecken, abtropfen lassen und nur noch zum Heißwerden unter das fertige Gericht mischen.

Flügelbohnen schräg in dünne Scheiben schneiden **[→3]** und ca. 30 Sekunden blanchieren.

SCHLANGEN- WIE FLÜGELBOHNEN gehören botanisch zu den Hülsenfrüchten, aber zu einer Gattung, die nicht die unverträgliche Substanz Phasin enthält. Deshalb können sie auch roh in Salaten oder mit einem Dip gegessen werden. Sonst finden sie in der asiatischen Küche vor allen in Currys und Wokgerichten Verwendung.

THAI-SCHALOTTEN
mild & aromatisch

DIESE KLEINE SCHALOTTENSORTE WIRD IN THAILAND bevorzugt verwendet, schmeckt mild und hat gleichzeitig ein einzigartig würziges Aroma. Die Zwiebeln umhüllt eine dünne und trockene, fast pinkfarbene Haut. Sehr junge Schalotten werden auch als Lauchschalotten geerntet und bei uns unter der Bezeichnung asiatische Frühlingszwiebeln angeboten. Ausgereift findet man sie dann unter dem Namen Thai-Schalotten.

Schalotten, das gilt übrigens auch für größere Zwiebeln, immer erst kurz vor der Verwendung schälen und zerkleinern, da sich das Aroma schnell verflüchtigt. Zum Schneiden immer ein scharfes Messer verwenden. Schalotten möglichst nicht hacken und auch nicht im Blitzhacker zerkleinern, da sie sonst bitter werden.

So geht's

Schalotten schälen und je nach Rezept halbieren [→1], vierteln, quer in dünne Ringe [→2] oder der Länge nach in feine Streifen schneiden [→3].
Für Würfel die Hälften zuerst längs in Streifen und dann quer in Würfel schneiden.

ROTE THAI-SCHALOTTEN geben fast allem die richtige Würze: ob roh für Salate, als Beilage zu Gemüseplatten oder gedünstet, gebraten und frittiert für Currys, Wok-, Nudel- und Reisgerichte.

THAI-SPARGEL
sehr zart & dünn

DIESER MINI-SPARGEL SIEHT AUS WIE EINE MISCHUNG aus grünem Spargel und Wildspargel. Er wird in Spezialkulturen vor allem rund um Bangkok angebaut und von dort importiert.
Thai-Spargel hat einen frischen, sehr feinen Geschmack. Die extrem dünnen, zarten Stangen sind in wenigen Minuten gar und werden in der asiatischen Küche z. B. als Suppeneinlage oder als Zutat in Currys verwendet. Thai-Spargel kann kurz gedämpft, gegrillt oder im Wok pfannengerührt werden.

So geht's

Den Thai-Spargel nicht schälen. Es ist ausreichend die Stangen behutsam unter fließendem Wasser zu waschen.

Stangen mit Küchenpapier trocken tupfen und die Enden abschneiden [→1].

Je nach Rezept kann Thai-Spargel ganz weiterverwendet werden oder die Stangen werden quer halbiert. [→2].

ALTERNATIVE Wer keinen Thai-Spargel bekommt, nimmt stattdessen grünen einheimischen Spargel. Die Stangen waschen, das untere Drittel schälen und die holzigen Enden abschneiden. Den Spargel je nach Dicke längs halbieren oder vierteln und quer in mundgerechte Stücke schneiden.

SHIITAKE
saftig & delikat

SHIITAKE IST DER JAPANISCHE NAME der frischen Pilze, die auch in der chinesischen Küche sehr beliebt sind. Getrocknete Shiitake werden auch Tongu-Pilze genannt. Da sie aber auch bei uns kultiviert werden, sind die Pilze fast immer frisch zu bekommen.
Die Hüte der frischen Pilze sind braungrau bis rotbraun und in der Mitte meist etwas dunkler. Der Hutrand ist bei jungen Pilzen noch nach innen eingerollt. Shiitake haben ein festes, saftiges und würzig-aromatisches Fleisch.

So geht's

Die Stiele der frischen Pilze komplett abschneiden [→1] und entsorgen. Sie sind hart und nicht für den Genuss geeignet.

Die Pilzhüte mit einer Pilzbürste behutsam säubern oder mit einem feuchten Küchentuch abreiben [→2]. Die Pilze nicht waschen, weil sie sich leicht mit Wasser vollsaugen und dadurch an Aroma verlieren.

Kleine Shiitake können im Ganzen zubereitet werden, größere Exemplare am besten halbieren oder in Scheiben schneiden [→3].

GETROCKNETE TONGU-PILZE in einer Schüssel mit warmem Wasser übergießen und ca. 30 Minuten einweichen. Abgießen, dabei das Einweichwasser auffangen. Pilze behutsam ausdrücken, viertein oder in Streifen schneiden. Mit ihrer starken Würzkraft verfeinern Tongu-Pilze vor allem Suppen, Saucen und Wokgerichte. Nach Belieben das Einweichwasser durch einen Papierfilter gießen und etwas davon zum Würzen des Gerichts verwenden.

ENOKI
zart & dekorativ

AM BEKANNTESTEN SIND ENOKI IN JAPAN. Die zarten, schneeweißen bis gelblichen Pilze mit ihren dünnen langen Stielen und auffallend kleinen Köpfen sind eine filigrane Zuchtform des auch in Europa bekannten Samtfußrüblings. Enoki haben einen leicht nussigen, milden Geschmack und sind auch roh ein Genuss. Geerntet werden die Zuchtpilze, wenn ihre Köpfe ca. 1 cm Durchmesser haben und die Stiele rund 12 cm lang sind. Sie werden immer in Büscheln aus einzelnen Pilzen, die durch Wurzeln verbunden sind, angeboten.

So geht's

Den Wurzelstock mit den Stielenden mit einer Küchenschere abschneiden **[→1]**.
Größere Pilzbüschel in kleinere Stücke teilen **[→2]**.
Falls nötig, Pilze mit einer Pilzbürste oder einem Backpinsel behutsam und trocken säubern **[→3]**.

ENOKI-PILZE sind roh eine nicht alltägliche Dekoration für Salate. Allen warmen Gerichten sollten Enoki erst unmittelbar vor dem Servieren zugegeben werden, damit sie knackig bleiben und ihr feines Aroma behalten. Die Pilze in den fertigen Gerichten also nur kurz heiß werden lassen.

MU-ERR
typisch chinesisch

DER MU-ERR IST EIN PILZ MIT VIELEN NAMEN: Wolkenohrpilz, Judasohr, Baumpilz oder chinesische Morchel. Allerdings hat er botanisch mit Morcheln nichts zu tun. Mu-Err-Pilze werden besonders gerne und häufig in der chinesischen Küche verwendet. Bei uns kann man die Pilze nur getrocknet kaufen. Die getrockneten Mu-Err sind dunkelbraun bis schwarz, in ihrer Struktur flach und wellig. Ihr Geschmack ist eher neutral, verbindet sich aber gut mit kräftigen Aromen von Suppen, Eintöpfen, Geschmortem oder Wokgerichten.

So geht's

Trockenpilze in einer Schüssel mit reichlich warmem Wasser übergießen und mindestens 30 Minuten oder länger einweichen. Währenddessen das Einweichwasser ein- bis zweimal wechseln, da sich in der schwammigen Struktur gerne Sand festsetzt. Die Pilze vergrößern ihr Volumen während der Einweichzeit um ein Vielfaches [→1] und sind dann von einer gallertartigen Konsistenz.

Eingeweichte Pilze anschließend unter fließendem Wasser gründlich waschen und trocken tupfen, dann Stielreste sowie eventuell knorpelige Stellen wegschneiden [→2].

Mu-Err in kleinere Stücke schneiden oder zupfen [→3].

AUSTERNPILZE
fleischig & voller Aroma

URSPRÜNGLICH KOMMEN AUSTERNPILZE aus Südostasien. Heute gehören sie bei uns genau wie dort zu den beliebtesten Kulturpilzen. Der auch Austernseitling genannte Pilz hat seinen Namen, weil er – ähnlich wie Austern auf ihren Bänken – büschel- und dachschindelartig übereinandergefächert auf Substrat bzw. Strohballen wächst. Man erkennt die Pilze an ihren herablaufenden Lamellen und kurzen Stielen. Die fleischigen großen Pilzhüte haben die Form einer Schale, eines Fächers oder einer Muschel. Die Farbe variiert von weißgrau bis hellbraun. Das Pilzfleisch ist weißlich und hat für einen Zuchtpilz einen sehr saftigen, feinen und mild-aromatischen Waldpilzgeschmack. Wegen seiner fleischigen Konsistenz nennt man den Pilz auch Kalbfleischpilz.

So geht's

Pilze mit einer Pilzbürste oder einem feuchten Küchentuch behutsam reinigen [→1]. Weiße, flauschige Stellen auf der Pilzoberfläche sind natürlich und müssen nicht entfernt werden.

Die Stielenden knapp abschneiden [→2]. Harte Stiele ganz entfernen.

Die Pilze je nach Rezept in kleinere Stücke oder Streifen schneiden [→3].

THAI-BASILIKUM
voller Duft & Geschmack

IN ASIEN GIBT ES EIN GROSSES ANGEBOT AN BASILIKUMSORTEN, die alle intensiver als unser Basilikum schmecken. Am häufigsten wird, vor allem in Thailand und Vietnam, das sogenannte Thai-Basilikum verwendet, von dem es drei Sorten gibt:

Bai Horapa, auch süßes Basilikum genannt, mit seinen ovalen Blättern duftet es leicht nach einer Mischung aus Anis und Minze. Es schmeckt erfrischend, etwas süßlich und dennoch ausgesprochen intensiv würzig.

Bai Manglak hat leicht behaarte hellgrüne Blätter, duftet ein wenig nach Limette und ist auch unter den Bezeichnungen Zitronenbasilikum oder weißes Basilikum bekannt.

Bai Kaprau oder Indisches Basilikum ist das schärfste und geschmacksintensivste unter den drei Sorten. Man erkennt es an seinen rötlich-violetten Stängeln. Sein Geruch erinnert an Piment, sein kräftiges Aroma ist leicht pfeffrig und entwickelt sich erst durch kurzes Erhitzen.

So geht's

Das Basilikum behutsam waschen, trocken schütteln.

Die Blätter von den Stängeln zupfen [→1].

Je nach Rezept die Blätter ganz lassen, in kleinere Stücke zupfen oder in Streifen schneiden [→2].

DIE VERSCHIEDENEN BASILIKUMSORTEN sind bei uns häufig schwierig zu bekommen. Deshalb ist in den Zutatenlisten dieses Buches nur allgemein Thai-Basilikum angegeben. Jede Sorte ist für die Rezepte geeignet, europäisches Basilikum allerdings kein guter Ersatz.

SCHNITTKNOBLAUCH
delikat & dekorativ

DAS URSPRÜNGLICH AUS CHINA KOMMENDE KRAUT ist auch unter den Namen Chinesischer Schnittlauch oder Thai-Schnittlauch bekannt. Tatsächlich schmecken die sattgrünen, langen Halme gleichermaßen nach Schnittlauch und Knoblauch. Glücklicherweise hinterlässt der Genuss von Schnittknoblauch aber keinen unangenehmen Atem. Die Halme sind deutlich stabiler und breiter als bei unserem heimischen Schnittlauch, lassen sich aber genauso gut aus Samen in Töpfen ziehen. Als Würze oder Dekoration muss er frisch und knackig sein. Die Halme also erst kurz vor dem Servieren unter die Gerichte mischen oder sie damit bestreuen.

So geht's

Schnittknoblauch waschen und trocken schütteln.

Die Halme schräg in feine Röllchen [→1] oder in größere Stücke schneiden.

Halme mit Knospen oder Blüten [→2] von oben her in ca. 4 cm lange Stücke schneiden.

ALS DELIKATESSE gelten in Asien die noch geschlossenen Blütenknospen des Schnittknoblauchs mit ihrem honigartigen Aroma. Sie behalten auch gegart ihre knackige Konsistenz. Aus den Knospen entwickeln sich hübsche sternförmige Blüten, die sich als essbare Dekoration für kalte und warme Speisen anbieten.

KORIANDERGRÜN
zartblättrig & aromaintensiv

DAS FRISCHE, FEINBLÄTTRIGE WÜRZKRAUT ist für die asiatische Küche unverzichtbar. Es wird dort so verschwenderisch eingesetzt wie hierzulande Petersilie und wird darum auch chinesische Petersilie genannt.
Der sogenannte **langblättrige Koriander** hat längliche, spitz zulaufende und an den Rändern gezackte Blätter. Sein Geschmack ist leicht scharf und etwas säuerlich. Er ist auch unter der Bezeichnung Europagras erhältlich. **Feinblättriger Koriander** hat neben einem kräftigen eigenwilligen Duft einen intensiven Geschmack und lässt sich durch absolut nichts ersetzen. Koriander ist hitzeempfindlich und entfaltet nur frisch sein volles und einzigartiges Aroma. Darum die zarten grünen Blätter nicht mitgaren, sondern erst kurz vor dem Servieren unter warme Speisen heben oder sie damit bestreuen. Koriander ist zum Einfrieren nicht geeignet. Wer es also vorrätig haben möchte, zieht es sich aus Samen am besten selbst.
Beide Koriandersorten sind nicht miteinander verwandt, aber langblättriger Koriander kann durch feinblättrigen ersetzt werden.

So geht's

Koriandergrün behutsam waschen und trocken schütteln.

Die Blättchen von den Stängeln zupfen, dabei eventuell schon angewelkte Blätter entfernen [→1].

Die Blättchen ganz lassen oder mit einem scharfen Messer grob kleiner schneiden [→2].

ASIA-MINZE
mal zitronig & mal pfeffrig

FRISCHE MINZE, DIE MAN IN ASIENLÄDEN KAUFEN KANN, kommt meist aus Vietnam, Thailand oder Korea. Es gibt etliche Sorten, die mal milder und mal schärfer schmecken. Eine genaue Sortenbezeichnung ist aber kaum möglich und so wird das Küchenkraut als Asia-Minze, Vietnamesische Minze oder auch Thai-Minze angeboten.

Die ovalen grünen Blätter mit dem kräftigen Duft haben einen fruchtig-süßen bis pfeffrig-exotischen Geschmack und sind erfrischend. Sie passen mit ihrem Aroma hervorragend zu Pikantem, Süßem, Erfrischungsgetränken, Drinks und Teemischungen. Unsere heimische Minze schmeckt weniger intensiv, kann aber als Ersatz verwendet werden.

So geht's

Die Minze waschen und trocken schütteln. Die Stängel mit einem Messer kürzen [→1].

Die Blätter abzupfen und je nach Rezept im Ganzen weiterverwenden oder kleiner zupfen oder mit einem scharfen Messer quer in feine Streifen schneiden [→2].

1

2

ZITRONENGRAS
mit feiner & frischer Note

ZITRONENGRAS, AUCH LEMONGRAS GENANNT, ist eine der wichtigsten Gewürzpflanzen in der südostasiatischen Küche. Es verleiht einer Vielzahl von Speisen und Getränken eine feine, frische Note. Mit Zitrusfrüchten hat die schilfartige Pflanze, trotz ihres Namens, nichts zu tun. Der entstand durch ihr zitronenähnliches Aroma und ihren frischen Duft. Zitronengras gibt es frisch zu kaufen, tiefgekühlt, getrocknet oder als Pulver.

So geht's

Vom frischen Zitronengras verwendet man nur das untere Drittel, den hellen und verdickten Teil, die sogenannte Bulbe. Dafür von den grünlichen Stängeln den oberen holzigen Teil abschneiden [→1].

Das untere harte Wurzelende der Bulbe knapp abschneiden und holzige und welke Hüllblätter entfernen.

Je nach Verwendung die Bulbe entweder in beliebig lange Stücke oder in hauchfeine Scheiben schneiden oder sehr fein hacken [→2].

Damit die Stücke noch mehr Aroma abgeben, können sie mit der Breitseite des Kochmessers leicht angequetscht werden [→3].

GROSSE STÜCKE ZITRONENGRAS werden vor dem Servieren entfernt, feine Scheiben oder gehacktes Zitronengras können mitgegessen werden. Übrigens: Spieße mit Fleisch, Fisch oder Meeresfrüchten werden sehr aromatisch, wenn man längs halbierte Zitronengrasstängel anstelle von Holzspießen verwendet.

3

LIMETTENBLÄTTER
zitronig in Duft & Aroma

DIE SATTGRÜN GLÄNZENDEN, FRISCHEN BLÄTTER des Kaffir-Limettenbaums riechen und schmecken intensiv nach Limette und sind vor allem in der authentischen Thai-Küche durch nichts zu ersetzen. Frische Limettenblätter lassen sich auch gut einfrieren. Falls Sie keine frischen Blätter bekommen, nehmen Sie tiefgekühlte oder getrocknete. Limettenschale ist nur ein schwacher Ersatz. Getrocknete oder frische Limettenblätter werden als Gewürz, ähnlich wie Lorbeerblätter, im Ganzen oder in Stücken mitgegart und vor dem Servieren wieder entfernt. Frische Blätter können auch, in nadelfeine Streifen geschnitten, über das fertige Essen gestreut und mitgegessen werden. Sie verleihen Thai-Currys, Reisgerichten, Saucen und Suppen Frische und einen leicht zitronigen Geschmack.

So geht's

Für nadelfeine Streifen die frischen Blätter waschen, trocken tupfen und mit der glänzenden Seite längs nach innen zusammenfalten und festdrücken [→1].

Den Stiel zur Blattspitze hin abziehen [→2].

Die Blatthälften übereinanderlegen und quer in hauchfeine Streifen schneiden [→3].

INGWER
würzig-scharf & fruchtig-süß

DIE GEWÜRZPFLANZE HAT EIN UNVERWECHSELBARES KRÄFTIGES, scharfes, aber zugleich fruchtig-süßliches Aroma, womit sie vielen asiatischen Gerichten die typische Note verleiht. Ingwer immer frisch verwenden. Wurzelknollen mit dem besten Aroma sind prall und haben eine dünne, braune, seidig glänzende Haut mit saftigem Fleisch. Lassen Sie beim Einkauf schrumpelige Knollen links liegen, denn sie haben ein trockenes und faseriges Fleisch.

Ungeschält, in Folie verpackt und im Gemüsefach des Kühlschranks aufbewahrt, hält sich Ingwer ca. 2 Wochen. Oder geschälten Ingwer in Folie einfrieren und bei Bedarf die entsprechende Menge abreiben.

So geht's

Ingwer am besten mit einem kleinen gebogenen Küchenmesser schälen, dabei eventuell holzige Stellen entfernen [→1].

Zum Mitkochen Ingwer nur in grobe Stücke schneiden und später wieder entfernen.

Zum Mitessen Ingwer zuerst in dünne Scheiben [→2], dann in feine Streifen [→3] und diese eventuell noch in kleine Würfel schneiden.

Als Alternative zu kleinen Würfeln kann Ingwer mithilfe einer Reibe auch fein gerieben werden.

CHILISCHOTEN
von mild bis feurig scharf

CHILISCHOTEN GEBEN VIELEN ASIATISCHEN GERICHTEN ihre typische Schärfe. Es gibt eine Vielzahl unterschiedlicher Sorten. Grundsätzlich gilt: je kleiner die Schoten, desto schärfer. Die größeren, etwa fingerlangen grünen, roten oder orangefarbenen Schoten sind mild bis mittelscharf. Die kleinen sogenannten Vogelaugenchilis sind sehr scharf. Ob grün oder rot ist eine Frage der Reife. Bei roten Schoten sind die Aromen voller als bei unreifen grünen. Orangefarbene Chilis gehören zu einer anderen Sorte. Chilischoten gibt es auch getrocknet. Weil man dafür nur reife Früchte nimmt, sind sie immer rot. Zum Verarbeiten in warmem Wasser einweichen, nach Belieben entkernen und wie frische Schoten verwenden.

So geht's

Für feurige Schärfe: Die frischen ganzen Schoten waschen und den Stiel entfernen. Schoten samt Kernen und Trennhäuten in dünne Ringe schneiden [→1].

Für sanfte Schärfe: Die frischen Schoten waschen, Stiel entfernen, längs halbieren, dann Kerne und Innenwände entfernen [→2].

Dann geputzte Schoten quer in feine Streifen schneiden [→3].

VORSICHT, der Scharfmacher Capsaicin reizt Haut, Schleimhäute und Augen und sitzt bei Chilischoten vor allem in ihren Kernen und Innenwänden. Beim Arbeiten darum am besten Einmalhandschuhe tragen. Oder die Hände immer gleich danach gründlich waschen.

ANANAS
süß & mit feiner Säure

WELTWEIT GIBT ES RUND 100 ANANASSORTEN. Die tropischen Früchte werden unter anderem auf großen Plantagen in Thailand, Vietnam, Indien, Indonesien und den Philippinen angebaut. Ananas haben eine gelblich-grüne und schuppige Schale sowie ein saftiges gelbes Fruchtfleisch mit süß-würzigem Aroma und feiner Säure.

Da Ananas nicht nachreifen, sollten sie reif gekauft werden. Ein sicheres Zeichen dafür ist der intensive Duft, der am besten am Stielansatz wahrzunehmen ist. Sind die Spitzen der einzelnen Schuppen braun gefärbt, so ist die Frucht trotz grüner Schalenfarbe reif. Lassen sich die mittleren Blättchen leicht aus dem Schopf herausziehen, ist das außerdem ein weiteres Zeichen für die Reife.

So geht's

Zum Schälen zuerst den Blattschopf und den Stielansatz abschneiden.

Die Ananas aufrecht hinstellen und die Schale von oben nach unten mit einem scharfen Messer abschneiden [→1].

Die verbliebenen „Augenreihen" keilförmig herausschneiden [→2].

Die Frucht längs vierteln und den holzigen Mittelstrunk wegschneiden [→3].

Die Ananasviertel je nach Verwendung in beliebig große Stücke schneiden.

MANGO
im Aroma unvergleichlich

DER URSPRUNG DIESER EXOTISCHEN FRUCHT LIEGT IN INDIEN. Schon seit Urzeiten werden Mangos dort angebaut und gelten als Nationalfrucht des Landes. Indien ist auch heute noch eines der wichtigsten Anbaugebiete. Die edelsten Mangosorten werden inzwischen aber in Thailand gezüchtet.

Nur reife Früchte haben dieses unverwechselbare und intensive Aroma, schmecken süß und herb zugleich. Je nach Sorte kann die reife Frucht leuchtend gelb, hellrot oder grün sein. Der Reifegrad lässt sich also nicht an der Schale erkennen. Reife Früchte verströmen aber einen herrlichen Duft. In der Hand sollte sich ihre Haut leicht ledrig anfühlen und das Fruchtfleisch bei behutsamem Fingerdruck nachgeben. Mangos sind empfindlich gegen Druck und zu niedrige Lagertemperaturen, beides zeigt sich in braunen Flecken auf der Haut.

So geht's

Die Mango waschen, trocken reiben und aufrecht stellen. Das Fruchtfleisch samt Schale an beiden abgeflachten Seiten so nah wie möglich am Kern abschneiden [→1].

Das Fruchtfleisch der beiden Hälften mithilfe eines flachen Löffels dicht an der Schale entlang herauslösen [→2].

Vom Mittelstück die Schale abschneiden. Den Kern mit einer Gabel fixieren und das restliche Fruchtfleisch mit einem Messer davon abschneiden [→3].

Das ausgelöste Fruchtfleisch je nach Verwendung in Streifen schneiden oder würfeln.

PAPAYA
für Süßes & Herzhaftes

PAPAYAS WERDEN IN DER ASIATISCHEN KÜCHE in verschiedenen Reifegraden verwendet: Aus unreifen Früchten bereitet man Gemüse zu oder kocht daraus Chutneys. Reife Papayas sind die typischen Frühstücksfrüchte oder eine beliebte Zutat von Obstdesserts.

Die ovalen, rundlichen oder birnenförmigen Früchte haben eine glatte, grüne und ledrige Schale, die bei zunehmender Reife gelblich wird. Reif sind die Früchte, wenn das Fruchtfleisch auf sanften Fingerdruck nachgibt. Dann ist das hellorange Fruchtfleisch butterweich und sehr saftig. Es umgibt einen Hohlraum mit unzähligen kleinen dunklen Kernen, die zwar essbar sind, aber etwas herb und scharf schmecken. Das Fruchtfleischaroma erinnert an einen Mix aus Melone und Aprikose.

So geht's

Die Papaya samt Schale längs halbieren.

Die Kerne mit einem Esslöffel entfernen [→1].

Die entkernten Papayahälften mit einem Sparschäler oder Messer schälen und der Länge nach in Spalten schneiden [→2].

Spalten je nach Rezept noch mal quer in mundgerechte Stücke [→3], kleine Würfel oder feine Streifen teilen.

DA PAPAYAS keine Fruchtsäure enthalten, unterstützt Limettensaft ihren feinen Geschmack. Auch Ingwer intensiviert ihr Aroma.

LISCHI
klein, fein & erfrischend

DER LITSCHIBAUM STAMMT URSPRÜNGLICH AUS SÜDCHINA. Dort gilt die Litschi heute noch als die feinste Frucht und wird vor allem als frisches Obst oder in Fruchtsalaten gegessen.
Die ovalen bis runden Litschis haben eine schuppige Schale, die bei reifen Früchten rotbraun, hart, spröde und leicht zu entfernen ist. Ihr saftiges perlmuttartiges Fruchtfleisch umschließt einen glänzenden, braunen und ungenießbaren Kern. Reife Litschis schmecken erfrischend, zart, säuerlich-süß, leicht an Rosen und Muskat erinnernd. Gerichten mit Fisch, Geflügel, Fleisch und Reis verleihen kurz mitgegarte Litschis eine frische Note.
Litschis sollten nach dem Kauf schnell verzehrt werden. Im Gemüsefach des Kühlschranks lassen sie sich ca. 1 Woche aufbewahren.

So geht's

Um an das Fruchtfleisch zu kommen, die Schale mit einem Messer leicht einritzen oder eindrücken [→1].

Die Schale ringsherum, wie bei einem Ei, abpellen [→2].

Das Fruchtfleisch längs bis auf den Kern einschneiden, die Frucht halbieren und den Kern herauslösen [→3].

MANGOSTANE
mit saftigen Fruchtsegmenten

TYPISCHE ANBAUGEBIETE FÜR DIESE EXOTIN sind etliche asiatische Länder, aber auch Brasilien und Australien. Mangostane werden fast vollreif geerntet und kommen per Luftfracht zu uns. Achten Sie beim Einkauf der kugeligen Früchte auf eine purpurfarbene, feste Schale, die beim Betasten aber noch leicht elastisch ist. Wenn sich die Frucht schon steinhart anfühlt, ist sie überreif und ungenießbar. Ihr Fruchtfleisch ist weiß, weich und saftig, es schmeckt erfrischend und ausgewogen süß-säuerlich. Das Aroma kommt besonders gut zur Geltung, wenn das Fruchtfleisch leicht gekühlt serviert wird. Vorsicht, der beim Zerteilen austretende Fruchtsaft macht Flecken, die sich auf Textilien nur schwer wieder entfernen lassen.

So geht's

Um an die fünf bis sieben Fruchtstücke zu kommen, die Schale am „Äquator" mit einem Messer rundherum einschneiden oder mit den Händen aufbrechen und die obere Schalenhälfte abheben **[→1]**.

Die untere Schalenhälfte bis zum Stielansatz ablösen **[→2]**.

Die Frucht in ihre einzelnen elfenbeinfarbenen Fruchtsegmente teilen **[→3]**. Kleinere Samen im Fruchtfleisch kann man mitessen.

KOKOSNUSS
harte Schale, weiches Fleisch

DIE BEI UNS ERHÄLTLICHEN, VORGESCHÄLTEN KOKOSNÜSSE haben eine sehr harte Schale. Darunter liegt das weiße Fruchtfleisch, das mit einer rotbraunen Haut umgeben ist. Es verleiht vielen Getränken und Speisen durch sein nussiges Aroma eine außergewöhnliche exotische Note. Im Hohlraum befindet sich das trinkbare Kokoswasser – eine helle, süß-säuerliche Flüssigkeit, die oft mit Kokosmilch verwechselt wird. Kokosmilch entsteht aber nicht in der Kokosnuss, sondern wird aus ihrem Fruchtfleisch zubereitet. Siehe Rezept Seite 54.
Um die Reife einer Kokosnuss zu überprüfen, können Sie diesen Test machen: Wenn beim Schütteln das darin enthaltene Wasser deutlich plätschert, ist die Frucht optimal für den Genuss. Ohne Wasser ist sie ungenießbar und sollte nicht gekauft werden.

So geht's

Zwei der drei „Augen" in der Schale mit einem Akkuschrauber durchbohren oder mithilfe eines Hammers und mit einem Schraubenzieher durchstechen [→1].

Das Kokoswasser aus dem Innern der Frucht in ein Gefäß abgießen.

Die Kokosnuss in einen Gefrierbeutel legen und mit einem Hammer von außen rundherum beklopfen, bis die Schale aufbricht [→2].

Zum Schluss das weiße Kokosfleisch mithilfe eines Löffels oder Messers von der harten Schale lösen [→3].

Das Fruchtfleisch bei Bedarf mit einem Sparschäler schälen und dann raspeln oder in hauchdünne Späne hobeln.

WÜRZE IN FLASCHEN

Die asiatische Universalwürze Sojasauce wird traditionell aus Sojabohnen, Weizen oder Reis, Wasser und Salz hergestellt. In Asien gibt es sie in unterschiedlichen Farben, Konsistenzen und Geschmacksrichtungen. Am besten sind bei uns die japanischen und chinesischen Sojasaucen zu bekommen. In Japan wird sie zum Kochen und zum Dippen, in China nur zum Kochen verwendet.

Klassische japanische Sojasauce erlangt durch eine monatelange Reifung ihre dunkle Farbe und ein feinwürziges Aroma – ideal zum Würzen von kräftigen Wok- und Pfannengerichten sowie zur Herstellung von Dips.

Helle chinesische Sojasauce ist jünger und salziger und damit ideal zum Würzen von leichteren Gerichten mit Fisch, Geflügel, Gemüse und Nudeln.
Geöffnete Flaschen kühl stellen und innerhalb von 3 Monaten verbrauchen.

Fischsauce ist als Gewürz in Thailand (dort „nam pla" genannt) und in Vietnam (dort „nuoc mam" genannt) so unersetzlich wie für die Japaner und Chinesen die Sojasauce. Zur Herstellung werden Sardinen mit Salz monatelang fermentiert. Das Ergebnis, eine klare braune Sauce, schmeckt intensiv und ersetzt weitgehend das Salz. Der für uns gewöhnungsbedürftige Geruch verliert sich beim Kochen. Geöffnet und gekühlt ist Fischsauce ca. 1 Jahr haltbar.

Sake, ein Reiswein, ist nicht nur das japanische Nationalgetränk, sondern auch eine wichtige Zutat zum Abschmecken von Wokgerichten, Marinaden, Fisch- und Fleischteigen und Dips. Geöffnet und gekühlt ist Sake ca. 1 Jahr haltbar.

Heller Reisessig aus Japan wird beispielsweise zum Säuern von Sushi-Reis oder zum Einlegen von Gemüse verwendet. Der Essig ist bedeutend milder als unsere Essigsorten. Ersatzweise verdünnten Weißwein- oder Apfelessig nehmen.

Dunkler Reisessig ist in der chinesischen Küche zum Würzen und Marinieren beliebt.
Beide Essige sind geöffnet ca. 6 Monate haltbar.

Austernsauce ist dunkelbraun, zähflüssig und schmeckt süß-salzig. Hergestellt aus Austern- oder Muschelextrakt, Sojasauce und Gewürzen, findet sie überwiegend in den Küchen Chinas und Thailands Verwendung. Austernsauce gibt Fisch, Geflügel, Fleisch und Gemüse eine pikante Note. Hält geöffnet und gekühlt ca. 1 Jahr. Als Ersatz einfach etwas Sojasauce mit püriertem Anchovisfilet (eingelegte Sardellen) verrühren.

ÖLE & GHEE

Zum Pfannenrühren, Braten und Frittieren eignet sich geschmacksneutrales Pflanzenöl am besten.

Erdnussöl wird in der Asia-Küche verwendet, da es sehr hoch erhitzt werden kann. Ersatzweise können Sie auch zu raffiniertem Sonnenblumen- oder Rapsöl greifen. An einem dunkeln und kühlen Ort aufbewahrt halten diese Öle ca. 6 Monate.

Geröstetes Sesamöl ist dunkelbraun und schmeckt so intensiv nussig, wie es riecht. Es eignet sich deshalb nicht zum Braten und sollte nur tropfen- oder teelöffelweise zum Würzen verwendet werden.

Chiliöl, aus roten Chilischoten und neutralem Pflanzenöl hergestellt, ist sehr scharf und nur zum Nachwürzen gedacht.
Beide Öle lichtgeschützt aufbewahren und innerhalb von 1–2 Monate aufbrauchen.

Ghee ist die indische Bezeichnung für geklärte Butter aus Kuhmilch und gibt es schon fertig zu kaufen. Es eignet sich zum Braten und Backen. Kühl aufbewahrt ist es ca. 3 Monate haltbar.

FERTIGE WÜRZPASTEN

Currypasten sind das A und O der Thai-Küche und meistens sehr scharf. Die Pasten sind bei uns als Fertigprodukte in guter Qualität in unterschiedlichen Farben erhältlich:

Rote Currypaste besteht hauptsächlich aus getrockneten roten Thai-Chilis, Schalotten, Galgant und Zitronengras. Sie passt optimal zu Meeresfrüchten, dunklem Fleisch und Gemüse.

Grüne Currypaste enthält vor allem frische grüne Chilischoten, Koriander und Ingwer und harmoniert gut zu Fisch und Gemüse.

Gelbe Currypaste wird unter anderem aus roten Chilischoten, Schalotten, Zitronengras und Kurkuma zubereitet und überwiegend bei der Zubereitung von Fischgerichten verwendet. Currypasten halten im Kühlschrank bis zu 1 Jahr. Grundrezepte für selbst gemachte Currypasten finden Sie auf Seite 55.

Garnelenpaste hat einen intensiven Geschmack nach Meer und riecht etwas streng. Darum nur sparsam zum Würzen von Currys, Suppen und Salaten verwenden. Gut verschlossen ist die Paste im Kühlschrank unbegrenzt haltbar.

Tamarindenpaste wird aus den Schoten der Tamarinde hergestellt. Mit ihrem leicht säuerlichen Geschmack wird sie in Asien häufig anstelle von Limettensaft verwendet. Die Paste ist im Kühlschrank bis zu 1 Jahr haltbar.

Tandoori-Paste ist eine rote indische Würzpaste, die damit mariniertem Geflügel und Fleisch die typisch rote Farbe verleiht.

Wasabipaste ist grasgrün und sehr scharf. Sie wird aus der fein geriebenen japanischen Wasabiwurzel, auch japanischer Meerrettich genannt, hergestellt. Wasabi wird als Beilage zu Sushi gereicht oder zum Würzen von Fisch und Saucen verwendet.
Beide Pasten im Kühlschrank lagern und innerhalb von ca. 2 Monaten aufbrauchen.

FERTIGE SAUCEN

Chilisaucen aus Südostasien werden auf der Basis von Chilischoten, Essig und Gewürzen hergestellt. Es gibt sie in großer Auswahl und mit unterschiedlichem Schärfegrad: von mild-süß und süßsauer (s. Rezept S. 56) über scharf-süß bis zu scharf und extra-scharf. Manche Sorten enthalten extra viel Ingwer, Knoblauch oder Zitronengras. Chilisaucen werden weniger zum Kochen verwendet, vielmehr zum Abschmecken, als Tischwürze oder als Dip für Fingerfood. Geöffnete Flaschen sind im Kühlschrank ca. 6 Monate haltbar.

Hoisinsauce ist eine chinesische rotbraune, dickflüssige Sauce aus Sojabohnen, Knoblauch, Zucker, Chilischoten und Gewürzen. Die süß-scharfe Würze wird pur oder mit Wasser verdünnt für Marinaden, zum Dippen und Grillen verwendet. Geöffnet und gekühlt bis zu 3 Monaten haltbar.

Pflaumensauce hat eine sirupartige Konsistenz und einen pikanten Geschmack. Aus Pflaumen, Ingwer, Knoblauch, Zucker, Chilis und Gewürzen hergestellt wird sie zum Abschmecken von Marinaden und Saucen verwendet. Mit der süßsauren Note passt sie als Dip auch gut zu Fisch und Meeresfrüchten. Nach dem Öffnen kühl stellen und innerhalb von 1–2 Wochen aufbrauchen.

Sambal Oelek ist ein feuriger Würzklassiker aus der indonesisch-malaiischen Küche. Die Sauce aus zerstoßenen roten Chilischoten, Essig und Salz wird direkt beim Kochen oder am Tisch zum Nachwürzen – wegen ihrer Schärfe aber immer nur in wirklich kleinen Mengen – verwendet. Sambal Oelek hält sich geöffnet und gekühlt ca. 1 Jahr.

GANZE GEWÜRZE

Grüner Kardamom Vor allem in der thailändischen und indischen Küche werden die etwa 2 cm großen pergamentartigen Kapseln verwendet. In deren Inneren sitzen viele winzige Samenkörner, das eigentliche Gewürz. Bei längeren Garzeiten werden die Kapseln angequetscht und im Ganzen mitgegart und danach wieder entfernt. Bei kurzen Garzeiten werden die Samen ausgelöst und im Mörser zerstoßen. Kardamom hat einen intensiven, an Ingwer erinnernden Geschmack.

Koriandersamen Die getrockneten hellbraunen Früchte der Korianderpflanze haben einen süßlich-würzigen Geschmack und erinnern im Aussehen an Pfefferkörner. Sie werden z. B. für Gewürzmischungen wie Garam Masala verwendet. Ihr Aroma kommt besonders gut zur Geltung, wenn die frisch zerstoßenen Körner vor dem Mitgaren angeröstet werden.

Kurkuma, auch Gelbwurz genannt, ist eine knollige, im Inneren kräftig orange gefärbte Wurzel. Es werden die frischen Wurzeln wie auch die getrockneten und pulverisierten verwendet. Frisch ist der Geschmack ingwerähnlich und erdig. Das Pulver hat ein eher mildes Aroma und wird in der Küche vor allem als Färbemittel eingesetzt. Es gibt Currypulver die gelbe Tönung und auch Reis und Saucen werden damit gefärbt.

Kreuzkümmel oder Kumin wird häufig mit seinem Verwandten Kümmel verwechselt. Sein Aroma ist aber ein völlig anderes. Die Samen sind in der indischen Küche unentbehrlich, z. B. als wichtiger Bestandteil vieler Gewürzmischungen wie Garam Masala oder Currypulver.

Pfeffer Die schwarzen Körner gelten im Vergleich zu den weißen als aromatischer und sind deshalb beliebter. Grüne frische Pfefferbeeren, die es als Rispe inzwischen auch bei uns zu kaufen gibt, werden jung vom Strauch gepflückt. Die leicht scharfen Beeren haben einen aromatischen Geschmack und sind in Asien eine beliebte Zutat für scharfe Suppen, Wok- und Fleischgerichte.

Safran ist das teuerste Gewürz der Welt. Kein Wunder, denn für wenige Gramm werden stundenlang die Narbenfäden einer Krokusart per Hand aus den Blüten gezupft und anschließend getrocknet. Man braucht nur einige wenige Safranfäden, um z. B. indische süße und pikante Reisgerichte zu aromatisieren und gleichzeitig gelb zu färben. Safran gibt es als Fäden oder bereits gemahlen zu kaufen. Im Zweifelsfall aber immer die Fäden wählen, da dem Pulver unter Umständen noch andere Stoffe zugesetzt sind.

Sesamsamen Je nach Züchtung sind die kleinen ovalen Samen goldgelb, hellbraun oder schwarz. Es gibt sie ungeschält und geschält zu kaufen. Das nussige Aroma der Samen verstärkt sich, wenn sie ohne Fett angeröstet werden. In vielen asiatischen Küchen, besonders aber in Japan und Korea, schätzt man das feine Aroma bei Gemüse-, Fleisch- und Fischgerichten.

Sternanis ist im Süden Chinas und in Südasien heimisch. Aus den Blüten bilden sich rötlichbraune, sternförmige Kapseln, die vor der Reife geerntet und in der Sonne getrocknet werden. Das süßwürzige Aroma der Kapseln erinnert deutlich an Anis, ist aber intensiver. Sternanis würzt Fleischgerichte, Brühen und ist Bestandteil des Fünf-Gewürze-Pulvers – eines typischen Gewürzes der chinesischen und nordvietnamesischen Küche.

BASIC ZUTATEN

GEWÜRZPULVER

Currypulver, das man bei uns kaufen kann, ist eine Erfindung der Engländer und fällt in Indien in die Kategorie Masala. So nennt man dort Mischungen aus bis zu einem Dutzend verschiedenen Gewürzen. Kurkuma gibt den Mischungen die gelbe Farbe und ist immer Bestandteil. Indische Masalas werden jeweils auf das Gericht abgestimmt. Auch bei uns gibt es verschiedene Currypulver, von mild bis scharf, zu kaufen. Um Ihre Lieblingsmischung zu finden, hilft es, sich durchzuprobieren.

Garam Masala ist eine typische und beliebte nordindische Gewürzmischung. Das bräunliche Pulver gibt es als milde sowie schärfere Variante zu kaufen. Garam Masala sollten Sie wegen der großen Würzkraft nur sparsam verwenden.

Fünf-Gewürze-Pulver stammt aus China und kann je nach Hersteller unterschiedlich komponiert sein. Die meisten Mischungen bestehen aus Fenchelsamen, Gewürznelken, Sternanis, Szechuanpfeffer und Zimt.

GETROCKNETES

Palmzucker ist der eingedickte und getrocknete Fruchtsaft spezieller asiatischer Palmen. Er hat ein unnachahmliches und leicht karamellartiges Aroma und wird als Gewürz auch für herzhafte Gerichte verwendet. Dunkelbrauner Palmzucker schmeckt weniger süß als hellbrauner. Feste Palmzucker-Küchlein lassen sich auf einer Reibe fein zerkleinern.

Nori-Blätter werden aus getrocknetem, gepresstem und geröstetem Seetang (Purpurtang) hergestellt. Die papierdünnen Blätter spielen vor allem in der japanischen Küche eine wichtige Rolle. Dort werden sie hauptsächlich zum Umhüllen von Sushi verwendet, aber auch zum Aromatisieren von Nudelgerichten.

ALLES AUS SOJA

Sojabohnen gehören botanisch zu den Hülsenfrüchten. Sie werden seit Jahrtausenden in Asien kultiviert und dienen z. B. als Basis für Sojamilch, Sojaöl, Sojasauce, Tofu und vieles andere mehr. In Ostasien bereitet man Sojabohnen auch frisch zu, wie bei uns grüne Erbsen und Bohnenkerne.

Tofu, aus Sojabohnen hergestellter und gepresster „Quark", ist in Asien ein traditionelles und weit verbreitetes Lebensmittel, das besonders hochwertiges Eiweiß enthält. Üblicherweise hat er bei uns eine schnittfeste Konsistenz. Tofu kann mariniert, gebraten, frittiert und gegrillt werden. Es gibt ihn natur, geräuchert und mit Kräutern oder Pilzen angereichert.

Seidentofu ist besonders zart und weich und wird in Japan in Miso-Suppen serviert.

Tempeh ist die indonesische Variante von Tofu.

Sojasprossen sind die Keimlinge der Sojabohne und voller wertvoller Inhaltsstoffen. Sie machen sich gut als knackige Bestandteile im Salat oder in Wokgerichten. Wenn Sojakeimlinge roh gegessen werden sollen, unbedingt vor dem Verzehr 1 Minute in kochendem Wasser blanchieren. Dadurch werden unverträgliche Inhaltsstoffe wie Lektine inaktiviert.

Miso-Paste ist eine aromatische Würzpaste auf Basis von Sojabohnen und Getreide. In der japanischen Küche wird sie traditionell vor allem als Basis für Suppen und zum universellen Würzen eingesetzt. Es gibt eine Vielzahl verschiedener Miso-Sorten, die sich je nach Zusammensetzung und Dauer des Reifeprozesses in Aroma und Farbe unterscheiden.

REIS

Die Bedeutung von Reis in Asien lässt sich schon daran erkennen, dass das Wort „essen" in vielen Sprachen gleichbedeutend ist mit „Reis essen". In allen asiatischen Ländern ist Reis Grundnahrungsmittel, und eine Mahlzeit ohne ihn wäre nicht vollständig – ob zum Frühstück, Mittag-, Abendessen, kalt oder warm. Aus den Körnen werden außerdem noch andere Produkte wie z. B. Nudeln, Reispapier oder Essig hergestellt.

Langkornreis

Dieser asiatische Universalreis stammt ursprünglich aus Vorderindien, wird heutzutage aber auch in anderen Ländern Asiens, vor allem in Thailand, angebaut. Nach der Ernte werden die Reiskörner geschliffen und poliert und sind danach weiß. Langkornreis wird in **Klebreis** und **nicht klebende Sorten** unterschieden. Thailändischer Langkornreis (siehe rechts) ist z. B., da in Thailand mit Löffel und Gabel gegessen wird, besonders locker, körnig und klebt nicht. In anderen Ländern Asiens, in denen man mit Stäbchen oder der Hand isst, wird dagegen nur mit Langkorn-Klebreissorten gekocht. Diese Reiskörner enthalten mehr Stärke, wodurch sie nach dem Garen aneinander haften. Langkornreis passt als Beilage zu allen asiatischen Hauptgerichten.
Garzeit: Je nach Sorte 12 – 20 Minuten. Die Angaben auf der Verpackung beachten.

Thailändischer Duftreis

Diese Langkornreissorte ist eine Spezialität unter den **Duftreissorten**. Die schlanken, polierten Reiskörner verströmen gegart einen wunderbaren exotischen, für die Thai-Küche typischen, leicht blumigen Duft. Sein besonderes Aroma verdankt dieser Reis aber nicht einer künstlichen Parfümierung, sondern den stark mineralhaltigen Böden seiner Anbaugebiete, den ausgedehnten Reisfeldern in der fruchtbaren Ebene des Chao-Phraya-Flusses. Thailändischer Duftreis ist etwas teurer als normaler Langkornreis. Außer in Thailand werden unterschiedliche Duftreissorten auch in Vietnam und Indonesien angebaut.
Thailändischer Duftreis passt besonders gut zu Gemüse, Fisch- und Geflügelgerichten.
Garzeit: 12 – 15 Minuten. Die Angaben auf der Verpackung beachten.

Jasminreis

Er gehört ebenfalls zu den thailändischen Duftreissorten, da er nach dem Garen einen angenehmen Jasminduft verströmt. Jasminreis ist eine Langkornreissorte, die in Thailand angebaut wird und das schon seit Generationen. Den Duft und sein intensives Aroma bekommt dieser Reis durch den mineralhaltigen Boden seines Anbaugebietes. Jasminreis gilt als besondere Delikatesse und kocht leicht klebrig.
Jasminreis passt besonders gut zu Speisen mit Gemüse, Fisch und Geflügel.
Garzeit: 12 – 15 Minuten. Die Angaben auf der Verpackung beachten.

Basmati

Sein Name bedeutet „der Duftende". Basmati zählt zu den edelsten und auch teuersten Langkornreissorten und gedeiht nur in wenigen Regionen Indiens, etwa in den Vorgebirgen des Himalajas, sowie in Pakistan. Durch das mineralstoffhaltige Wasser der Gebirgsflüsse bekommen die langen, schmalen Körner des indischen Basmati ihr besonderes Aroma. Der Reis verströmt beim Garen einen unvergleichlichen Duft, ist locker, zart und körnig und nicht zum Essen mit Stäbchen geeignet.
Basmati passt als Beilage besonders gut zu allen indischen Hauptgerichten.
Garzeit: 12 – 18 Minuten. Die Angaben auf der Verpackung beachten.

Rundkorn-Klebreis

Diese sehr stärkehaltige Reissorte ist ungekocht an den ovalen und matt-weißen und undurchsichtigen Körnern zu erkennen. Durch das Garen kleben die Körner fest aneinander und können eine formbare, klebrige Konsistenz erlangen. Diese Eigenschaft wird in der asiatischen Küche auch zur Herstellung einer Vielzahl an Desserts genutzt. Rundkorn-Klebreis passt zu allen Hauptgerichten und als Nachspeise zu frischen Früchten.
Garzeit: 12–15 Minuten. Die Angaben auf der Verpackung beachten.

Sushi-Reis

Damit wird ein Klebreis bezeichnet, der sich besonders gut für die Zubereitung von Sushi eignet. Es sind spezielle japanische Reissorten mit mittelgroßen Körnern, in denen der Gehalt an wasserunlöslicher Stärke besonders hoch ist und die gegart ideal zusammenkleben. Das Aroma von Sushi-Reis ist mild.
Sushi-Reis eignet sich besonders gut für alle Arten von Sushi-Zubereitungen.
Garzeit: 12–15 Minuten. Die Angaben auf der Verpackung beachten.

Roter Reis

Es gibt ihn als Langkorn- sowie als Mittelkornreis, der als Spezialität vor allem in Thailand angebaut wird. Seltener sind der philippinische Rote Bergreis und Roter Reis aus Bhutan. Seine rot-braune Schalenfarbe bekommt der Reis durch den Anbau auf tonhaltiger Erde. Die Körner schmecken sehr aromatisch. Roter Reis kommt nur als Naturreis in den Handel, also ungeschält und unpoliert. Auch in Bio-Qualität. Als Alternative zu asiatischem Rotem Reis kann Roter Reis aus der französischen Camargue verwendet werden.
Roter Reis passt besonders gut als Beilage zu Gemüse, Fisch und Fleisch.
Garzeit: 30–40 Minuten je nach Sorte. Die Angaben auf der Verpackung beachten.

Schwarzer Reis

Der Legende nach wurde dieser Vollkornreis in China exklusiv für den Kaiser angebaut. Heute wächst Schwarzer Reis auch in Thailand, Japan und Indonesien und ist für viele Genießer eine Spezialität. Die länglichen Körner sind nur von der ungenießbaren Außenhülle, der Spelze, befreit, der Kornkern ist aber noch von der sogenannten Silberhaut umschlossen. Daher ist der Reis außen schwarz-violett und innen weiß. Die Körner haben einen aromatisch nussigen Geschmack. Schwarzer Reis in reichlich Wasser garen – als Faustregel gilt: ein Teil Reis und drei bis vier Teile Wasser. Als Ersatz kann Riso Venere aus Italien verwendet werden.
Schwarzer Reis passt besonders gut zu Currys und Wokgerichten mit Gemüse, Fisch oder Fleisch. In Thailand wird er auch für Süßspeisen verwendet.
Garzeit: 30–40 Minuten. Die Angaben auf der Verpackung beachten.

ASIA-NUDELN

Hier ist das Angebot in Asien nicht nur bei den Formen sehr abwechslungsreich. Denn neben Weizen liefern auch Reis, Mungbohnen und Buchweizen die Teiggrundbestandteile Mehl und Stärke. Hergestellt werden die Teigwaren mal mit, mal ohne Ei. Im Vergleich zu europäischen Nudeln haben asiatische Sorten eine kürzere Garzeit.

Chinesische Eiernudeln

Die langen, dünnen Nudeln werden aus Weizenmehl, Eiern, Wasser und Salz gemacht. Ohne Eier hergestellt heißen sie Weizennudeln. Da Nudeln in China nicht lang genug sein können, werden sie vor dem Trocknen zu handlichen Blöcken oder Nestern zusammengelegt. So geformt sind sie bei uns, überwiegend als Instant-Produkt, als Mie-Nudeln oder Wok-Nudeln bekannt. Eiernudeln eignen sich gut als Suppeneinlage, als Beilage zu traditionellen Schmorgerichten und für gebratene Nudeln aus dem Wok.
Zubereitung: Chinesische Eiernudeln in kochendem Salzwasser 2–3 Minuten vorkochen. In einem Sieb abtropfen lassen, dann je nach Rezept verwenden. Instant Mie-Nudeln und Wok-Nudeln nach Packungsangabe zubereiten.

Reispapierblätter

Sie werden in der vietnamesischen Küche typischerweise als Hülle für pikante Füllungen verwendet. In Wasser eingeweicht wird Reispapier nudelartig weich und transparent. Durch Backen oder Frittieren werden die Blätter schön knusprig. Die meist runden Teigblätter aus Reismehl gibt es bei uns nur getrocknet zu kaufen, sie sind empfindlich und brechen sehr leicht.
Zubereitung: Getrocknete Reispapierblätter vor der Weiterverarbeitung kurz in Wasser einweichen, damit sie weich und formbar werden.

Reisnudeln

Sie werden aus Reismehl und Wasser hergestellt und sind vor allem in den südostasiatischen Ländern beliebt. Reisnudeln sind im getrockneten wie im gegarten Zustand weiß. Es gibt sie in verschiedenen Stärken von Suppennudel-dünn bis Bandnudel-dick. Je nach Stärke passen Reisnudeln in Suppen, Salate, Ragouts und Wokgerichte.
Zubereitung: Reisnudeln vor dem Garen 10 Minuten in lauwarmem Wasser einweichen. Danach haben sie durchweg kurze Garzeiten. In reichlich kochendem Wasser breite Nudeln in ca. 4 Minuten, schmale in ca. 3 Minuten und die Fadennudel-feinen in 1–2 Minuten bissfest kochen.

Glasnudeln

Immer in Päckchen zusammengebunden werden diese Nudeln auch unter der Bezeichnung China-Fadennudeln im Handel angeboten. Glasnudeln bestehen meist aus Mungbohnenstärke und Wasser, sind dünn, hart und meist sehr lang. Wer kein ganzes Päckchen braucht, bricht oder schneidet sich die gewünschte Menge davon ab. Die Nudeln schmecken neutral, nehmen jedoch gut andere würzige Aromen auf. Glasnudeln eignen sich gut als Einlage in Suppen und Frühlingsrollen, für Salate und Wokgerichte. In heißem Öl frittiert, werden sie knusprig und sind so eine außergewöhnliche Dekoration.
Zubereitung: Glasnudeln 15–25 Minuten in warmem Wasser oder 10 Minuten in kochend heißem Wasser einweichen. Dadurch quellen sie auf und werden, wie es ihr Name schon verrät, fast durchsichtig. Nudeln abgießen und eventuell mit einer Küchenschere kleiner schneiden.

Soba

Die japanische Delikatesse wird aus Buchweizenmehl, eventuell Weizenmehl und Wasser hergestellt und schmeckt besonders würzig. Je höher der Anteil an Buchweizenmehl ist, desto nussiger wird das Aroma. Die dünnen, langen Nudeln gibt es in Japan auch in Grün, da sie dort zusätzlich mit Algen gewürzt werden. Soba werden in Japan je nach Jahreszeit kalt oder warm serviert. Im Sommer kommen sie gegart und gut gekühlt mit einem würzigen Sojasaucen-Dip auf den Tisch. In kühlen Jahreszeiten serviert man die Nudeln als Beilage oder in heißer Brühe mit Gemüse, Ei, Fleisch oder Tofu. Gegessen werden die Nudeln mit Stäbchen.
Zubereitung: Je nach Dicke Soba-Nudeln in kochendem Wasser in 4–8 Minuten bissfest garen.

Udon

Die cremeweißen Nudeln aus Weizenmehl, Salz und Wasser haben angeblich ihren Ursprung in China. Heute isst man sie vor allem auch in Japan und Korea. Udon haben eine spaghettiartige Form und eine elastische Konsistenz. Es gibt sie in verschiedenen Stärken und Schnitten. Traditionell werden Udon-Nudeln für kalte und warme Speisen wie Suppen und Wokgerichte verwendet.
Zubereitung: Udon-Nudeln ca. 10 Minuten, oder nach Packungsangabe, in Wasser garen, in ein Sieb abgießen und nach Rezept verwenden.

Ramen

Hergestellt wird die aus China stammende Nudelsorte aus Weizenmehl, Salz und Wasser, manchmal auch zusätzlich mit Ei. Bei uns sind die asiatischen Nudeln getrocknet oder als Instant-Produkt im Handel erhältlich. Ramen werden hauptsächlich für Suppen verwendet. In Japan geben sie damit zubereiteten Suppen sogar den Namen. Alternativ Ramen im Wok mit Gemüse anbraten.
Zubereitung: Getrocknete Nudeln nach Packungsangabe garen. Instant-Nudeln nur mit kochend heißem Wasser übergießen, kurz ziehen lassen, bis sie bissfest sind, dann in ein Sieb abgießen und kurz abtropfen lassen.

Somen

Sind sehr feine, lange und runde Nudeln, die überwiegend aus Weizenmehl, manchmal auch aus Buchweizenmehl hergestellt werden. Sie schmecken leicht süßlich. Traditionell verwendet man sie in Japan vor allem für Nudelgerichte und Salate, für Suppen eher selten. Auch als Dessert sind Somen beliebt. Dafür werden die gegarten, kalten Nudeln zu kleinen Nestern geformt und mit Kokosmilch und frischen Früchten serviert.
Zubereitung: Somen werden kurz in Salzwasser gegart. Die genaue Garzeit der Nudeln findet man auf der Verpackung.

JETZT WIRD GEKOCHT

HIER LERNEN SIE, WIE MAN WOKKT, SCHMORT, DÄMPFT UND FRITTIERT WIE IN ASIEN. EINMAL GELERNT, KÖNNEN DIE GARTECHNIKEN IMMER WIEDER ANGEWENDET WERDEN. VIELE AUTHENTISCHE GRUNDREZEPTE FÜR SAUCEN, BRÜHEN UND CO. MACHEN FIT FÜR DIE ASIA-KÜCHE.

PFANNENRÜHREN ODER WOKKEN ist das Braten im Wok bei hoher Temperatur und unter ständigem Rühren. Diese Garmethode wird in der asiatischen Küche am häufigsten angewendet, denn sie hat viele Vorteile: Aroma, Farbe und die knackige Konsistenz von Gemüse, wie auch viele Vitamine und Mineralstoffe bleiben erhalten. Zudem wird nur wenig Fett benötigt und in Minutenschnelle ist alles gar. Voraussetzung: Alle festen Zutaten müssen vorher klein geschnitten werden.

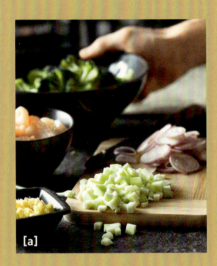

[a]

[b]

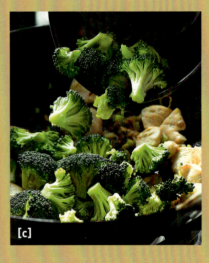

[c]

[d]

RICHTIGES TIMING
Während des Bratens, das selten mehr als 5–10 Minuten dauert, sind Sie unablässig mit Rühren beschäftigt und haben für nichts anderes Zeit. Deshalb vorher alle Zutaten vorbereiten und getrennt bereitstellen: Fleisch schneiden und eventuell marinieren; Gemüse schneiden – je härter das Gemüse, desto feiner die Stücke. Gewürze bereitlegen, Flüssigkeiten abmessen. Auch die Beilagen sollten schon parat stehen.

AUFHEIZEN
Damit die idealen Temperaturen am Boden und an den Wänden erreicht werden, zuerst den leeren, trockenen Wok stark erhitzen. Erst dann das Öl darin heiß werden lassen. Es darf aber nicht rauchen.

NACHEINANDER
Die Zutaten nacheinander in den Wok geben; die mit den längsten Garzeiten zuerst, die mit den kürzesten am Schluss. Dabei unermüdlich von innen nach außen rühren. Dabei kommen die Zutaten im schnellen Wechsel mit der starken Hitze am Boden in Berührung und können an den gewölbten Wänden behutsam nachziehen. So wird alles gleichmäßig und gleichzeitig gar. Bei einem kleineren Wok oder einer größeren Zutatenmenge die Zutaten portionsweise pfannenrühren und zum Schluss alles zusammen noch einmal heiß werden lassen.

ZUM SCHLUSS WÜRZEN
Kurz bevor das Wokgericht fertig ist, die abgemessenen und bereitgestellten Würzflüssigkeiten zugießen, abschmecken und bei Bedarf nachwürzen. Eventuell garnieren und sofort heiß servieren.

BROKKOLI-HÄHNCHEN
mit Cashewnüssen

Zutaten für 4 Portionen

- 350 g Hähnchenbrustfilet
- 400 g Brokkoli
- 3 Schalotten
- 1 Knoblauchzehe
- 1 Stück Ingwer (ca. 2 cm)
- 100 ml Hühnerbrühe (Rezept S. 54 oder aus dem Glas)
- 3 EL helle Sojasauce
- 2 EL Reiswein
- 3 EL Erdnuss- oder Sonnenblumenöl
- 100 g Cashewnusskerne
- Salz, Pfeffer aus der Mühle
- Schnittknoblauch zum Garnieren (nach Belieben)

So geht's

1. Das Hähnchenfleisch kalt abbrausen und trocken tupfen. Zuerst längs halbieren, dann quer in ca. 0,5 cm dicke Scheiben schneiden. Brokkoli waschen, putzen und in kleine Röschen teilen. Der Strunk kann mitgegessen werden. Dafür den Strunk schälen und den weichen Teil in Würfel schneiden. Schalotten und Knoblauch schälen und in dünne Scheiben schneiden. Ingwer schälen und fein würfeln (s. Seite 28). Die Brühe mit Sojasauce und Reiswein verrühren. [→a]

2. Den Wok bei starker Hitze aufheizen und das Öl darin erhitzen [→b]. Cashewnusskerne im Öl unter Rühren goldbraun anrösten. Mit einem Schaumlöffel-Sieb herausheben und beiseitestellen.

3. Fleisch, Schalotten, Knoblauch, Ingwer und Brokkolistrunk im übrigen Öl ca. 3 Minuten bei starker Hitze pfannenrühren. Brokkoliröschen untermischen und ca. 3 Minuten weiterrühren. [→c]

4. Die angerührte Würzmischung zugießen, aufkochen lassen und alles zusammen noch ca. 1 Minute weiterrühren. Mit Salz und Pfeffer abschmecken [→d]. Die Cashewnusskerne unterheben. Nach Belieben Schnittknoblauch waschen, trocken schütteln und in ca. 3 cm lange Stücke schneiden (s. Seite 23), vor dem Servieren über das Brokkoli-Hähnchen streuen.

SCHMOREN ist eine Kombination aus scharfem Anbraten und Bräunen in heißem Fett und anschließendem sanftem Dünsten in Flüssigkeit im geschlossenen Topf bei Temperaturen um 100 °C. Dafür ist ein Wok, Schmortopf oder eine hochwandige Pfanne mit gut schließendem Deckel notwendig. Die Garmethode eignet sich für zarte Fischstücke oder ganze Fische ebenso wie für Gemüse- und Fleischstücke. Unterschiedlich dabei sind die Zeiten des Anbratens und Dünstens.

[a]

[b]

[c]

ANBRATEN
Das Gargut wie Fisch, Fleisch oder Gemüse im heißen Fett bei 160–200 °C von allen Seiten scharf anbraten. Dabei bilden sich Bräunungs- und Aromastoffe, die dem Schmorfond später einen guten Geschmack verleihen.

WEITERE ZUTATEN
Weitere Zutaten wie Gemüse und/oder Gewürze dazugeben. Dann die Dünstflüssigkeit angießen. Diese besteht häufig aus Brühe, einer Kombination aus aromatischen Flüssigkeiten oder auch mal Wasser. Die Flüssigkeiten unterstützen und ergänzen das Aroma der Hauptzutat. Es sollte aber auch nicht zu viel sein, da das Schmoren sonst zum Kochen wird.

FERTIG GAREN
Den Wok, den Schmortopf oder die Pfanne mit einem Deckel verschließen, damit kein Dampf entweichen kann, und das Gargut bei kleiner Hitze, um den Siedepunkt, fertig garen. Die Flüssigkeit darf dabei nur sanft kochen. Zwischendurch bei Bedarf noch Flüssigkeit nachgießen. Das Gericht zum Schluss abschmecken und garnieren.

FISCH-SAMBAL
mit Frühlingszwiebeln

Zutaten für 4 Portionen

- 700 g Rotbarschfilet (am besten Rückenfilet)
- 1 Bund Frühlingszwiebeln
- 1 Knoblauchzehe
- 1 Stück Ingwer (ca. 2 cm)
- ½ Bund Koriandergrün
- 4 EL Öl
- 250 ml ungesüßte Kokosmilch
- 2 TL Sambal Oelek
- 2 EL Ketjap manis (s. Glossar)
- ½ TL Garnelenpaste (nach Belieben)
- Salz
- 1–2 TL frisch gepresster Limettensaft

So geht's

1. Fisch kalt abbrausen, gut trocken tupfen und in 8 gleich große Portionsstücke schneiden.

2. Die Frühlingszwiebeln waschen, putzen, längs halbieren, dann schräg in ca. 3 cm lange Stücke schneiden. Den Knoblauch schälen und fein würfeln. Den Ingwer schälen und fein reiben (s. Seite 28). Koriander waschen, trocken schütteln und Blättchen von den Stielen zupfen (s. Seite 24).

3. Das Öl in einer großen Pfanne oder in einem großen Schmortopf erhitzen. Die Fischfiletstücke darin bei starker Hitze von jeder Seite ca. 30 Sekunden anbraten [→a]. Herausheben und beiseitestellen.

4. Frühlingszwiebeln im verbliebenen Fett ca. 1 Minute unter Rühren anbraten. Knoblauch und Ingwer unterrühren und kurz mitbraten. Kokosmilch und 100 ml Wasser zugießen. 1 TL Sambal Oelek, 1 EL Ketjap manis und nach Belieben Garnelenpaste einrühren [→b]. Alles aufkochen lassen.

5. Fischstücke nebeneinander in die Sauce legen und zugedeckt bei kleiner Hitze in 5–7 Minuten gar schmoren [→c]. Die Sauce mit Salz, Limettensaft, restlichem Sambal Oelek und übrigem Ketjap manis abschmecken. Fisch-Sambal mit Korianderblättchen bestreut servieren.

DÄMPFEN ist eine besonders schonende Gartechnik für Gemüse, Fisch und mageres Fleisch. In einem geschlossenen Topf wird wenig Flüssigkeit zum Kochen gebracht. Die Zutaten liegen in einem Dämpfeinsatz und garen unter Normaldruck in der vorbeiströmenden feuchten Hitze bei ca. 100 °C. Weil sie nicht direkt mit Flüssigkeit in Berührung kommen, bleiben das volle Aroma und alle wertvolle Nährstoffe weitgehend erhalten. Dabei ist kein oder nur wenig Fett nötig.

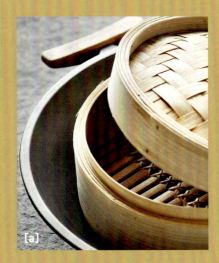
[a]

[b]

[c]

[d]

NOTWENDIGE GERÄTE
Alles, was Sie brauchen, ist ein Wok oder alternativ ein breiter Topf, beides aber mit gut schließendem Deckel. Außerdem einen Dämpfeinsatz mit kleinen Öffnungen, durch die der Dampf nach oben strömen kann. Der Dämpfeinsatz kann ein asiatisches Bambuskörbchen sein, ein flexibler Siebeinsatz oder Stapeleinsätze für einen Spezialtopf.

DAMIT NICHTS KLEBT
Den Boden des Dämpfeinsatzes locker mit Salat- oder Gemüseblättern wie Chinakohl oder Spinat auslegen, damit die Zutaten während des Dämpfens nicht unten ankleben. Anstelle von Blättern tut es auch eine angefeuchtete Stoffserviette. Dämpfeinsätze aus Metall können mit etwas Öl eingepinselt werden.

DÄMPFFLÜSSIGKEIT
Am simpelsten ist pures Wasser. Eine aromatische Flüssigkeit wie Brühe, oft noch mit Gewürzen und Kräutern verfeinert, hat aber Vorteile. Zum einen durchzieht der Aromadampf die Speisen und bewirkt so einen raffinierten Geschmack. Zum anderen ist der Dämpfsud eine schmackhafte Grundlage für begleitende Saucen.

GAREN
Die Zutaten im Dämpfeinsatz über die Flüssigkeit in Wok oder Topf stellen und mit einem Deckel gut verschließen. Die Flüssigkeit bei starker Hitze aufkochen. Sobald eine Dampffahne aufsteigt, auf mittlerer Hitze zurückschalten. Jetzt erst beginnt die Garzeit.

SPARGEL UND GARNELEN
mit Sesam-Vinaigrette

Zutaten für 4 Portionen

12 rohe Garnelen in der Schale (ca. 500 g)

750 g Thai-Spargel (ersatzweise grüner Spargel)

1 EL Öl

1 EL geschälte Sesamsamen

3–4 kleine Blätter Chinakohl

Salz

250 ml Gemüsebrühe (Rezept S. 54 oder aus dem Glas)

4 EL frisch gepresster Limettensaft

3 EL Fischsauce

2 EL heller Reisessig (ersatzweise milder Weißweinessig)

1 EL geröstetes Sesamöl

2 Stängel Asia-Minze

So geht's

1. Die Schalen der Garnelen mit den Fingern Stück für Stück an der Unterseite aufbrechen und vom Fleisch ablösen, dabei die Schwanzflossen dranlassen (s. Seite 61). Falls notwendig, den schwarzen Darmfaden entfernen (s. Seite 150). Garnelen kalt abbrausen und trocken tupfen. Thai-Spargel waschen und putzen (s. Seite 17), nicht schälen.

2. Wok oder Topf aufheizen, dann das Öl darin erhitzen. Sesamsamen darin unter Rühren goldgelb rösten, bis sie duften. Herausnehmen.

3. Chinakohl waschen und den Boden des Dämpfeinsatzes damit auslegen [→a, b]. Garnelen salzen und auf die Kohlblätter verteilen.

4. Für die Dämpfflüssigkeit die Brühe und 2 EL Limettensaft in den Wok oder Topf geben [→c]. Den Dämpfeinsatz in den Wok oder Topf stellen, mit einem Deckel gut verschließen und die Flüssigkeit bei starker Hitze zum Kochen bringen. Sobald eine Dampffahne aufsteigt, auf mittlere Hitze zurückschalten. Ab jetzt ca. 5 Minuten dämpfen. Dann den Spargel auf den Garnelen verteilen und weitere 3–4 Minuten mitgaren [→d].

5. Inzwischen für eine Vinaigrette die Fischsauce mit restlichem Limettensaft, Essig und Sesamöl verrühren. Minze waschen, trocken schütteln, die Blättchen ab- und kleiner zupfen (s. Seite 25).

6. Spargel und Garnelen auf einer vorgewärmten Platte anrichten. Mit Sesamsamen bestreuen und mit Minze garnieren. Die Vinaigrette mit 100 ml Dämpfflüssigkeit verrühren. Etwas davon über Garnelen und Spargel träufeln, den Rest in einem Schälchen dazu servieren.

FRITTIEREN gehört in Asiens Küchen zu einer fast alltäglichen Gartechnik. Tofu, Gemüse, Fleisch und Fisch, in Stücke geschnitten, werden dadurch außen schön knusprig und bleiben dabei innen wunderbar saftig. Die Zutaten werden vorher gerne mariniert, durch Ausbackteig gezogen oder in Teig gehüllt. Der Wok eignet sich ideal zum Ausbacken, da durch seine Form nicht viel Öl nötig ist und er durch seine weite Öffnung reichlich Platz bietet.

[a]

[b]

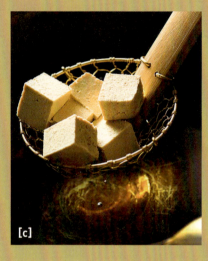
[c]

[d]

BESTES ÖL
Verwenden Sie nur geschmacksneutrale und hoch erhitzbare Öle zum Frittieren. Raps-, Sonnenblumen-, Erdnuss- und Sojaöl vertragen die Hitze am besten. Keine kalt gepressten, sondern nur heiß gepresste, raffinierte Öle nehmen.

RICHTIGE TEMPERATUR
Zwischen 140–170 °C liegt die optimale Fett-Temperatur zum Frittieren. Das Öl ist heiß genug, wenn an einem hineingehaltenen Holzkochlöffelstiel viele kleine Bläschen aufsteigen.

KLEINE MENGEN
Die Zutaten nacheinander in kleinen Portionen ins heiße Öl geben. Sie sollen noch locker nebeneinander im Öl schwimmen können. So kann man sie locker wenden. Außerdem bleibt so die Hitze des Öls konstant. Denn ist das Öl zu kalt oder sinkt die Temperatur während des Frittierens ab, saugen die Zutaten zu viel davon auf.

GOLDGELB
Das Frittiergut ist fertig, wenn es eine gleichmäßige, goldgelbe Farbe hat. Es sollte keine zu dunkle Farbe bekommen. Frittiertes mit einem Schaumlöffel-Sieb herausheben, abtropfen lassen und auf mehreren Lagen Küchenpapier entfetten.

KNUSPRIGER TOFU
auf süßsaurem Gemüse

Zutaten für 4 Portionen

200 g weißer Rettich

200 g Möhren

200 g Gärtner- oder Salatgurke

Salz

1 Stück Bio-Limettenschale

1 Stück Ingwer (ca. 2 cm)

120 ml heller Reisessig (ersatzweise milder Weißweinessig)

100 g Zucker

400 g schnittfester Naturtofu

500 – 750 ml Öl zum Frittieren

Pfeffer aus der Mühle

So geht's

1. Das Gemüse waschen, schälen und in ca. 4 cm lange feine Stifte schneiden. In einer Schüssel mit 2 EL Salz vermischen und ca. 10 Minuten ziehen lassen. Gemüse in ein Sieb abgießen und unter fließend kaltem Wasser gut abspülen, abtropfen lassen, etwas ausdrücken und zurück in die Schüssel füllen.

2. Die Limettenschale in hauchfeine Streifen schneiden. Ingwer schälen und fein reiben (s. Seite 28). Essig mit Zucker, Limettenschale und Ingwer in einem kleinen Topf aufkochen, dann über das geschnittene Gemüse gießen. Zugedeckt mindestens 1 Stunde marinieren, dabei ab und zu umrühren.

3. Tofu in ca. 2 cm große Würfel schneiden und mit Küchenpapier rundum gut trocken tupfen.

4. Das Öl [→a] in einem Wok oder in einem weiten Topf erhitzen [→b]. Die Tofuwürfel portionsweise ins Öl geben [→c] und rundum in ca. 4 Minuten goldgelb frittieren [→d]. Mit einem Schaumlöffel-Sieb aus dem Öl heben, abtropfen lassen und auf mehreren Lagen Küchenpapier entfetten.

5. Das marinierte Gemüse aus dem Sud heben und auf Tellern anrichten. Die heißen Tofuwürfel darauf verteilen und mit Salz und Pfeffer würzen. Sofort servieren.

Dazu schmecken Duftreis oder roter Reis sowie halbierte und entkernte Salatgurkenscheiben.

SELBST GEMACHT

Diese selbst gekochten Brühen sind das Geschmacksgeheimnis vieler Gerichte, denn sie sind in puncto Gewürze und Leichtigkeit genau auf die asiatische Küche abgestimmt. Aber auch bei selbst hergestellter Kokosmilch und hausgemachten Currypasten schmeckt man den Unterschied zu gekauften Produkten. Probieren Sie es aus, die Mühle lohnt sich immer!

Rindfleischbrühe

Für ca. 2 Liter Brühe **1 kg Rinderknochen** und **500 g Suppenfleisch vom Rind** (Wade oder Brust) waschen, in einen Suppentopf legen. **1 Zwiebel** ungeschält quer halbieren, auf den Schnittflächen in einer Pfanne ohne Fett goldbraun rösten. **1 Stück Ingwer** (ca. 4 cm; s. Seite 28) schälen, in Scheiben schneiden. Beides mit **1 EL heller Sojasauce, 1 TL schwarzen Pfefferkörnern** und **2 Gewürznelken** zum Fleisch geben. Mit 3 l kaltem Wasser aufgießen. Aufkochen lassen und bei kleiner Hitze 2 ½ – 3 Stunden zugedeckt sanft köcheln lassen, bis das Fleisch weich ist. Währenddessen den aufsteigenden Schaum immer wieder mit einer Schöpfkelle abnehmen. Das Fleisch herausheben und anderweitig verwenden. Die Brühe samt Knochen durch ein feines Sieb gießen. Rindfleischbrühe, die nicht sofort gebraucht wird, am besten portionsweise in Gefrierbeutel einfrieren.

Hühnerbrühe

Für ca. 2 Liter Brühe **1 Suppenhuhn (1,5 – 2 kg)** waschen und in einen Suppentopf legen. **1 Stück Ingwer** (ca. 5 cm; s. Seite 28), **2 Schalotten** und **1 Knoblauchzehe** (nach Belieben) schälen sowie **1 Stängel Zitronengras** (s. Seite 26) putzen. Alles grob zerkleinern. Mit **1 – 2 getrockneten Chilischoten, 1 Stück Sternanis** und **2 EL heller Sojasauce** zum Huhn geben. So viel kaltes Wasser zugießen, dass alles gut bedeckt ist. Aufkochen und bei kleiner Hitze ca. 1 ½ Stunden köcheln lassen, dabei immer wieder den aufsteigenden Schaum mit einer Schöpfkelle abnehmen. Das Huhn aus der Brühe heben und anderweitig verwenden. Die Brühe durch ein feines Sieb gießen und zugedeckt kalt stellen. Das erstarrte Fett am nächsten Tag abheben. Hühnerbrühe, die nicht sofort gebraucht wird, am besten portionsweise in Gefrierbeutel einfrieren.

Gemüsebrühe

Für ca. 2 Liter Brühe **4 Tongu-Pilze** (getrocknete Shiitake; s. Seite 18) in einer Schüssel mit warmem Wasser übergießen und ca. 30 Minuten einweichen. Inzwischen **250 g Möhren, 1 dünne Stange Lauch, 250 g Staudensellerie mit Grün, 4 Frühlingszwiebeln** und **2 Stängel Zitronengras** (s. Seite 26) waschen, schälen und/oder putzen. Alles in grobe Stücke schneiden. Eingeweichte Pilze abgießen, behutsam ausdrücken und vierteln. Mit den vorbereiteten Zutaten in einen Suppentopf füllen. **4 schwarze Pfefferkörner, 2 Gewürznelken** und **1 Stück Bio-Orangenschale** zufügen. Mit 2 ½ l kaltem Wasser aufgießen. Aufkochen und zugedeckt bei kleiner Hitze 45 Minuten köcheln lassen. Brühe durch ein feines Sieb gießen. Gemüsebrühe, die nicht sofort gebraucht wird, am besten portionsweise in Gefrierbeutel einfrieren.

Selbst gemachte Kokosmilch

Für ca. 400 ml von **300 g frischem Kokosnussfleisch** (s. Seite 35) die äußere braune Haut mit einem Sparschäler entfernen, damit die Milch schön weiß bleibt. Das Fruchtfleisch in einer Küchenmaschine fein zerkleinern oder auf einer Gemüsereibe fein raspeln. Mit ½ l kochendem Wasser übergießen und 15 Minuten ziehen lassen. Die Masse im Mixer aufschlagen oder mit den Händen kräftig kneten. Durch ein mit einem Tuch ausgelegtes Sieb gießen. Zum Schluss das Tuch zusammendrehen und fest auswringen. Kokosmilch, die nicht sofort gebraucht wird, am besten einfrieren. Kokosmilch gibt es auch in guter Qualität in Dosen zu kaufen. Für herzhafte Speisen immer ungesüßte Kokosmilch verwenden.
Wenn man Kokosmilch stehen lässt, setzt sich oben ein dicker Rahm ab, die **Kokossahne** – sie ist ideal zum Andünsten (s. Seite 127).

Grüne Currypaste

Für ca. 170 g **6 – 10 frische fingerlange grüne Chilischoten** (s. Seite 29) waschen und die Stielansätze entfernen. Chilis nach Belieben längs halbieren, entkernen und in Ringe schneiden. **1 Stück Ingwer** (ca. 3 cm; s. Seite 28), **6 Thai-Schalotten** (s. Seite 16) und **2 – 4 Knoblauchzehen** schälen, alles fein würfeln. **3 Stängel Zitronengras** (s. Seite 26) putzen, waschen und in feine Ringe schneiden. **½ Bund Koriandergrün** (s. Seite 24; nach Belieben) waschen, trocken schütteln, grob zerkleinern. Alle vorbereiteten Zutaten mit **1 TL abgeriebener Kaffir-Limettenschale** (s. Glossar) im Mixer fein pürieren oder in einem Mörser fein zerstoßen. **1 TL Garnelenpaste** und **½ TL Salz** einarbeiten. Die Paste muss fest, aber cremig sein. Ist sie zu trocken, teelöffelweise Wasser zugeben und sämig rühren. Currypaste, die nicht sofort gebraucht wird, einfrieren oder in ein sauberes Schraubglas füllen. Gut verschlossen ist die Paste im Kühlschrank ca. 3 – 4 Wochen haltbar.

Rote Currypaste

Für ca. 120 g **5 – 8 große getrocknete rote Chilischoten** (s. Seite 29) längs halbieren, entkernen und 15 Minuten in warmem Wasser einweichen. **1 EL Koriandersamen** mit **je 1 TL Kreuzkümmel** und **schwarzen Pfefferkörnern** und **1 Stück Zimtstange** (ca. 3 cm) in einer Pfanne ohne Fett unter Rühren 2 – 3 Minuten rösten. Herausnehmen und abkühlen lassen. Zimt zerkleinern. **1 Stück Bio-Limettenschale** fein hacken. **2 Stängel Zitronengras** (s. Seite 26) putzen, waschen und in feine Ringe schneiden. **6 Thai-Schalotten** (s. Seite 16), **3 – 4 Knoblauchzehen** und **1 Stück Galgant** (ca. 3 cm; ersatzweise Ingwer; s. Glossar) schälen, alles fein würfeln. Die Chilis gut ausdrücken, das Einweichwasser aufheben. Chilis mit **½ TL Salz,** allen vorbereiteten Zutaten sowie **1 TL Garnelenpaste** im Mixer fein pürieren oder in einem Mörser fein zerstoßen. Die Paste muss fest, aber cremig sein. Ist sie zu trocken, teelöffelweise Chili-Einweichwasser zugeben und sämig rühren. Currypaste, die nicht sofort gebraucht wird, einfrieren oder in ein sauberes Schraubglas füllen. Gut verschlossen ist die Paste im Kühlschrank ca. 3 – 4 Wochen haltbar.

Körnigen Reis garen

Bei der schonenden Quellreis-Methode wird der Reis nur mit so viel Wasser aufgesetzt, wie er beim Garen aufnehmen kann. Als Faustregel gilt das Verhältnis 1 : 2. Für 4 Portionen **250 g Reis** in einem Sieb unter fließend kaltem Wasser waschen, bis das Wasser klar abläuft. Anschließend Reis und **½ l Wasser** in einen Topf geben, aufkochen und zunächst 3 – 4 Minuten köcheln lassen. Dann den Reis zugedeckt bei kleinster Hitze je nach Sorte und Qualität 12 – 20 Minuten ausquellen lassen. Vom Herd nehmen, mit einer Gabel oder Stäbchen behutsam auflockern und noch weitere ca. 5 Minuten zugedeckt stehen lassen. Der Reis sollte nun körnig und trocken sein. Diese Art des Garens eignet sich ideal für alle nicht klebenden Langkornreissorten. Dazu zählen z. B. Thailändischer-Duftreis, Jasminreis und Basmati.

Klebreis garen

Diese Reissorte kann gedämpft oder nach der Quellreis-Methode zubereitet werden: Zum Quellen **250 g Reis** mindestens 2 Stunden, besser aber über Nacht, in kaltem Wasser einweichen. In ein Sieb abgießen, gründlich durchspülen und abtropfen lassen. Reis in **½ l Wasser** nach der Quellreis-Methode (oben) garen, ohne ihn anschließend aufzulockern. Zum Dämpfen einen Dämpfeinsatz mit einem feuchten Tuch auslegen. Den eingeweichten Reis einfüllen, die Tuchenden locker darüberschlagen. Einen Topf bis knapp zur Hälfte mit Wasser füllen, aufkochen lassen. Den Dämpfeinsatz in den Topf setzen und den Reis zugedeckt bei mittlerer Hitze über dem heißen Wasserdampf je nach Sorte in 20 – 25 Minuten nicht zu weich garen.

SAUCEN & DIPS

Sie sind zur geschmacklichen Abrundung unentbehrlich: ob zu Snacks, zum Feuertopf, zu gebratenem oder gegrilltem Geflügel und Fleisch, zu ausgebackenem Gemüse oder einfach zum Nachwürzen bei Tisch. Die Menge der Saucen ist großzügig berechnet, da sie typischerweise genau so großzügig zu den Gerichten gegessen werden.

Süßsaure Chilisauce

Für 4 Portionen **4–6 kleine rote Chilischoten** (s. Seite 29) waschen, entstielen, längs halbieren, entkernen und in feine Streifen schneiden. **½ rote Paprikaschote** waschen, putzen und würfeln. **1 Knoblauchzehe** und **1 Stück Ingwer** (ca. 2 cm; s. Seite 28) schälen, beides klein würfeln. Vorbereitete Zutaten im Blitzhacker oder Mixer sehr fein zerkleinern. In einen Topf füllen. **100 ml Reisessig** (ersatzweise milder Weißweinessig), **100 g Palmzucker** (ersatzweise Rohrzucker) und **100 ml Wasser** hinzufügen. Alles unter Rühren aufkochen und bei kleiner bis mittlerer Hitze unter gelegentlichem Rühren in ca. 30 Minuten sämig einkochen lassen. Mit **Salz** und nach Belieben noch mit etwas Essig und Zucker abschmecken. Die süßsaure Chilisauce passt z. B. zum asiatischen Feuertopf (s. Rezept S. 170) und zu Sommerrollen (s. Rezept S. 80). Übrige Sauce in ein sauberes Schraubglas füllen, gut verschließen und im Kühlschrank aufbewahren.

Ingwersauce

Für 4 Portionen **1 Frühlingszwiebel** waschen, putzen und quer in ca. 4 cm lange Stücke schneiden. Diese längs in sehr feine Streifen schneiden. **1 Knoblauchzehe** und **1 Stück Ingwer** (2–3 cm; s. Seite 28) schälen und möglichst fein würfeln. **2 mittelgroße Orangen** auspressen. **1 TL Speisestärke** mit dem Orangensaft glatt rühren, in einem Topf mit **½ TL Palmzucker** (ersatzweise Rohrzucker), Ingwer, Knoblauch und drei Viertel der Frühlingszwiebel aufkochen. Unter gelegentlichem Rühren in 10–12 Minuten sämig einköcheln lassen. Die Sauce mit **Salz**, **1 EL Reisessig** (ersatzweise milder Weißweinessig) und Palmzucker abschmecken. Abkühlen lassen und mit den übrigen Frühlingszwiebelstreifen bestreut servieren. Die Ingwersauce passt z. B. als Dip zu knusprigen Teigtaschen, zu Frühlingsrollen und zu Gegrilltem.

Ananas-Sauce

Für 4 Portionen **250 g frisches Ananasfruchtfleisch** (s. Seite 30) in kleine Würfel schneiden. **1 Frühlingszwiebel** waschen, putzen und sehr fein hacken. **1 Knoblauchzehe** schälen. **1 EL Öl** erhitzen, die Frühlingszwiebel darin andünsten. Ananaswürfel unterrühren. Den Knoblauch durch eine Presse dazudrücken, beides kurz mitdünsten. **1 EL Tomatenketchup**, **½ TL Palmzucker** (ersatzweise Rohrzucker) und **1 EL hellen Reisessig** (ersatzweise milder Weißweinessig) hinzufügen, leicht salzen und pfeffern. Alles bei kleiner Hitze unter gelegentlichem Rühren 5 Minuten köcheln lassen. Die Sauce mit **Salz, Pfeffer aus der Mühle,** Palmzucker und Reisessig süßsauer abschmecken. Die Ananassauce passt gut als Dip zu Frühlingsrollen und anderen ausgebackenen Snacks.

Erdnuss-Sauce

Für 4 Portionen **1 Stück Ingwer** (ca. 2 cm; s. Seite 28) schälen, fein reiben. **2–3 kleine rote Chilischoten** (s. Seite 29; ersatzweise 1–2 TL rote Currypaste, s. Rezept S. 55 oder Fertigprodukt) waschen, entstielen, längs halbieren, entkernen und sehr fein hacken. Von **100 g gerösteten, ungesalzenen Erdnusskernen** 1 EL grob hacken, den Rest im Blitzhacker fein mahlen. Gemahlene Nüsse mit Ingwer, Chilis oder Currypaste, **125 ml ungesüßter Kokosmilch** aus der Dose, **125 ml Hühnerbrühe** (s. Rezept S. 54 oder Fertigprodukt), **2 TL Palmzucker** (ersatzweise Rohrzucker) und **2 EL Fischsauce** in einem Topf vermischen und aufkochen lassen. Die Sauce bei kleiner Hitze unter gelegentlichem Rühren dicklich einkochen lassen. Mit **1–2 EL frisch gepresstem Limettensaft** und **Salz** abschmecken. Zum Servieren mit den gehackten Nüssen bestreuen. Die Erdnuss-Sauce schmeckt lauwarm oder kalt. Sie passt gut zu gegrilltem Geflügel und Fleisch. Übrige Sauce in ein sauberes Schraubglas füllen, gut verschließen und kühl aufbewahren.

GRUNDREZEPTE

Minze-Joghurt

Für 4 Portionen **½ Bund Asia-Minze** (s. Seite 25) waschen, gut trocken schütteln und die Blätter von den Stielen zupfen. Einige kleine, schöne Blätter zum Garnieren beiseitelegen, den Rest fein hacken. Anschließend mit **½ TL Zucker** in einem Mörser leicht zerstoßen. Anschließend **250 g Naturjoghurt (3,5 % Fett)** glatt rühren und die Minze untermischen. Mit **Salz, Pfeffer aus der Mühle** und eventuell noch etwas Zucker abschmecken. Zum Servieren mit den beiseitegelegten Minzeblättern garnieren. Der Minze-Joghurt passt als Dip gut zu ausgebackenem Gemüse.

Chili-Limetten-Dip

Für 4 Portionen **2 kleine rote Chilischoten** (s. Seite 29) waschen und die Stielansätze entfernen. Chilis quer in sehr feine Ringe schneiden. **1 Knoblauchzehe** schälen und winzig fein würfeln. **8 EL Fischsauce, 4 EL frisch gepressten Limettensaft, 3–5 EL Wasser** und **1 gehäuften EL Palmzucker** (ersatzweise Rohrzucker) miteinander verrühren, bis sich der Zucker völlig aufgelöst hat. Chilischoten und Knoblauch unter den Dip rühren, mindestens 15 Minuten ziehen lassen. Nach Belieben noch **1 TL sehr fein gewürfelte Möhre** und/oder **4–5 sehr fein gehackte Korianderblätter** (s. Seite 24) untermischen. In Thailand heißt der Dip Prik Nam Pla. Es gibt ihn in unzähligen Variationen, auch in anderen Ländern. Er ist die universelle Sauce zum Nachwürzen aller Speisen.

Soja-Ingwer-Dip

Für 4 Portionen **1 Frühlingszwiebel** waschen, putzen und vom hellen Teil 1 EL in möglichst feine Ringe schneiden. **1 Stück Ingwer** (ca. 1 cm; s. Seite 28) schälen und 1 TL fein reiben. **5 EL japanische Sojasauce** mit **3 EL Reiswein** (z. B. Sake), **2 TL Reisessig** (ersatzweise milder Weißweinessig) und **2 TL Palmzucker** (ersatzweise Rohrzucker) verrühren, bis sich der Zucker völlig aufgelöst hat. Frühlingszwiebelringe und Ingwer untermischen. Den Dip nach Belieben tropfenweise mit **Chiliöl** abschmecken. Der Soja-Ingwer-Dip passt zu vielem, unter anderem als Würze zu Reis oder als Dip zum Feuertopf.

Hoisin-Erdnuss-Dip

Für 4 Portionen **60 ml Hoisinsauce** (Fertigsauce) mit **1–2 EL Wasser** glatt rühren. **2 EL geröstete und ungesalzene Erdnusskerne** fein hacken. Eine Hälfte unter den Dip rühren, die andere Hälfte zur Dekoration darüberstreuen.
Als Variante **2 kleine Thai-Schalotten** (s. Seite 16) schälen und quer in sehr dünne Ringe schneiden. **2–3 EL Öl** in einer Pfanne erhitzen, die Zwiebelringe darin unter gelegentlichem Wenden goldbraun rösten. Auf mehreren Lagen Küchenpapier abtropfen lassen. Röstzwiebeln anstelle der Erdnüsse verwenden. Aber nicht unter den Dip rühren, nur darüberstreuen. Beide Dip-Varianten passen gut zu Sommerrollen (s. Rezept S. 80) und zu gebratenem oder gegrilltem Fleisch.

SUPPEN
SALATE & SNACKS

OB ZUM FRÜHSTÜCK, MITTAGS ODER ABENDS – OHNE SUPPEN GEHT IN ASIEN GAR NICHTS. AUSSERDEM SALATE MIT BISS UND VIEL AROMA – HIER IST FÜR JEDEN GESCHMACK ETWAS DABEI. UND FÜR DEN KLEINEN HUNGER ZWISCHENDURCH SIND DIE FEINEN SNACKS GENAU DAS RICHTIGE.

GARNELENSUPPE
sauer-scharf

DUFTEND, FRISCH UND LEICHT. AUF THAI HEISST DIESE SUPPE TOM YAM GUNG UND GEHÖRT ZU DEN BELIEBTESTEN GERICHTEN DES LANDES.

Zutaten für 4 Portionen

- 500 g mittelgroße rohe Garnelen in der Schale
- 2 EL Erdnussöl
- 1 Stück Galgant (ca. 3 cm, s. Glossar; ersatzweise Ingwer)
- 3 Stängel Zitronengras
- 4 Limettenblätter
- 2–3 kleine rote Chilischoten
- 1 Stück Kaffir-Limettenschale (s. Glossar; ersatzweise Limettenschale)
- 1 TL heller Palmzucker (ersatzweise Rohrzucker)
- Salz
- 4 Shiitake-Pilze
- 4 Stängel Koriander
- 1 Stängel Thai-Basilikum
- 4 EL Fischsauce
- 4 EL frisch gepresster Limettensaft

Zeitbedarf
- ca. 40 Minuten
- 30 Minuten kochen

So geht's

1. Garnelen waschen. Jeweils den Kopf abdrehen und schälen [→a], dabei die Schwanzflosse am Körper lassen. Falls notwendig, den schwarzen Darmfaden entfernen (s. Seite 150). Die Garnelen mit einem Messer längs halbieren, waschen und trocken tupfen.

2. Garnelenschalen grob hacken. Öl in einem breiten Topf erhitzen. Abgetrennte Garnelenköpfe und Schalen bei mittlerer Hitze unter gelegentlichem Rühren kräftig anbraten, bis sie rundum goldbraun sind. 900 ml Wasser zugießen und aufkochen lassen.

3. Inzwischen Galgant waschen, in Scheiben schneiden. Zitronengras waschen und putzen. Die Bulben mit der Breitseite eines Kochmessers leicht anquetschen, dann in grobe Stücke schneiden (s. Seite 26). Die Limettenblätter waschen, längs halbieren (s. Seite 27). Chilis waschen, längs halbieren, entkernen und in feine Streifen schneiden (s. Seite 29).

4. Limettenschale und jeweils die Hälfte von Galgant, Zitronengras, Limettenblättern und Chilis zu den Garnelenschalen geben. Mit Zucker und etwas Salz würzen. Alles offen bei mittlerer Hitze ca. 30 Minuten kochen lassen. Anschließend Brühe durch ein feines Sieb in einen zweiten Topf gießen.

5. Shiitake säubern, putzen und die Pilzhüte in Streifen schneiden (s. Seite 18). Pilzstreifen und die restlichen Würzzutaten in die Brühe geben, einmal aufkochen lassen. Garnelen zufügen und bei kleiner Hitze in ca. 5 Minuten gar ziehen lassen.

6. Inzwischen Koriander und Basilikum waschen und trocken schütteln. Vom Koriander grobe Stiele entfernen, Basilikumblätter von den Stielen zupfen, nach Belieben beides kleiner schneiden (s. Seite 22, 24). Kräuter in die Garnelensuppe geben, mit Fischsauce und Limettensaft säuerlich abschmecken.

Die Variante

Ingwer-Brühe mit Garnelen
1 EL Mu-Err-Pilze in einer Schüssel mit kochendem Wasser übergießen und quellen lassen. Inzwischen 100 g chinesische Eiernudeln nach Packungsangabe garen. 8 rohe, ungeschälte Riesengarnelen aus den Schalen lösen, waschen und trocken tupfen. 1 Stück Ingwer (ca. 3 cm) schälen, in Scheiben schneiden. 1 l Hühnerbrühe (Rezept S. 54 oder aus dem Glas) aufkochen. Ingwer zufügen und ca. 5 Minuten köcheln lassen. 2 Frühlingszwiebeln waschen, putzen, schräg dünne Ringe schneiden. Pilze abgießen, gründlich waschen und kleiner zupfen. Frühlingszwiebeln, Pilze, Garnelen und Nudeln in die Brühe geben, zusammen weitere 2–3 Minuten köcheln lassen. Mit 2–3 EL Fisch- oder heller Sojasauce und Salz abschmecken. Übrigens: Die Ingwerscheiben werden nicht mitgegessen.

[a]

DAS IST
WIRKLICH
WICHTIG

[a] **GARNELENSCHALE ABLÖSEN** Die Schalen, die sogenannten Panzer, bestehen aus einzelnen, aber zusammenhängenden Segmenten. Diese mit den Fingern Stück für Stück von der Unterseite, der Bauchseite, aufbrechen und nach und nach vom Fleisch ablösen.

DAS IST WIRKLICH WICHTIG

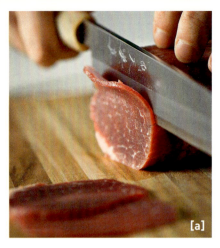

[a] FILET SCHNEIDEN Angefroren lässt sich das Fleisch leichter und exakter in hauchdünne 3–4 mm dünne Scheiben schneiden. Dafür das Fleisch quer zur Faser am besten mit einer Aufschnittmaschine oder mit einem scharfen Messer schneiden. Je dünner die Scheiben geschnitten werden, desto schneller garen sie später in der Brühe.

[b] SUPPE ANRICHTEN Zuerst die Nudeln in große vorgewärmte Suppenschalen verteilen. Darauf jeweils etwas von den Sprossen, den Frühlingszwiebeln und einige Kräuterblättchen geben. Die rohen Fleischscheiben obenauf legen. Alles mit der sprudelnd kochenden Brühe übergießen, damit das Fleisch darin gar ziehen kann. Sofort servieren.

BRÜHE KOCHEND HEISS ÜBER DIE ZUTATEN GIESSEN.

SUPPE TRADITIONELL ZUBEREITEN

REISNUDELSUPPE
mit Rindfleisch

DIE ÜPPIGE SUPPE PHO BO IST IN VIETNAM ALLGEGENWÄRTIG. SIE WIRD AUS SELBST GEKOCHTER BRÜHE, REISNUDELN, VIELEN KRÄUTERN UND ZARTEM RINDERFILET ZUBEREITET.

Zutaten für 4 Portionen

- 1 Rezept Rindfleischbrühe (Rezept S. 54)
- 200 g Rinderfilet
- 2 kleine rote Chilischoten
- 1 Stück Ingwer (ca. 2 cm)
- 2 Stängel Zitronengras
- 4 Limettenblätter
- 2 Sternanis
- ½ Zimtstange
- 3 EL Fischsauce
- 150 g Reisbandnudeln (ca. 0,5 cm breit)
- 3 Frühlingszwiebeln
- 100 g Mungbohnensprossen
- 4 Stängel Thai-Basilikum
- 4 Stängel Asia-Minze
- 1 Handvoll Koriandergrün
- 1 Limette
- 1 TL scharfe Chilisauce (Fertigprodukt; nach Belieben)

Zeitbedarf
- ca. 1 Stunde
- Anfrierzeit

So geht's

1. Die Rindfleischbrühe wie im Rezept auf Seite 54 beschrieben zubereiten. Filet kalt abbrausen, trocken tupfen und in einen Gefrierbeutel legen, im Tiefkühlfach ca. 20–30 Minuten leicht anfrieren lassen. Währenddessen Chilis waschen, putzen, längs halbieren und nach Belieben entkernen. Ingwer schälen, in Scheiben schneiden (s. Seite 28). Zitronengras waschen und putzen. Die unteren verdickten Teile der Stängel mit der Breitseite eines Kochmessers leicht anquetschen. Die Stängel in grobe Stücke schneiden (s. Seite 26). Limettenblätter waschen.

2. Die Brühe aufkochen. Chilis, Ingwer, Zitronengras, Limettenblätter, Sternanis, Zimt und 2 EL Fischsauce hinzufügen. Die Brühe bei kleiner Hitze zugedeckt ca. 30 Minuten leicht kochen lassen.

3. Inzwischen die Reisnudeln nach Packungsangabe garen und abtropfen lassen. Frühlingszwiebeln waschen, putzen und in dünne Ringe schneiden. Sprossen waschen und abtropfen lassen. Basilikum, Minze und Koriander waschen, trocken schütteln. Die Blättchen von den Stielen zupfen (s. Seite 22, 24, 25). Limette waschen, trocken reiben und in Stücke schneiden.

4. Das angefrorene Filet in dünne Scheiben schneiden [→a]. Die Brühe durch ein feines Sieb in einen zweiten Topf gießen. Wieder aufkochen lassen und mit übriger Fischsauce abschmecken.

5. Zum Servieren die Zutaten in großen vorgewärmten Suppenschalen anrichten [→b]. Die restlichen Zutaten wie Frühlingszwiebeln, Sprossen, Kräuter und Limettenstücke getrennt dazu servieren. Nach Belieben jeweils ¼ TL Chilisauce auf die Suppe geben und etwas Limettensaft darüberträufeln.

SUPPE ESSEN Dazu abwechselnd mit Stäbchen feste Zutaten wie Gemüse und Fleisch essen und die Brühe dazu löffeln. Die Nudeln lassen sich am besten essen, wenn man sie mit den Stäbchen aufnimmt und dann auf den Löffel legt. Von den restlichen Zutaten und der übrigen Brühe bedient sich jeder nach Bedarf.

Die Variante

Reisnudelsuppe mit Huhn
1 Rezept Hühnerbrühe (Rezept S. 54) mit ⅓ Zimtstange, 1 Limettenblatt und 2 EL Fischsauce aufkochen. 200 g Hähnchenbrustfilet zugeben und darin bei geringer Hitze in ca. 20 Minuten gar ziehen lassen. Filet herausheben und in Streifen schneiden. Brühe durch ein Sieb in einen zweiten Topf gießen. Die Reisnudeln nach Packungsangabe garen und abtropfen lassen. Frühlingszwiebeln, Mungbohnensprossen, Thai-Basilikum, Minze, Koriandergrün und Limette wie links beschrieben vorbereiten. Feste Zutaten in Suppenschalen füllen. Brühe kräftig abschmecken, nochmals erhitzen und in die Suppenschalen verteilen.

HÜHNERSUPPE

mit Kokosmilch

Zutaten für 4 Portionen

- 2 Stängel Zitronengras
- 4 Limettenblätter
- 1 Stück Galgant (ca. 3 cm, s. Glossar; ersatzweise Ingwer)
- 2 kleine grüne Chilischoten
- 600 ml Hühnerbrühe (Rezept S. 54 oder aus dem Glas)
- 400 ml ungesüßte Kokosmilch
- 250 g Hähnchenbrustfilet
- 6 Champignons
- 6 Stängel Koriandergrün
- 3 EL Fischsauce
- 2 TL Palmzucker (ersatzweise Rohrzucker)
- Salz
- 1–2 EL frisch gepresster Limettensaft

Zeitbedarf
- ca. 30 Minuten

So geht's

1. Zitronengras waschen, putzen und in ca. 4 cm lange Stücke schneiden (s. Seite 26). Limettenblätter waschen und vierteln (s. Seite 27). Galgant waschen, in dünne Scheiben schneiden. Chilischoten waschen und putzen, nach Belieben längs halbieren und entkernen (s. Seite 29).

2. Hühnerbrühe mit 100 ml Kokosmilch aufkochen. Zitronengras, Limettenblätter, Galgant und Chilis zufügen und bei mittlerer Hitze ca. 10 Minuten köcheln.

3. Inzwischen das Hähnchenfleisch kalt abbrausen, trocken tupfen, längs halbieren und quer in ca. 0,5 cm dünne Scheiben schneiden. Die Champignons säubern, putzen und vierteln.

4. Hähnchenfleisch und Champignons in die Brühe geben, einmal kurz aufkochen und zugedeckt bei kleiner Hitze ca. 10 Minuten sanft garen. Die restliche Kokosmilch unterrühren.

5. Koriander waschen, trocken schütteln und die Blättchen abzupfen (s. Seite 24). Die Suppe mit Fischsauce, Zucker, Salz und Limettensaft kräftig und säuerlich abschmecken und mit den Korianderblättchen bestreut servieren.

KLARE SUPPE

mit Filet und Gurke

Zutaten für 4 Portionen

- 100 g Schweinefilet
- 1 EL Reiswein
- 1 EL helle Sojasauce
- 1 Stück Salat- oder Gärtnergurke (ca. 100 g)
- einige Halme Schnittknoblauch
- 800 ml Hühnerbrühe (Rezept S. 54 oder aus dem Glas)
- 1 TL geröstetes Sesamöl
- ½ TL heller Palmzucker (ersatzweise Rohrzucker)
- Salz
- schwarzer Pfeffer aus der Mühle

Zeitbedarf
- ca. 20 Minuten

So geht's

1. Schweinefilet kalt abbrausen, trocken tupfen und quer zur Faser in ca. 0,5 cm dünne Scheiben schneiden. In einer Schale mit Reiswein und Sojasauce vermengen, zugedeckt marinieren.

2. Inzwischen die Gurke schälen, längs halbieren und die Kerne mit einem Löffel herausschaben. Gurkenhälften quer in feine Scheiben schneiden. Den Schnittknoblauch waschen, trocken schütteln und in ca. 3 cm lange Stücke schneiden (s. Seite 23).

3. Die marinierten Filetscheiben in einen Topf geben, die kalte Brühe dazugießen und langsam zum Kochen bringen. Einmal aufkochen, dann die Gurkenscheiben hinzufügen.

4. Die Suppe mit Sesamöl, Zucker, Salz und Pfeffer abschmecken. Sofort in Schälchen anrichten und mit dem Schnittknoblauch bestreut servieren.

WÜRZZUTATEN wie Zitronengras, Limettenblätter, Galgant und Chilischoten werden wegen der schönen Optik mitserviert, aber nicht mitgegessen.

LINSENSUPPE
mit Chili

Zutaten für 4 Portionen

- 180 g rote Linsen
- 1 kleine Zwiebel
- 1 Knoblauchzehe
- 1 Stück Ingwer (ca. 2 cm)
- 1 rote Chilischote
- 1 ½ EL Ghee (ersatzweise Butterschmalz)
- 1 TL mildes Currypulver
- 800 ml Gemüsebrühe (Rezept S. 54 oder aus dem Glas)
- 3 Gewürznelken
- 2 Kardamomkapseln
- ¼ Zimtstange
- Salz
- 1 Prise Zucker
- 1 Frühlingszwiebel
- 1 Msp. gemahlener Kreuzkümmel

besonderes Werkzeug
- Tee-Ei oder Gewürzsäckchen
- Stabmixer

Zeitbedarf
- ca. 35 Minuten

So geht's

1. Die Linsen in einem Sieb waschen und abtropfen lassen. Zwiebel, Knoblauch und Ingwer schälen, alles würfeln (Ingwer s. Seite 28). Chili waschen, putzen, nach Belieben entkernen, dann klein würfeln (s. Seite 29).

2. In einem Topf 1 EL Ghee erhitzen. Zwiebel, Knoblauch, Ingwer, Chili und Currypulver darin andünsten. Linsen und Brühe in den Topf geben, alles aufkochen lassen. Nelken, Kardamom und Zimt in ein Tee-Ei oder Gewürzsäckchen füllen, verschließen und in den Topf geben. Mit je einer guten Prise Salz und Zucker würzen. Suppe zugedeckt bei kleiner Hitze ca. 15 Minuten kochen lassen.

3. Inzwischen die Frühlingszwiebel waschen, putzen und in sehr dünne Ringe schneiden. Übriges Ghee in einer Pfanne erhitzen, Frühlingszwiebel und Kreuzkümmel darin unter Rühren 2 Minuten sanft braten.

4. Tee-Ei oder Gewürzsäckchen aus der Suppe fischen. Die Suppe fein pürieren. Mit Salz abschmecken. Linsensuppe mit den Frühlingszwiebelringen garniert servieren.

MISOSUPPE
mit Seidentofu

Zutaten für 4 Portionen

- 800 ml Dashi-Brühe (Instant; s. Glossar)
- 1 dünne Stange Lauch
- 200 g Seidentofu (ersatzweise Natur-Tofu)
- 100 g helle Misopaste
- 1 EL Sake
- Salz

Zeitbedarf
- ca. 15 Minuten

So geht's

1. Dashi-Brühe in einem Topf heiß werden lassen, aber nicht kochen lassen.

2. Inzwischen vom Lauch Wurzelbüschel und bei Bedarf welke Außenblätter entfernen. Lauchstange der Länge nach einschneiden und unter fließendem Wasser gründlich waschen. Lauch schräg in sehr dünne Streifen schneiden. Den Tofu möglichst exakt in 2 cm große Würfel schneiden.

3. Die Misopaste mit etwas heißer Brühe glatt rühren. Mit dem Sake in die übrige Brühe geben, gründlich unterrühren.

4. Lauch und Tofu in die Misosuppe geben und in ca. 5 Minuten darin heiß werden lassen. Die Suppe mit Salz abschmecken.

SALAT – FISCH MARINIEREN

MARINIERTER FISCHSALAT
mit Kokosdressing

IN DER PHILIPPINISCHEN KÜCHE SIND IMMER WIEDER EUROPÄISCHE EINFLÜSSE ZU FINDEN. GESCHICHTLICH BEDINGT SIND DABEI DIE SPANISCHEN AM STÄRKSTEN AUSGEPRÄGT.

Zutaten für 4 Portionen

- 400 g beliebige, weiße Fischfilets in Sushi-Qualität (s. Tipp)
- 3–4 Limetten
- 1 große Tomate (ca. 150 g)
- 1 mittelgroße Zwiebel
- 1 kleine grüne oder rote Paprikaschote
- 1–2 grüne Chilischoten
- 1 Stück Ingwer (ca. 2 cm)
- 1 kleine Knoblauchzehe
- 5 Halme Schnittknoblauch
- 5 Stängel Koriandergrün
- 1 Dose Kokosmilch (400 ml)
- 2 EL helle Sojasauce
- 1 Prise Zucker, Salz
- gemahlener Piment
- einige Salatblätter zum Anrichten

Zeitbedarf
- ca. 45 Minuten
- 6 Stunden marinieren
- 20 Minuten ziehen

So geht's

1. Fischfilets abbrausen, trocken tupfen und ca. 1 cm groß würfeln. Aus Limetten 100 ml Saft auspressen und in einer Schüssel mit den Fischwürfeln mischen. Fisch zugedeckt im Kühlschrank 6–8 Stunden marinieren [→a], dabei ab und zu umrühren.

2. Den Stielansatz der Tomate keilförmig herausschneiden. Die Tomate häuten (s. Seite 113), entkernen und ca. 1 cm groß würfeln.

3. Zwiebel schälen, vierteln, dann quer in feine Streifen schneiden. Paprikaschote waschen, halbieren, putzen und ca. 1 cm groß würfeln. Chilis putzen und winzig klein würfeln (s. Seite 29).

4. Ingwer und Knoblauch schälen und sehr fein hacken (Ingwer s. Seite 28). Kräuter waschen, trocken schütteln. Abgezupfte Blättchen und Halme kleiner schneiden (s. Seite 23, 24).

5. Für das Dressing die Kokosmilchdose ungeschüttelt öffnen, 4 EL Kokossahne abnehmen und mit Ingwer und Knoblauch glatt rühren. Mit Sojasauce, Zucker, Salz und Piment kräftig würzen. Übrige Kokosmilch und -sahne einfrieren.

6. Fisch ohne Flüssigkeit mit Tomaten, Zwiebel, Paprika, Chilis, Kräutern und dem Kokosdressing in einer Schüssel vorsichtig vermengen. Bei Zimmertemperatur ca. 20 Minuten ziehen lassen.

7. Salatblätter waschen und trocken tupfen. Zum Essen entweder aus Salatblättern und Fischsalat mundgerechte Päckchen formen und aus der Hand essen. Oder den Fischsalat auf Salatblättern anrichten und mit Besteck essen.

SUSHI-QUALITÄT bedeutet, dass ein Fisch zum rohen Verzehr geeignet ist, da maximale Frische und Qualität garantiert sind. Fisch in Sushi-Qualität gibt es frisch oder schockgefrostet zu kaufen.

Die Variante

Fischsalat mit Kräutern
400 g weiße, feste Fischfilets in mundgerechte Stücke schneiden. Zugedeckt über kochendem Salzwasser in 5–6 Minuten gar dämpfen (s. Seite 50). 1 kleine rote Zwiebel schälen, in feine Streifen schneiden. 2 zarte Stangen Staudensellerie waschen, putzen, in dünne Streifen schneiden. 1 Stängel Zitronengras putzen, 1 Stück Ingwer (ca. 2 cm) schälen, 1 kleine rote Chilischote putzen, alles fein hacken. Je 3 Stängel Thai-Basilikum und Koriander waschen, trocken schütteln, die Blättchen abzupfen. Den noch lauwarmen Fisch mit Zwiebel, Sellerie, Zitronengras, Chili, Ingwer und Kräuterblättern behutsam vermengen. 3 EL Fischsauce mit 3 EL Limettensaft und 1 TL Palmzucker verrühren. Unter die Zutaten heben. Fischsalat abschmecken und auf Salatblättern anrichten.

DAS IST
WIRKLICH
WICHTIG

[a] **MARINIEREN** Durch das Marinieren mit Limettensaft wird der Fisch sozusagen „roh gegart". Durch die Säure der Limetten verändert sich das Fischeiweiß, ähnlich wie es beim Garen passiert. Die Veränderung ist nach der Marinierzeit an der Konsistenz des Fischfleischs zu erkennen: die Fischwürfel sind jetzt weiß und fest.

DAS IST WIRKLICH WICHTIG

[a] REISGRIESS HERSTELLEN Sie können dafür jeden weißen Reis verwenden. Die gerösteten und abgekühlten Reiskörner in einen Mörser, Mixer oder Blitzhacker füllen und zu feinem Reisgrieß zerkleinern.

[b] ENTENBRUST BRATEN Filets mit der Hautseite nach unten in die Pfanne legen und darin ohne Fettzugabe bei kleiner bis mittlerer Hitze zunächst 12 Minuten braten, bis die Haut knusprig ist. Dann die Filets wenden und in weiteren 4–6 Minuten rosa braten.

[c] FLEISCH HACKEN Die rosa gegarten Entenbrüste mit einem scharfen Messer zuerst in möglichst dünne Scheiben schneiden, dann diese quer in feine Streifen teilen. Zum Schluss die Entenbruststreifen fein hacken, das geht am besten mit einem Küchenbeil.

EIN ENG GESCHNITTENES RAUTENMUSTER MACHT DIE HAUT SO KNUSPRIG.

SALAT – REISGRIESS HERSTELLEN

ENTENBRUSTSALAT
mit knusprigem Reisgrieß

FASZINIEREND AN DIESEM FEINEN THAILÄNDISCHEN SALAT IST
DER REISGRIESS, WEIL ER ZUGLEICH KNUSPRIG UND AROMATISCH IST.

Zutaten für 4 Portionen

- 3 EL roher Langkornreis
- 2 Entenbrustfilets mit Haut (à ca. 250 g)
- Salz, Pfeffer aus der Mühle
- 1 Stück Galgant (ca. 2 cm, s. Glossar; ersatzweise Ingwer)
- 2 Knoblauchzehen
- 2 Schalotten
- 3 Limettenblätter
- 2 Frühlingszwiebeln
- 3 Stängel Koriandergrün
- 1 Stängel Minze
- 1 Msp. Chilipulver (s. Glossar)
- 3–4 EL Fischsauce
- 2–3 EL frisch gepresster Limettensaft
- Minze und Thai-Basilikum zum Garnieren

besonderes Werkzeug
- Mörser
- Mixer oder Blitzhacker
- Küchenbeil

Zeitbedarf
- ca. 40 Minuten

So geht's

1. Die rohen Reiskörner in einer Pfanne ohne Fett unter gelegentlichem Rühren so lange rösten, bis sie rundum goldgelb sind. Abkühlen lassen und zu feinem Reisgrieß zerkleinern [→a].

2. Die Entenbrustfilets kalt abbrausen und gut trocken tupfen. Die Haut mit einem scharfen Messer rautenförmig einschneiden, dabei darauf achten, dass Sie nicht ins Fleisch schneiden (s. Seite 124). Je enger das Muster, desto mehr Fett brät aus und desto knuspriger wird die Haut.

3. Eine Pfanne ohne Fett heiß werden lassen. Die Entenbrustfilets darin in insgesamt 16–18 Minuten rosa braten [→b]. Auf Küchenpapier entfetten. Fleisch salzen und pfeffern.

4. Während das Entenfleisch brät, Galgant, Knoblauch und Schalotten schälen, alles sehr fein hacken. Limettenblätter waschen, halbieren und in hauchfeine Streifen schneiden (s. Seite 27). Frühlingszwiebeln putzen, waschen und in dünne Ringe schneiden. Koriandergrün und Minze waschen, trocken schütteln, die Blätter abzupfen und fein hacken (s. Seite 24, 25).

5. Die noch warmen Entenbrüste fein hacken [→c]. Das Fleisch samt ausgetretenem Fleischsaft mit Reisgrieß, Galgant, Knoblauch, Schalotten, Limettenblättern, Frühlingszwiebeln, Koriander und Minze gründlich vermischen. Den Salat mit Chilipulver, Fischsauce, Limettensaft, Salz und Pfeffer kräftig und leicht säuerlich abschmecken. Den Entenbrustsalat am besten noch lauwarm anrichten. Mit Minze und Thai-Basilikum garniert servieren.

SO SCHMECKT'S AUCH Wer das Filet nicht hacken möchte, kann es auch nur in dünne Streifen schneiden und mit den Würzzutaten vermengen.

Die Variante

Lauwarmer Hähnchenbrustsalat
Den Reisgrieß wie im Rezept beschrieben herstellen. 500 g Hähnchenbrustfilet kalt abbrausen und gut trocken tupfen. Je 1 EL Erdnuss- und Sesamöl in einer Pfanne erhitzen, das Fleisch darin bei mittlerer Hitze auf jeder Seite 4–5 Minuten kräftig anbraten. Salzen, pfeffern und beiseitestellen. Galgant, Knoblauch, Schalotten, Frühlingszwiebeln und Kräuter wie links beschrieben vorbereiten. 1 Stängel Zitronengras waschen, putzen und in sehr feine Ringe schneiden. Hähnchenbrust fein hacken und mit Reisgrieß und den übrigen vorbereiteten Zutaten vermischen. Mit Salz, Pfeffer, Chilipulver, Fischsauce oder heller Sojasauce und Limettensaft leicht säuerlich würzen.

GLASNUDELSALAT

mit Hackfleisch

GURKENSALAT

mit Chili

Zutaten für 4 Portionen

- 200 g Glasnudeln
- 3 Schalotten
- 1–2 kleine rote oder grüne Chilischoten
- 1 mittelgroße Tomate
- 1 Stück Salatgurke (ca. 150 g)
- 1 Handvoll Kräuter (Thai-Basilikum oder Koriandergrün)
- 2 EL Öl
- 200 g gemischtes Hackfleisch
- 3 EL Fischsauce
- 3–4 EL frisch gepresster Limettensaft
- Salz

Zeitbedarf
- ca. 20 Minuten

So geht's

1. Glasnudeln in eine Schüssel legen, mit kochend heißem Wasser übergießen und ca. 10 Minuten quellen lassen.

2. Inzwischen die Schalotten schälen und klein würfeln. Chilis putzen und in dünne Ringe schneiden (s. Seite 29). Die Tomate waschen, trocken reiben und den Stielansatz keilförmig herausschneiden. Tomate halbieren, entkernen und das Fruchtfleisch klein würfeln. Die Gurke waschen, trocken reiben, längs halbieren und die Kerne mit einem Löffel entfernen. Gurkenhälften klein würfeln. Kräuter waschen, trocken schütteln und die Blättchen grob hacken.

3. Das Öl in einer Pfanne erhitzen, Schalotten und Chilis darin andünsten. Das Hackfleisch dazugeben und bei starker Hitze braun und krümelig braten.

4. Die Glasnudeln in ein Sieb abgießen und abtropfen lassen. Anschließend mit einer Küchenschere in 4–5 cm lange Stücke schneiden.

5. Glasnudeln mit Hackfleisch, Kräutern, Tomaten- und Gurkenwürfeln vermischen. Den Salat mit Fischsauce, Limettensaft und Salz leicht säuerlich abschmecken.

Zutaten für 4 Portionen

- 50 ml heller Reisessig (ersatzweise milder Weißweinessig)
- 1 TL Tamarindenpaste
- 2 EL Fischsauce
- 2 EL heller Palmzucker (ersatzweise Rohrzucker)
- Salz
- 1 Salatgurke
- 2 Schalotten
- 1 kleine rote Chilischote

Zeitbedarf
- ca. 20 Minuten
- 30 Minuten marinieren

So geht's

1. In einem kleinen Topf Essig mit Tamarindenpaste, Fischsauce, Zucker und ½ TL Salz unter Rühren aufkochen und bei mittlerer Hitze ca. 1 Minute köcheln lassen. Die Marinade vom Herd nehmen und abkühlen lassen.

2. Die Gurke waschen, trocken reiben, der Länge nach halbieren und in dünne Scheiben hobeln oder schneiden. Schalotten schälen, längs halbieren und quer in sehr dünne Scheiben schneiden. Chili putzen, nach Belieben entkernen, dann winzig klein würfeln (s. Seite 29).

3. Gurke, Schalotten und Chili in einer Schale mischen. Die Marinade darübergießen und unterheben. Den Gurkensalat zugedeckt mindestens 30 Minuten durchziehen lassen. Vor dem Servieren mit Essig und Zucker nach Belieben süßsauer abschmecken.

SO SCHMECKT'S AUCH Wer mag, kann unter den Glasnudelsalat zusätzlich 50–100 g gegarte und geschälte Garnelenschwänze mischen.

WEISSKOHLSALAT

mit Erdnüssen

Zutaten für 4 Portionen

- 400 g Weißkohl
- 1 Zwiebel
- 1 gehäufter EL Salz
- ½ rote Paprikaschote
- 1 kleine Möhre
- 4 Stängel Asia-Minze oder Thai-Basilikum
- 1 EL heller Palmzucker (ersatzweise Rohrzucker)
- 3 EL Fischsauce (ersatzweise helle Sojasauce)
- 4 EL frisch gepresster Limettensaft
- 3 EL Reisessig (ersatzweise milder Weißweinessig)
- Pfeffer aus der Mühle
- 50 g geröstete, ungesalzene Erdnüsse

Zeitbedarf
- ca. 30 Minuten
- 20 Minuten ziehen

So geht's

1. Weißkohl waschen, äußere Blätter entfernen, vierteln, den Strunk herausschneiden. Kohlviertel in feine Streifen hobeln. Die Zwiebel schälen, längs halbieren, dann längs in dünne Spalten schneiden. Kohl und Zwiebel in einer Schüssel mit Salz vermischen, dabei kräftig kneten. Ca. 20 Minuten ziehen lassen.

2. Inzwischen die Paprikaschote waschen, vierteln und putzen. Paprikaviertel quer in sehr feine Streifen schneiden. Möhre schälen, putzen und in feine und kurze Streifen schneiden. Kräuter waschen, trocken schütteln, Blättchen abzupfen und in Streifen schneiden.

3. Für die Marinade Zucker, Fischsauce, Limettensaft und Essig verrühren, bis sich der Zucker aufgelöst hat, pfeffern. Die Erdnüsse grob hacken.

4. Den Kohl-Zwiebel-Mix in ein Sieb geben, mit Wasser abbrausen, kurz abtropfen lassen, auf ein Küchentuch geben und gut trocken tupfen.

5. Den Kohl-Zwiebel-Mix mit Paprika, Möhre und Kräutern vermengen. Die Marinade und die Erdnüsse unterheben, sofort servieren.

SPINATSALAT

mit Sesamsauce

Zutaten für 4 Portionen

- 600 g Wurzelspinat (ersatzweise Blattspinat)
- Salz
- 2 TL geschälte Sesamsamen
- 2 EL Sesampaste (Tahini, aus dem Glas; s. Glossar)
- 2 EL dunkle Sojasauce
- 2 EL Dashi-Brühe (Instant; s. Glossar)
- 2 EL Mirin (nach Belieben; s. Glossar)
- 1 TL Rohrzucker

besonderes Werkzeug
- Mörser

Zeitbedarf
- ca. 20 Minuten

So geht's

1. Den Spinat gründlich waschen und die Wurzelbüschel abschneiden, dabei den Spinat aber nicht zerpflücken.

2. In einem großen Topf reichlich Wasser mit 1 TL Salz zum Kochen bringen. Spinat ins Salzwasser geben, aufkochen und 1 Minute kochen lassen (blanchieren). In ein Sieb abschütten, kalt abschrecken und gut abtropfen lassen.

3. Inzwischen in einer Pfanne ohne Fett die Sesamsamen bei mittlerer Hitze anrösten, bis die ersten Samen in der Pfanne zu „springen" beginnen. Sofort in einen Mörser füllen und grob zerstoßen. 1 TL für die Garnitur abnehmen und beiseitestellen.

4. Für die Sauce die Sesampaste mit den zerstoßenen Sesamsamen, Sojasauce, Dashi, Mirin nach Belieben und Zucker glatt rühren.

5. Erst unmittelbar vor dem Servieren die Sesamsauce unter den Spinat heben. Spinatsalat mit Salz abschmecken und mit den übrigen Sesamsamen bestreut serviert.

SO SCHMECKT'S AUCH Anstelle der Erdnüsse können Sie auch scharfe Wasabinüsse (Erdnüsse im Wasabimantel) unter den Salat heben.

THAILAND
KULINARISCHE VERFÜHRUNG

HIER DREHT SICH ALLES UMS ESSEN.
NICHT NUR UM SATT ZU WERDEN, SONDERN
WEIL DIE THAILÄNDER NICHTS ANDERES
SO FRÖHLICH UND ZUFRIEDEN MACHT.

WUNDERWELT DER AROMEN

Wie keine andere ist die Küche Thailands ein Genuss für alle Sinne. Sie gilt unter Kennern als eine der besten der Welt, denn die gute Qualität der Zutaten und die Frische der Speisen sind oberstes Gebot. Die Thai-Küche ist eigenständig und unverwechselbar, wunderbar leicht und herrlich würzig. Außerdem sind thailändische Gerichte genial einfach und schnell zuzubereiten. Alle Geschmacksnuancen – ob scharf wie Currypasten, sauer wie Limetten, salzig wie Fischsauce oder süß wie Palmzucker – werden in raffiniertem Wechselspiel kombiniert. Das aromatische Zitronengras prägt diese vielfältige Küche ebenso wie die milde Kokosnuss, das süßliche Thai-Basilikum und der köstlich duftende Reis. Eine Menüfolge gibt es nicht, alle Gerichte kommen gleichzeitig auf den Tisch. Zum Essen werden meist Tee, Mineralwasser oder Thai-Biere getrunken.

SCHNITZKUNST

Thailänder haben ein intensives Verhältnis zu Schönheit, Farbe und Harmonie. So schnitzen sie mit geschickten Händen, viel Fantasie und verschiedenen Spezialmessern aus Obst und Gemüse prachtvolle Kleinkunstwerke wie Blüten, Figuren und Ornamente, die als Tischdekoration dienen. Diese Art von Schnitzerei ist in Thailand gelebte Tradition. Ein Könner verwandelt z. B. in zehn Minuten eine Guave in eine Lotosblume, eine Wassermelone in einer halben Stunde in einen Korb mit Dutzenden Blumenmustern oder verpasst einem Kürbis ein Federkleid. Und das Beste am fein geschnitzten Obst: Es ist nicht nur ein Genuss fürs Auge, mit ihrem fruchtigen Geschmack runden die schönen Früchte ein Menü perfekt ab.

MIT LÖFFEL UND GABEL

Gegessen wird in Thailand übrigens nicht wie in vielen anderen asiatischen Ländern mit Stäbchen, sondern mit Löffel und Gabel, wobei der Löffel zum Mund geführt wird. Ausnahmen sind Nudelsuppen – sie werden zusätzlich mit Ess-Stäbchen serviert. Entweder isst man die Nudeln gleich mit Stäbchen, oder man hebt sie mithilfe der Stäbchen auf den Löffel. Da das Fleisch grundsätzlich schon in der Küche klein geschnitten wird, ist kein Messer notwendig. In internationalen Hotels und Touristengebieten gibt es aber natürlich auch Messer. Kleine Häppchen wie beispielsweise Reispapierecken oder andere Snacks werden auch einfach mit den Fingern in den Dip getunkt und direkt in den Mund geschoben.

WENN DIE ZUNGE BRENNT

In der traditionellen Thai-Küche werden oft teuflisch scharfe Chilischoten verwendet. Bei unseren Rezepten wurde die Anzahl der Chilis vom Originalrezept auf mitteleuropäische Gaumengewohnheiten reduziert. Wem aber doch einmal die Zunge brennen sollte, nicht mit Wasser, Bier, Wein oder Saft löschen, sie machen alles nur schlimmer. Da der Schärfe-Auslöser, das Capsaicin, fettlöslich ist, eignen sich zur ersten Hilfe am besten etwas Milch, Kokosmilch oder Joghurt. Auch ein, zwei Esslöffel puren Reis oder ein Stück Obst helfen, die Schärfe zu mindern.

LEBEN UND LEBEN LASSEN

„Sanuk" und „Mai pen rai" – die Lebensphilosophie in Thailand. „Sanuk" steht für Spaß und Freude am Leben und damit auch für die Kunst, sich selbst an kleinen Annehmlichkeiten zu erfreuen. Dass dies gelingt, sieht man den lebensfrohen Thais an. Und „Mai pen rai" bedeutet: nur nicht aufregen, macht nichts, geht in Ordnung, kein Problem. Thailänder strahlen Ruhe und Gelassenheit aus, haben immer ein Lächeln auf den Lippen, denn Lächeln hält jung, macht attraktiv und steckt an.

SNACK – REISPAPIER VORBEREITEN

REISPAPIERECKEN
gefüllt und gebraten

DIE KNUSPRIGEN TEIGECKEN MIT IHER PIKANTEN FÜLLUNG STAMMEN URSPRÜNGLICH AUS VIETNAM. HEUTE WERDEN SIE AUCH IN ANDEREN ASIATISCHEN LÄNDERN AUFGETISCHT.

Zutaten für 4 Portionen

- 1 Rezept süßsaure Chilisauce (s. Seite 56 oder Fertigprodukt)
- 250 g gegarte, geschälte Garnelen
- 2 Frühlingszwiebeln
- 50 g Champignons
- 1 TL frisch gepresster Limettensaft
- 4 Stängel Koriandergrün
- 250 g Schweinehackfleisch
- 1 EL helle Sojasauce
- 1 EL Speisestärke
- Salz, Pfeffer aus der Mühle
- 10 getrocknete Reispapierblätter (22 cm Ø)
- 1 Eiweiß
- 5 EL Öl

besonderes Werkzeug
- Blitzhacker
- Küchenpinsel

Zeitbedarf
- ca. 50 Minuten

So geht's

1. Süßsaure Chilisauce wie im Rezept auf Seite 56 beschrieben zubereiten. Die Garnelen kalt abbrausen und trocken tupfen. Mit einem Messer fein hacken oder portionsweise im Blitzhacker zerkleinern. Frühlingszwiebeln waschen, putzen und in sehr dünne Ringe schneiden. Champignons mit einem Küchentuch abreiben, putzen, fein hacken und mit Limettensaft vermischen. Koriandergrün waschen, trocken schütteln, die Blättchen von den Stielen zupfen und hacken.

2. Garnelen, Schweinehackfleisch, drei Viertel der Frühlingszwiebeln, Pilze, Koriander und Sojasauce in eine Schüssel geben. Stärke hinzufügen und alles verkneten [→a]. Die Füllung mit Salz und Pfeffer abschmecken.

3. Die Reispapierblätter einzeln für ca. 30 Sekunden in lauwarmes Wasser tauchen, bis sie gerade anfangen weich zu werden. Wird der richtige Moment verpasst, werden sie zu weich und reißen leicht. Blätter einzeln zwischen feuchte Küchentücher legen.

4. Die Hälfte der Reispapierblätter nebeneinander auf eine Arbeitsfläche legen. Gleichmäßig mit der Füllung bestreichen und dabei einen 1 cm breiten Rand frei lassen. Das Eiweiß leicht verquirlen und die Ränder damit bepinseln. Übrige Blätter auf die Füllung legen und leicht andrücken, die Ränder gut zusammendrücken.

5. In einer großen beschichteten Pfanne 1 EL Öl erhitzen. Einen gefüllten Fladen darin von einer Seite 2–3 Minuten goldbraun braten. Den Fladen zum Wenden auf einen großen Teller gleiten lassen, mithilfe eines zweiten Tellers umdrehen und mit der noch nicht gebratenen Seite nach unten in die Pfanne zurückgeben. In 2–3 Minuten fertig braten. Im Backofen warm halten. Mit den restlichen Fladen ebenso verfahren. Zum Servieren die heißen Fladen in handliche Dreiecke schneiden und mit den restlichen Zwiebelringen bestreuen. Mit süßsaurer Chilisauce servieren.

DAS IST WIRKLICH WICHTIG

[a] **STÄRKE UNTERKNETEN** Die Speisestärke über die Zutaten sieben. Alles mit einer Gabel oder auch mit der Hand kräftig verkneten, so dass die Stärke sich gut mit den anderen Zutaten vermischt und die Füllung beim Garen binden kann.

DAS IST WIRKLICH WICHTIG

[a] SUSHI-REIS ABKÜHLEN Mit einem Holzspatel, wie mit einem Pflug, von links nach rechts und von oben nach unten Furchen ziehen. Dabei nicht rühren und den Reis nicht quetschen. Anschließend mit einem feuchten Küchentuch bedecken, damit der Reis nicht trocken wird. Handwarm abkühlen lassen. Den Reis auf keinen Fall zum Abkühlen in den Kühlschrank stellen.

[b] REIS VERTEILEN Sushi-Reis ist sehr klebrig. Um ihn trotzdem gut verteilen zu können, die Hände oder einen Esslöffel vorher mit Essigwasser befeuchten. Dann das Noriblatt knapp 1 cm hoch mit dem handwarmen Reis bedecken, dabei den Reis nicht zu fest drücken.

[c] SUSHI ROLLEN Die Matte an der unteren Längsseite leicht anheben und mit ihrer Hilfe Noriblatt und Reis um die Füllung herum zu einer Rolle formen. Dabei die Sushirolle behutsam, aber kräftig mit beiden Händen zusammendrücken.

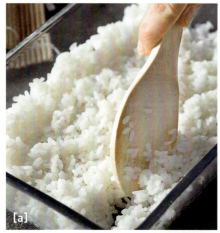
[a]

[b]

[c]

HOSOMAKI-SUSHI
mit Lachs und Avocado

JAPANISCHES FINGERFOOD VOM FEINSTEN: DIE GEROLLTEN REISHÄPPCHEN SEHEN AUFWENDIGER AUS, ALS SIE SIND. JEDER KANN SIE MIT EIN PAAR HANDGRIFFEN UND ETWAS ÜBUNG SELBST MACHEN.

Zutaten für 4 Portionen

- 200 g jap. Sushi-Reis
- 2 EL heller Reisessig
- ½ EL Rohrzucker
- Salz
- ½ Bund Schnittlauch
- ¼ reife Avocado
- 2 TL frisch gepresster Zitronensaft
- 125 g Lachsfilet ohne Haut in Sushi-Qualität (s. Tipp S. 66)
- 3 Noriblätter
- Essigwasser für die Hände
- 1 TL Wasabipaste
- dunkle Sojasauce zum Dippen
- Sushi-Ingwer zum Neutralisieren (nach Belieben; s. Glossar)

besonderes Werkzeug
- Sushi-Rollmatte
- Küchenpinsel

Zeitbedarf
- ca. 40 Minuten
- 30 Minuten quellen
- Abkühlzeit

So geht's

1. Reis in einem Sieb unter fließend kaltem Wasser waschen, bis das Wasser klar abläuft. Abtropfen lassen. Reis mit 240 ml Wasser in einen breiten Topf füllen und ca. 10 Minuten quellen lassen.

2. Reis unter gelegentlichem Rühren zum Kochen bringen und bei starker Hitze 2 Minuten kochen lassen. Dann zugedeckt bei kleinster Hitze nach Packungsangabe 10–20 Minuten ausquellen lassen, bis er gar ist.

3. Inzwischen den Essig mit Zucker und ½ TL Salz so lange verrühren, bis sich Zucker und Salz völlig aufgelöst haben.

4. Reis in eine breite Schale umfüllen und abkühlen lassen [→a].

5. Schnittlauch waschen und trocken tupfen. Avocado schälen, längs in 6 Streifen schneiden und sofort mit Zitronensaft bepinseln. Lachs kalt abbrausen, trocken tupfen, längs in 0,5 cm breite Streifen schneiden. Noriblätter jeweils quer halbieren.

6. Für eine Sushirolle ein halbes Noriblatt mit der glänzenden Seite nach unten auf eine Bambus-Rollmatte legen, so dass die untere Längsseite mit der Unterkante der Matte abschließt.

7. Das Noriblatt mit einem Sechstel Reis bedecken, dabei an den Längsseiten jeweils einen ca. 2 cm breiten Rand frei lassen. Eine Fingerspitze Wasabipaste in Längsrichtung aufstreichen. [→b]

8. In die Mitte der Reisfläche in Längsrichtung jeweils ein Sechstel von Lachs, Avocado und Schnittlauch legen. Mitsamt dem Noriblatt aufrollen [→c]. Mit den restlichen Zutaten genauso verfahren. Die Sushirollen in je 6 gleich große Stücke schneiden. Mit den Schnittflächen nach oben anrichten und mit Sojasauce, restlicher Wasabipaste und Sushi-Ingwer servieren.

Die Variante

Hosomaki-Sushi mit Gurke und Sesam
Sushi-Reis wie links beschrieben zubereiten.
4 TL Sesamsamen in einer kleinen Pfanne ohne Fett bei mittlerer Hitze unter Rühren goldbraun rösten. Aus der Pfanne nehmen und beiseitestellen. 1 Stück Gärtner- oder Salatgurke (ca. 10 cm) waschen und trocknen. Die Schale mit Fruchtfleisch mit einem langen Messer zuerst in einem Stück ca. 0,5 cm dick abschneiden. Gurkenstücke dann längs in 0,5 cm breite Streifen schneiden. Aus Reis, 3 quer halbierten Noriblättern, 1 TL Wasabipaste, Gurkenstreifen, gerösteten Sesam und mithilfe einer Rollmatte wie im Rezept links beschrieben Sushi zubereiten.

SUSHI ESSEN Nach Belieben etwas Wasabi-Paste in die Sojasauce rühren. Sushi in die Sauce dippen. Vor dem nächsten Happen den Gaumen mit Sushi-Ingwer neutralisieren.

EIERKÜCHLEIN

mit Sprossen

FISCHMOUSSE

erfrischend und leicht

Zutaten für 4 Portionen

- 5 Eier
- 3 EL Mehl
- 1 EL Fischsauce
- 2 EL helle Sojasauce
- 200 g frische Sprossen (z. B. Mungbohnen- oder Sojabohnensprossen)
- ½ Möhre
- 1 Stück Galgant (ca. 2 cm, s. Glossar; ersatzweise Ingwer)
- 1 Knoblauchzehe
- Salz, Pfeffer aus der Mühle
- 2–3 EL Öl

Zeitbedarf
- ca. 30 Minuten

So geht's

1. Eier mit Mehl zu einem glatten Teig verrühren. Mit Fischsauce und Sojasauce würzen. Die Masse kurz ruhen lassen.

2. Inzwischen die Sprossen verlesen, waschen und gut abtropfen lassen. Nach Belieben kleiner schneiden. Möhre schälen, putzen und grob raspeln. Galgant schälen und fein reiben. Knoblauch schälen. Sprossen, Möhre und Galgant in die Eiermasse rühren. Den Knoblauch durch eine Presse dazudrücken, ebenfalls unterrühren. Die Masse leicht salzen und pfeffern.

3. In einer großen beschichteten Pfanne etwas Öl erhitzen und darin portionsweis ca. 12 Eierküchlein ausbacken. Dafür pro Küchlein 2 EL Eier-Sprossen-Masse in die Pfanne geben. Bei mittlerer Hitze beide Seiten in insgesamt 4–5 Minuten goldbraun braten. Sofort servieren und genießen.

Dazu schmeckt die süßsaure Chilisauce von Seite 56.

SO SCHMECKT'S AUCH Die Sprossen gegen tiefgekühlte junge Erbsen, klein gewürfelte Paprikaschoten, dünne Lauchringe oder gehackte Kräuter austauschen. Mit Chilischoten oder gemahlenem Kreuzkümmel würzen.

Zutaten für 4 Portionen

- 400 g helles festes Fischfilet (frisch oder tiefgekühlt und aufgetaut; z. B. Seelachs, Kabeljau, Schellfisch)
- 2 Limettenblätter
- 6 Stängel Koriandergrün
- 1 Dose ungesüßte Kokosmilch (400 ml)
- 2–3 TL rote Currypaste (Rezept S. 55 oder Fertigprodukt)
- 2 EL Fischsauce (ersatzweise helle Sojasauce)
- 2 Eier
- Salz, Pfeffer aus der Mühle
- 1 TL heller Palmzucker (ersatzweise Rohrzucker)

besonderes Werkzeug
- Blitzhacker oder Mixer
- Dämpfeinsatz
- 4 feuerfeste Förmchen (à ca. 250 ml)

Zeitbedarf
- ca. 25 Minuten
- 25–30 Minuten dämpfen

So geht's

1. Fischfilet kalt abbrausen und trocken tupfen. 300 g Filet grob würfeln und im Blitzhacker fein zerkleinern. Den Rest ca. 0,5 cm groß würfeln.

2. Limettenblätter waschen und sehr fein hacken (s. Seite 27). Koriandergrün waschen, trocken schütteln, Blättchen abzupfen und die Hälfte grob hacken (s. Seite 24).

3. Kokosmilchdose ungeschüttelt öffnen, 3 EL Kokossahne abnehmen und mit, je nach gewünschter Schärfe, 2–3 TL Currypaste und Fischsauce glatt rühren. Die Eier zugeben und alles gut verquirlen. Fischpüree, Fischwürfel, gehackte Limetten- und Korianderblätter unterrühren. Die Masse mit Salz, Pfeffer und Zucker abschmecken. Die Förmchen kalt ausspülen, und die Fischmasse darin verteilen. Übrige Kokosmilch und -sahne einfrieren.

4. In einen großen Topf oder Wok 400 ml Wasser füllen. Förmchen nebeneinander in einen Dämpfeinsatz stellen und diesen in den Topf oder Wok stellen, dicht verschließen und Wasser zum Kochen bringen. Sobald eine Dampffahne aufsteigt, auf mittlere Hitze zurückschalten und die Mousse in 25–30 Minuten gar dämpfen. Zum Servieren mit restlichem Koriander bestreuen.

FRITTIERTES GEMÜSE

im Teigmantel

Zutaten für 4 Portionen

- 125 g Kichererbsenmehl (s. Glossar)
- 1 Msp. Backpulver
- Salz
- 1 Msp. Chilipulver (s. Glossar)
- ½ TL gemahlener Kreuzkümmel
- ¼ TL rosenscharfes Paprikapulver
- 2 EL Zwiebelsamen (ind. Gewürz; s. Glossar)
- 600 g gemischtes Gemüse (z. B. Zucchini, Möhren, Blumenkohl, Zwiebeln)
- ½ Bund Koriandergrün (ersatzweise glatte Petersilie)
- 1 l Öl zum Frittieren
- 1 Bio-Limette

Zeitbedarf
- ca. 40 Minuten

So geht's

1. Das Kichererbsenmehl mit Backpulver, 1 Prise Salz und allen Gewürzen in eine Schüssel füllen und mischen. 150 ml kaltes Wasser hinzufügen und alles zu einem glatten Teig verrühren. Zugedeckt quellen lassen.

2. Inzwischen das Gemüse je nach Sorte waschen, putzen und/oder schälen und in mundgerechte Stücke schneiden. Koriandergrün waschen, trocken schütteln und die Blättchen von den Stielen zupfen (s. Seite 24). Die Limette heiß waschen, trocken reiben und in Spalten schneiden.

3. Das Öl in einem Wok oder breiten Topf erhitzen. Es ist heiß genug, wenn an einem Holzlöffelstiel, der ins Fett gehalten wird, kleine Bläschen aufsteigen (s. Seite 52).

4. Zuerst das Gemüse mithilfe einer Gabel in den Teig tauchen, kurz abtropfen lassen, dann ins heiße Öl geben und portionsweise in 3–4 Minuten goldbraun und knusprig frittieren. Mit einem Schaumlöffel-Sieb herausnehmen und auf mehreren Lagen Küchenpapier abtropfen lassen.

5. Zum Schluss Korianderblättchen ca. 10 Sekunden im Öl frittieren, mit dem Gemüse vermischen. Die Gemüse-Häppchen mit Limettenspalten garniert servieren.

Dazu schmeckt Minze-Joghurt von Seite 57.

HÄHNCHENSPIESSE

mit Erdnuss-Sauce

Zutaten für 4 Portionen

- 500 g Hähnchenbrustfilet
- 1 Stück Galgant (ca. 2 cm, s. Glossar; ersatzweise Ingwer)
- 1 Stängel Zitronengras
- 100 ml ungesüßte Kokosmilch
- 1 EL helle Sojasauce
- ½ TL Sambal Oelek
- 1 TL gemahlener Koriander
- ½ TL gemahlener Kreuzkümmel
- 2 TL heller Palmzucker (ersatzweise Rohrzucker)
- 1 Rezept Erdnuss-Sauce (s. Seite 56)
- evtl. 2 EL Öl zum Anbraten

besonderes Werkzeug
- ca. 20 lange Holzspieße

Zeitbedarf
- ca. 55 Minuten
- 2 Stunden marinieren

So geht's

1. Die Holzspieße in Wasser legen, damit sie später beim Anbraten nicht verbrennen. Hähnchenfleisch kalt abbrausen und trocken tupfen. Der Länge nach in 1–2 cm dünne Streifen schneiden.

2. Galgant schälen und fein reiben. Zitronengras waschen, putzen, sehr fein hacken (s. Seite 26). Beides mit Kokosmilch, Sojasauce, Sambal Oelek, Koriander, Kreuzkümmel und Zucker zu einer Marinade verrühren. Das Fleisch mit der Marinade vermischen und zugedeckt 2 Stunden (oder über Nacht) im Kühlschrank marinieren.

3. Inzwischen oder am nächsten Tag die Erdnusssauce wie im Rezept auf Seite 56 beschrieben zubereiten.

4. Fleischstreifen aus der Marinade heben und ziehharmonikaartig auf die gewässerten Holzspieße fädeln, dabei an einem Ende noch Platz zum Anfassen lassen.

5. Die Spieße entweder auf dem Grill, im Backofen bei Grillfunktion oder in einer großen Pfanne in heißem Öl unter Wenden in 4–6 Minuten anbraten, dabei mit der restlichen Marinade bestreichen. Sie können die Spieße auch direkt am Tisch über einer Brennpaste garen. Die Erdnuss-Sauce zu den Hähnchenspießen reichen.

SNACK – REISPAPIERROLLEN FORMEN

SOMMERROLLEN
mit Garnelen und Hähnchen

KNACKIG GEFÜLLT, LEICHT UND FRISCH. DIE VIETNAMESISCHE SPEZIALITÄT NENNT MAN AUCH GLÜCKSROLLEN. SIE WERDEN Z. B. MIT DEM SCHARFEN DIP NUOC MAM CHAM SERVIERT.

Zutaten für 4 Portionen

Für den Dip

1 kleine rote Chilischote

1 Stück Ingwer (ca. 2 cm)

1 TL Zucker

4 EL Fischsauce

2–3 EL Reisessig (ersatzweise milder Weißweinessig)

Für die Sommerrollen

20 g Glasnudeln

150 g Salat- oder Gärtnergurke

100 g Möhren

1 Frühlingszwiebel

6 Blätter Kopfsalat

50 g Mungbohnensprossen

½ Bund Koriandergrün (ca. 20 g)

150 g gegarte, geschälte Garnelen

100 g gegarte Hähnchenbrust

12 getrocknete Reispapierblätter (ca. 24 cm Ø)

Zeitbedarf
- ca. 1 Stunde

So geht's

1. Für den Dip die Chilischote waschen, putzen, halbieren und nach Belieben die Kerne entfernen (s. Seite 29). Anschließend sehr fein hacken. Ingwer schälen und ebenfalls fein hacken (s. Seite 28). Zucker mit Fischsauce und Reisessig verrühren, bis sich der Zucker aufgelöst hat. Chili und Ingwer untermischen.

2. Die Glasnudeln in einer Schüssel mit kochend heißem Wasser übergießen und 10 Minuten einweichen. Inzwischen die Gurke waschen, längs halbieren und entkernen. Möhren schälen, Frühlingszwiebel putzen. Gurke, Möhre und Frühlingszwiebel in 5–6 cm lange, streichholzdicke Stifte schneiden.

3. Salatblätter, Sprossen und Koriander waschen und trocken schütteln (Koriandergrün s. Seite 24). Salatblätter in kurze Streifen schneiden, Korianderblättchen von den Stielen zupfen. Die Garnelen waschen und trocken tupfen, ganz lassen. Das Hähnchenfleisch in dünne Streifen schneiden. Glasnudeln abtropfen lassen und mit einer Küchenschere etwas kürzer schneiden.

4. Die Reispapierblätter einzeln für ca. 30 Sekunden in lauwarmes Wasser tauchen, bis sie gerade anfangen weich zu werden. Anschließend einzeln zwischen feuchte Küchentücher legen.

5. Auf die untere Mitte jedes Reispapierblattes etwas Salat, Gurke, Möhren, Frühlingszwiebel, Glasnudeln, Garnelen, Hähnchenfleisch, Sprossen und Koriander legen, dann aufrollen [→a]. Sommerrollen möglichst sofort mit dem scharfen Dip servieren.

Wenn Sie es lieber milder mögen, passt dazu auch der Hoisin-Erdnuss-Dip von Seite 57.

Die Variante

Sommerrollen mit Rinderhack

Für die Füllung 2 Stängel Zitronengras putzen und den weichen Teil fein hacken. 1 rote Chilischote entkernen, 1 Knoblauchzehe schälen, beides fein hacken. 2 EL Öl in Wok oder Pfanne erhitzen, 200 g Rinderhack darin braun und krümelig braten, dabei Knoblauch, Chili und Zitronengras zufügen. 50 g Bohnensprossen waschen, unterheben und kurz mitbraten. Hack mit je 1–2 EL Fischsauce und Limettensaft sowie 1 TL Sesamöl und etwas Salz abschmecken. Lauwarm abkühlen lassen. 12 Reispapierblätter wie links beschrieben vorbereiten. Jeweils mit 1 Salatblatt und etwas von der Füllung belegen und aufrollen. Sofort mit dem Hoisin-Erdnuss-Dip von Seite 57 servieren.

STILECHT SERVIEREN Sommerrollen werden in Vietnam mit Salatblättern und Kräutern wie Thai-Basilikum und Koriandergrün angerichtet und grundsätzlich mit der Hand gegessen. Dafür wird eine Rolle mit einigen Kräutern in ein Salatblatt gewickelt, in den Dip getaucht und abgebissen.

[a]

> SO VIEL RAND AUSSPAREN: SO LASSEN SICH SCHÖNE ROLLEN FORMEN.

DAS IST
WIRKLICH
WICHTIG

[a] **SOMMERROLLEN AUFROLLEN** Damit eine schöne feste Rolle entsteht, beim Belegen der Reispapierblätter einen Rand aussparen. Zwei Blattseiten über die Füllung schlagen, dann von unten nach oben behutsam, aber sehr fest aufrollen.

GEMÜSE & HÜLSENFRÜCHTE

FRISCH IST GEMÜSE AM AROMATISCHSTEN UND WIRD IN ASIEN GEGART GERNE ALS EIGENSTÄNDIGES GERICHT ODER AUCH ALS BEILAGE SERVIERT. DIE BESTEN ZUBEREITUNGEN FÜR LINSEN, KICHERERBSEN & CO. KOMMEN AUS DER INDISCHEN KÜCHE.

WOK-GEMÜSE

mit gebratenem Tofu

BUNT, SAFTIG UND KNACKIG IST DIESER GEMÜSE-KLASSIKER. OB MÖHREN, MAISKÖLBCHEN ODER ZUCKERSCHOTEN – IN DEN WOK KOMMT, WORAUF SIE GERADE APPETIT HABEN.

Zutaten für 4 Portionen

- 800 g gemischtes Gemüse der Saison (z. B. Möhren, rote Paprikaschoten, Blumenkohl, Baby-Maiskolben, Zuckerschoten, Bohnensprossen)
- 3 Schalotten
- 1 Knoblauchzehe
- 1 Stück Ingwer (ca. 2 cm)
- 200 g Natur-Tofu
- 50 ml Hühnerbrühe (Rezept S. 54 oder aus dem Glas)
- 3 EL helle Sojasauce
- 2 EL Austernsauce
- 2 TL geröstetes Sesamöl
- 1 TL Palmzucker (ersatzweise Rohrzucker)
- 2 EL Erdnussöl
- Salz, Pfeffer aus der Mühle

Zeitbedarf
- ca. 35 Minuten

So geht's

1. Das Gemüse je nach Sorte waschen, putzen und bei Bedarf schälen. Anschließend je nach Gemüsesorte in kleinere Stücke teilen oder ganz lassen und eventuell blanchieren (s. Tipp) **[→a]**.

2. Schalotten schälen, halbieren und quer in feine Scheiben schneiden. Knoblauch und Ingwer schälen und klein würfeln **[→b]**. Den Tofu in kurze Streifen schneiden und trocken tupfen. Brühe, Soja- und Austernsauce, Sesamöl und Zucker verrühren.

3. Einen Wok aufheizen, dann das Öl darin erhitzen. Den Tofu darin bei mittlerer Hitze in 3–4 Minuten rundherum goldbraun braten. Herausheben und beiseitestellen.

4. Schalotten, Knoblauch und Ingwer im Bratöl bei starker Hitze kurz anbraten. Feste Gemüsesorten wie Möhren, Paprika, Blumenkohl und Maiskolben dazugeben und ca. 4 Minuten pfannenrühren, damit alles gleichmäßig gar wird.

5. Zarte Gemüsesorten wie Zuckerschoten oder Sprossen zufügen, noch 1 Minute mitgaren, dabei ständig rühren. Tofu zum Gemüse geben. Die angerührte Würzmischung untermischen. Aufkochen und weiterrühren, bis das Gemüse gar, aber noch knackig ist. Eventuell mit Salz und Pfeffer abschmecken.

Dazu schmecken Duftreis, Jaminreis oder auch Klebreis.

Die Variante

Wok-Gemüse mit Pilzen und Glasnudeln
2 EL getrocknete Mu-Err-Pilze in einer Schüssel mit kochenden Wasser übergießen und ca. 30 Minuten einweichen. Danach in einem Sieb abbrausen, abtropfen lassen und in Stücke zupfen. 100 g Glasnudeln ca. 10 Minuten in kochend heißem Wasser einweichen. In ein Sieb abgießen, abtropfen lassen und mit einer Küchenschere in ca. 5 cm lange Stücke schneiden. Gemüse und Tofu wie im Rezept links beschrieben vorbereiten und pfannenrühren, dabei die Pilze zusammen mit den festen Gemüsesorten in den Wok geben. Die Glasnudeln zeitgleich mit dem zarten Gemüse untermischen, zuletzt den Tofu.

WOK-GEMÜSE VORBEREITEN Damit feste Gemüsesorten, die nicht in Streifen geschnitten werden können, wie z. B. Blumenkohl, Brokkoli oder Bohnen, gar werden, diese vorher ca. 2 Minuten in sprudelndem Salzwasser kochen (blanchieren). Je feiner die Struktur einer Gemüsesorte ist, umso größer bleiben die Stücke: z. B. Maiskölbchen nur längs halbieren, besonders zartes Gemüse wie Zuckerschoten und Bohnensprossen bleiben sogar ganz.

[a]

[b]

DAS IST
WIRKLICH
WICHTIG

[a] FEINE STREIFEN Damit das Gemüse im Wok gleichzeitig gar wird, feste Sorten wie Möhren und Paprika in dünne Streifen schneiden. Dafür die Möhren zuerst der Länge nach in gleichmäßig dünne Scheiben schneiden. Dann jeweils einige Scheiben aufeinanderlegen und in schmale Streife teilen.

[b] WÜRZZUTATEN WÜRFELN Knoblauch und Ingwer werden zum Wokken immer klein gewürfelt. Dafür beides schälen, zuerst in Scheiben, dann in feine Streifen schneiden und zum Schluss fein würfeln. Soll es schnell gehen, Knoblauch und Ingwer nur grob zerteilen und durch die Knoblauchpresse drücken.

DAS IST
WIRKLICH
WICHTIG

[a] WEISSKOHL VORBEREITEN Um Weißkohl in Streifen zu schneiden, den Kohlkopf halbieren, dann vierteln oder dritteln. Den harten Strunk mit einem großen scharfen Messer herausschneiden. Die Kohlstücke quer zu den Rippen in 2–3 cm breite Streifen schneiden.

[b] GETROCKNETE CHILIS Wer es scharf mag, zerkrümelt die Chilischoten mit den Fingern oder hackt sie mit dem Messer klein. Weniger scharf wird das Gemüse, wenn Sie nach dem Zerkleinern die kleinen weißen Kernchen der Chilis aussortieren. Oder die unzerteilten Chilischoten mitgaren und vor dem Servieren des Kohls wieder herausfischen.

SCHARF-SÜSSER WEISSKOHL
mit Paksoi

DIE SCHÄRFE BEKOMMT DER KOHL VON GETROCKNETEN CHILIS UND SZECHUANPFEFFER. DAS BESONDERE AN DIESEM PFEFFER: ER SCHMECKT LEICHT ZITRONIG UND PRICKELT ANGENEHM AUF DER ZUNGE.

Zutaten für 4 Portionen

- ½ junger Weißkohl (ca. 500 g)
- 250 g Paksoi
- 1 Zwiebel
- 1 Stück Ingwer (ca. 2 cm)
- 2 getrocknete Chilischoten
- 2 EL helle Sojasauce
- 1 EL Reisessig (ersatzweise milder Weißweinessig)
- 1 EL heller Palmzucker (ersatzweise Rohrzucker)
- 3 EL Öl
- ½ TL Szechuanpfeffer (s. Glossar)
- Salz

Zeitbedarf
- ca. 30 Minuten

So geht's

1. Vom Weißkohl beschädigte und unschöne Außenblätter entfernen. Weißkohl waschen, putzen und in Streifen schneiden [→a].

2. Paksoi waschen und putzen. Die Blätter in fingerbreite Streifen schneiden, die Stiele in feine Streifen (s. Seite 12). Die Zwiebel schälen, längs halbieren und dann quer in dünne Streifen schneiden. Ingwer schälen und fein hacken (s. Seite 28). Die Chilischoten zerkleinern [→b]. Sojasauce, Essig und Zucker miteinander verrühren.

3. Einen Wok aufheizen, dann das Öl darin erhitzen. Weißkohl, Zwiebel, Ingwer, Chilis und Pfefferkörner darin ca. 4 Minuten pfannenrühren. Paksoi untermischen und unter Rühren weitere ca. 2 Minuten mitbraten, dabei alles mit ein wenig Wasser beträufeln.

4. Die angerührte Würzmischung zum Kohl geben und untermischen. Das Gemüse mit Salz abschmecken.

Zusammen mit einem zweiten Gemüsegericht und Reis serviert, wird aus diesem Rezept ein vegetarisches Hauptgericht.

SO SCHMECKT'S AUCH Anstelle von Weißkohl können Sie auch Spitzkohl oder Wirsing verwenden. Und wer keinen Paksoi bekommt, nimmt heimischen Mangold.

BUNTES GEMÜSE
süßsauer

IN DER INDONESISCHEN KÜCHE SCHAFFEN KONTRASTE HARMONIE. BEI DIESEM REZEPT TREFFEN DAS ZARTE AROMA UND DIE KNACKIGE KONSISTENZ DER GEMÜSE AUF EINE WÜRZIGE UND CREMIGE SAUCE.

Zutaten für 4 Portionen

- 500 g Möhren
- 500 g Gärtner- oder Salatgurke
- 1 rote Paprikaschote
- Salz
- 1 Zwiebel
- 2 Knoblauchzehen
- 1 Stück Ingwer (ca. 2 cm)
- 100 g geröstete, ungesalzene Erdnüsse
- 50 g Palmzucker (ersatzweise Rohrzucker)
- 2 TL Kurkumapulver
- 150 ml Reisessig (ersatzweise milder Weißweinessig)
- Pfeffer aus der Mühle

besonderes Werkzeug
- Blitzhacker oder Mixer

Zeitbedarf
- ca. 30 Minuten

So geht's

1. Möhren und Gurke schälen, die Gurke längs halbieren und entkernen. Die Paprikaschote waschen und putzen. Möhren, Gurke und Paprikaschote in mundgerechte Scheiben, Stücke oder Stifte schneiden. Möhren- und Paprikastücke in kochendem Salzwasser offen ca. 2 Minuten vorgaren (blanchieren). In ein Sieb abgießen, kalt abschrecken und gut abtropfen lassen.

2. Zwiebel, Knoblauch und Ingwer schälen und grob zerkleinern (Ingwer s. Seite 28). Zusammen mit Erdnüssen, Zucker und Kurkuma im Mixer oder Blitzhacker zu einer feinen Würzmischung zerkleinern.

3. Diese Würzmischung mit Reisessig, 150 ml Wasser und 1 TL Salz in einem genügend großen Topf verrühren und erhitzen. Möhren, Paprika und Gurke hineingeben, unter Rühren aufkochen und zugedeckt bei mittlerer Hitze ca. 5 Minuten köcheln lassen.

4. Das süßsaure Gemüse mit Salz und Pfeffer abschmecken und im Sud etwas abkühlen lassen. Nach Belieben lauwarm oder kalt servieren.

Dazu schmecken gegrillter Fisch oder gegrilltes Fleisch und Langkorn-Klebreis.

GEBRATENE AUBERGINEN

sauer-scharf

DIESE PIKANTE WOK-GEMÜSE-ZUBEREITUNG STAMMT AUS CHINA. SIE KANN ENTWEDER ALS HAUPTGERICHT MIT REIS SERVIERT WERDEN ODER ALS BEILAGE FÜR 6–8 PORTIONEN.

Zutaten für 4 Portionen

- 600 g kleine runde Auberginen
- 1 rote Paprikaschote
- 3 Frühlingszwiebeln
- 2–3 Knoblauchzehen
- 1 Stück Ingwer (ca. 3 cm)
- ½ Bund Koriandergrün
- 5 EL helle Sojasauce
- 3–4 EL Reisessig (ersatzweise milder Weißweinessig)
- 1 EL Reiswein (nach Belieben)
- 2 EL Palmzucker (ersatzweise Rohrzucker)
- 2 TL Chiliöl
- 2 EL Sesamsamen
- 7 EL Öl
- Salz

Zeitbedarf
- ca. 35 Minuten

So geht's

1. Auberginen waschen, putzen und vierteln (s. Seite 13). Paprikaschote waschen, putzen und in ca. 2 cm große Stücke schneiden. Die Frühlingszwiebeln waschen, putzen, längs halbieren und in ca. 3 cm lange Stücke schneiden.

2. Knoblauch und Ingwer schälen und klein würfeln (Ingwer s. Seite 28). Koriander waschen und trocken schütteln. Die Blätter von den Stielen zupfen und grob zerkleinern (s. Seite 24). Sojasauce, 3 EL Reisessig, Reiswein nach Belieben, Zucker und 1 TL Chiliöl miteinander verrühren.

3. In einem Wok die Sesamsamen ohne Fett bei mittlerer Hitze anrösten, bis die ersten Samen in der Pfanne zu „springen" beginnen, herausnehmen. 1 EL Öl in den Wok geben und die Paprikastücke darin ca. 1 Minute unter ständigem Rühren braten, herausnehmen. Restliches Öl in den Wok geben und die Auberginen darin bei starker Hitze und unter ständigem Rühren in 3–5 Minuten hellbraun braten. Aus dem Wok heben und salzen.

4. Im übrigen Bratfett Frühlingszwiebeln, Knoblauch und Ingwer ebenfalls ca. 1 Minute pfannenrühren. Auberginen, Paprika und die Würzflüssigkeit zugeben. Alles bei mittlerer Hitze zugedeckt 4–5 Minuten schmoren.

5. Die Auberginen mit restlichem Essig und Chiliöl sauer-scharf abschmecken. Die Korianderblätter unterheben und den gerösteten Sesam darüberstreuen.

Die Variante

Auberginengemüse mit Tomaten

Wie im Rezept links beschrieben die Auberginen und Frühlingszwiebeln vorbereiten. Den Wok aufheizen, dann darin 4 EL Öl erhitzen und die Auberginen darin unter ständigem Rühren ca. 4 Minuten braten. Herausheben und beiseitestellen. 1 gehäufter TL rote Currypaste und die Zwiebeln ins verbliebene Bratfett geben und unter Rühren ca. 1 Minute braten. Auberginen in den Wok geben. 300 g Tomatenstücke (frisch oder aus der Packung) und 50 ml Gemüsebrühe zugeben. Alles bei mittlerer Hitze zugedeckt noch 5–6 Minuten schmoren. Falls nötig, etwas Wasser hinzufügen. Das Gemüse vom Herd nehmen und mit 1–2 EL heller Sojasauce, 1 Prise Zucker und Salz abschmecken. Von 3 Zweigen Thai-Basilikum die Blätter abzupfen, in breite Streifen schneiden und unterheben.

VIETNAM
AUFSTEIGENDE FUSIONSKÜCHE

IN DIESER LÄNDERKÜCHE HABEN VERSCHIEDENE KULTUREN WIE CHINA UND FRANKREICH IHRE EINFLÜSSE HINTERLASSEN. ZUSAMMEN MIT DER TRADITIONELLEN KÜCHE ENTSTAND DARAUS EIN UNVERWECHSELBARER STIL.

LEBENDIGE KOCHKULTUR

In dieser einzigartigen Küche verschmelzen Kochtraditionen aus China, Indien sowie Thailand mit der raffinierten französischen Kolonialküche zu einem außergewöhnlichen Genuss. Alles ist frisch, leicht und auf das Wesentliche reduziert. In Vietnam wird noch fettärmer gekocht und etwas milder und differenzierter gewürzt als bei den Nachbarn. Die allgegenwärtige Fischsauce „Nuoc Mam" trägt wesentlich zum Geschmack herzhafter Speisen bei. Alles in allem sind vietnamesische Gerichte eine Wohltat für Körper und Seele. Kein Wunder also, dass sich die Küche Vietnams – ob im Norden, im Süden oder in der Landesmitte – mit ihrer Vielfalt und ihrem unverwechselbaren Stil vom Gourmet-Geheimtipp zu einer der beliebtesten Küchen weltweit entwickelt hat.

LIEBLINGSFARBE GRÜN

Verschwenderisch geht man in Vietnam mit frischen Kräutern um, ob mit einheimischem Basilikum, Minze, Dill und Koriander oder den vielen regionalen Kräutern, die bei uns völlig unbekannt sind. Üppig sind meist auch die grünen Dekorationen der Speisen. Und da Grün nun mal die erklärte Lieblingsfarbe der Vietnamesen ist, isst man mit Vorliebe auch grüne Salate, grünes Blattgemüse und Gurken. Und was selbst nicht grün ist, wie Geflügel, Fleisch und Fisch, wird liebevoll auf Grünem angerichtet oder raffiniert grün eingehüllt, zum Beispiel in Bananenblätter.

KULINARISCHE SPUREN

Die Einflüsse der ehemaligen französischen Kolonialherren prägen bis heute das Essen und Trinken in Vietnam. Die Crêpes, Baguettes und Croissants in den größeren Städten wären selbst einer Pariser Boulangerie würdig. Und der exzellente Kaffee aus dem zentralen Hochland hat seinen festen Platz in der vietnamesischen Kultur gefunden: klein, stark, auf Wunsch mit gesüßter Kondensmilch, oder auch als Eiskaffee zubereitet. Auf den Gemüsemärkten werden Spargel, Artischocken und Dill aus regionalem Anbau verkauft und Desserts werden auch mal mit Crème fraîche statt mit Kokosmilch zubereitet.

REIS IST LEBEN

Wie überall in Südostasien wird auch in Vietnam mehrmals täglich Reis gegessen. Aber hier hat er zudem noch einen hohen wirtschaftlichen Stellenwert. Im ganzen Land wird Reis angebaut, vor allem im fruchtbaren Mekong-Delta. Schon seit Jahrtausenden bestreiten die Bauern damit ihren Lebensunterhalt und inzwischen ist Vietnam weltweit der zweitgrößte Reisexporteur. Bei so viel Reis ist auch die Vielfalt dementsprechend groß. Neben Duftreis und Klebreis gibt es auch allerlei aus Reis hergestellte Produkte. Typisch für Vietnam sind Nudeln oder Reispapier aus Reismehl. Die dünnen Reispapierblätter sind unerlässlich als Hülle für Glücks- oder Frühlingsrollen. Eine weitere Spezialität sind grüne Reisflocken. Dafür wird das unreife Korn aus der Rispe gedrückt und getrocknet. Für Süßspeisen oder als Panade für Fisch ein Genuss.

YIN UND YANG

In Vietnam, wie überall in Asien, spielt die Harmonie in allen Lebensbereichen eine große Rolle, so auch bei der Ernährung. Vietnamesen glauben, wenn beide Pole des Yin-und-Yang-Prinzips im Gleichgewicht sind, ist der Mensch gesund und fühlt sich wohl. Yin steht dabei für kalte und flüssige Lebensmittel, Yang für warme und trockene. Um die Energie-Balance zu erreichen, werden die zu Yin oder Yang zählenden Lebensmittel individuell zusammengestellt, damit sie ausgleichend auf den gesamten Körper wirken können.

GEMÜSE – PILZE WOKKEN

SCHARFE PILZE
mit Thai-Basilikum

DIESES WOKGERICHT IST FIX GEMACHT UND BRINGT EIN HERRLICHES AROMA AUF DEN TELLER. WIE GUT, DASS ES AUCH BEI UNS SCHON FAST ÜBERALL PILZE AUS ASIEN FRISCH ZU KAUFEN GIBT.

Zutaten für 4 Portionen

- 2 Knoblauchzehen
- 2–3 große grüne Chilischoten
- 3 EL Fischsauce
- 3 EL helle Sojasauce
- 1 TL Palmzucker (ersatzweise Rohrzucker)
- 2 Frühlingszwiebeln
- ½ Bund Thai-Basilikum (am besten Bai Kaprau)
- 300 g Austernpilze
- 300 g kleine Shiitake-Pilze
- 4 EL Öl
- 1–2 EL frisch gepresster Limettensaft
- Salz

besonderes Werkzeug
- Mörser

Zeitbedarf
- ca. 30 Minuten

So geht's

1. Den Knoblauch schälen und fein würfeln. Die Chilischoten waschen, putzen, entkernen und in feine Streifen schneiden (s. Seite 29). Knoblauch und Chilis in einen Mörser geben und zu einer Paste zerreiben. Fischsauce, Sojasauce und Zucker miteinander verrühren, bis sich der Zucker aufgelöst hat.

2. Die Frühlingszwiebeln waschen, Wurzelenden und welke Hüllblätter entfernen und Frühlingszwiebeln schräg in dünne Ringe schneiden. Thai-Basilikum waschen, trocken schütteln und die Blättchen von den Stielen zupfen (s. Seite 22).

3. Die Austernpilze putzen und in mundgerechte Stücke schneiden (s. Seite 21). Shiitake-Pilze putzen. Kleine Exemplare ganz lassen, größere halbieren (s. Seite 18).

4. Einen Wok aufheizen, dann das Öl darin erhitzen. Die Würzpaste darin unter ständigem Rühren ca. 1 Minute braten. Pilze und Frühlingszwiebeln hinzufügen und unter Rühren weitere ca. 2 Minuten braten.

5. Angerührte Würzflüssigkeit untermischen. Die Pilze mit Limettensaft und Salz abschmecken [→a]. Den Wok vom Herd nehmen und die Basilikumblättchen unter die Pilze mischen.

SO SCHMECKT'S AUCH Wenn es keine frischen Austern- und Shiitakepilze im Angebot gibt, können Sie das Gericht auch mit einer Mischung aus weißen oder braunen Champignons und Kräuterseitlingen zubereiten.

DAS IST
WIRKLICH
WICHTIG

[a] PILZE SALZEN Pilze unbedingt erst ganz zum Schluss, also in garem Zustand salzen. Dann erst können sie ihr typisches und einzigartiges Aroma vollständig entwickeln.

SOJABOHNENSPROSSEN
mit Tofu und Paprika

Zutaten für 4 Portionen

- 400 g Natur-Tofu
- 500 g frische Sojabohnensprossen
- 1 kleine rote Paprikaschote
- 1 Stück Ingwer (ca. 2 cm)
- ½ Bund Schnittknoblauch
- 4 EL Öl
- 3 EL helle Sojasauce
- 2 TL heller Palmzucker (ersatzweise Rohrzucker)
- Salz
- 2 TL geröstetes Sesamöl

Zeitbedarf
- ca. 25 Minuten

So geht's

1. Den Tofu ca. 2 cm groß würfeln und auf Küchenpapier abtropfen lassen.

2. Inzwischen die Sojabohnensprossen verlesen, waschen und abtropfen lassen. Die Paprikaschote waschen, putzen, vierteln und quer in kurze feine Streifen schneiden. Den Ingwer schälen und klein würfeln (s. Seite 28). Schnittknoblauch waschen, trocken schütteln und die Halme in 3–4 cm lange Stücke schneiden (s. Seite 23).

3. Wok aufheizen, dann das Öl darin erhitzen. Tofu darin bei starker Hitze in 4–5 Minuten rundum goldbraun braten – darauf achten, dass er nicht zerfällt. Herausheben und warm stellen.

4. Im verbliebenen Bratfett die Paprikastreifen in ca. 1 Minute unter ständigem Rühren anbraten, aber nicht braun werden zu lassen. Sprossen, Ingwer, Sojasauce, Zucker und etwas Salz dazugeben. 1 weitere Minute pfannenrühren.

5. Sesamöl und Schnittknoblauch unter die Sprossen mischen, mit Salz abschmecken. Zum Schluss den gebratenen Tofu unterheben.

Mit Duftreis serviert, wird daraus ein Hauptgericht.

SO SCHMECKT'S AUCH Frische Sojabohnensprossen sind nicht überall erhältlich. Dann sind Mungbohnensprossen eine gute Alternative.

BLUMENKOHL
mit Chili und Joghurt

Zutaten für 4 Portionen

- 1 Blumenkohl (ca. 1,2 kg)
- 2 Frühlingszwiebeln
- 2 Knoblauchzehen
- 1 Stück Ingwer (ca. 3 cm)
- 2 grüne Chilischoten
- 2 EL Ghee (ersatzweise Butterschmalz)
- 1 TL mildes Currypulver
- ½ TL gemahlener Kreuzkümmel
- 1 Prise Zucker
- Salz
- 200 g Naturjoghurt (3,5 % Fett)
- 2 EL Minze- oder Korianderblättchen

Zeitbedarf
- ca. 30 Minuten

So geht's

1. Den Blumenkohl putzen und in kleine Röschen teilen. Die Stiele schälen und in Scheiben schneiden. Frühlingszwiebeln waschen, putzen und in dünne Ringe schneiden. Knoblauch und Ingwer schälen und sehr klein würfeln (Ingwer s. Seite 28). Die Chilischoten waschen, putzen, entkernen und fein hacken (s. Seite 29).

2. Ghee in einem breiten Topf erhitzen. Frühlingszwiebeln, Knoblauch, Ingwer und Chilis darin bei mittlerer Hitze unter Rühren anbraten. Currypulver und Kreuzkümmel zufügen, kurz mitbraten. Blumenkohlröschen und Blumenkohlstiele hinzufügen. Mit dem Zucker und etwas Salz würzen, alles gut vermischen.

3. 2 EL Joghurt und 100 ml Wasser zum Gemüse geben. Sofort zudecken und den Blumenkohl bei kleiner bis mittlerer Hitze in 8–10 Minuten bissfest dünsten, dabei ab und zu umrühren.

4. Minze- oder Korianderblättchen waschen, trocken tupfen und grob hacken (s. Seite 24, 25). Den restlichen Joghurt und die gehackten Kräuter unter den Blumenkohl mischen. Mit Salz abschmecken.

GEMÜSE UND EIER KOMBINIEREN

BRAT-RETTICH
mit Lauch und Eiern

RETTICH IST IN VIELEN ASIATISCHEN KÜCHEN EIN BELIEBTES GEMÜSE. EINFACH GEMACHT UND AUSSERGEWÖHNLICH IM AROMA IST DIESE ZUBEREITUNGSART AUS CHINA. UNBEDINGT PROBIEREN!

Zutaten für 4 Portionen

| 500 g junger chin. weißer Rettich (s. Tipp) |
| 125 ml Reisessig (ersatzweise milder Weißweinessig) |
| 2 Knoblauchzehen |
| 1 dünne Stange Lauch |
| 3 EL helle Sojasauce |
| 1 EL Palmzucker (ersatzweise Rohrzucker) |
| Salz |
| 3 EL Öl |
| 2 Eier |

Zeitbedarf
- ca. 20 Minuten
- 1 Stunde marinieren

So geht's

1. Den Rettich waschen, Blatt- und Wurzelansatz abschneiden. Rettich schälen und zuerst in 3–4 cm lange Stücke teilen. Die Stücke der Länge nach in ca. 0,5 cm dicke Scheiben schneiden, diese dann in ca. 0,5 cm dicke Stifte schneiden. Die Rettichstifte in einer Schüssel mit dem Reisessig vermischen und zugedeckt 1 Stunde marinieren.

2. Knoblauch schälen. Den Lauch putzen [→a] und mit dem dunkelgrünen Teil schräg in ca. 4 cm lange Stücke schneiden. Den Rettich in einem Sieb abtropfen lassen. Die Sojasauce mit dem Zucker verrühren und mit etwas Salz würzen.

3. Einen Wok oder eine große Pfanne aufheizen, das Öl hineingeben. Rettich und Lauch darin bei starker Hitze unter ständigem Rühren ca. 2 Minuten braten. Den Knoblauch durch eine Presse dazudrücken und kurz mitbraten. Die angerührte Würzmischung untermischen. Das Gemüse mit Salz abschmecken.

4. Die Eier in eine Schüssel aufschlagen und mit einer Gabel verquirlen. Zu dem Gemüse geben und stocken lassen [→b]. Die Eiermasse mit einem Pfannenwender nur grob zerteilen und mit dem Rettichgemüse vermengen. Den Bratt-Rettich mit Salz abschmecken und heiß servieren.

CHINESISCHEN WEISSEN RETTICH oder japanischen Daikon-Rettich bekommen Sie in gut sortierten Asia-Läden. Falls nicht, gelingt die Zubereitung auch mit heimischem Rettich.

VERQUIRLTE EIER IN DIE MITTE DES WOKS GIESSEN.

DAS IST
WIRKLICH
WICHTIG

[a] LAUCH PUTZEN Vom Lauch zuerst welke Außenblätter und das Wurzelbüschel entfernen. Lauchstange der Länge nach einschneiden und unter fließend kaltem Wasser gründlich waschen. Dabei die einzelnen Blattschichten auffächern, damit Schmutz, der sich zwischen den Blättern befindet, entfernt wird.

[b] EIER STOCKEN LASSEN Damit die Eiermasse stocken kann, aber nicht trocken wird, das Gemüse an den Wok- oder Pfannenrand schieben, so dass in der Mitte des Woks eine freie Stelle entsteht. Die Eiermasse dort hineingießen und bei kleiner Hitze stocken lassen. Den Wok oder die Pfanne vom Herd nehmen, wenn die Masse noch leicht feucht ist.

[a]

[b]

[a]

DAS IST
WIRKLICH
WICHTIG

[a] ABDECKEN UND MARINIEREN Nach dem Einfüllen einen genau passenden Teller direkt auf die Kohlviertel legen und diesen mit gefüllten Konservendosen oder sauberen Steinen beschweren. Den Kohl so zugedeckt mindestens 3 Tage im Kühlschrank durchziehen lassen. Der Kohl wird in dieser Zeit durch Milchsäuregärung fermentiert und dadurch haltbar gemacht. Außerdem bekommt er durch diesen Prozess erst seinen typisch säuerlichen Geschmack.

[b] SERVIEREN Die Kohlviertel aus der Lake nehmen, die sich inzwischen gebildet hat, und etwas abtropfen lassen. Dann quer in 2–3 cm breite Stücke schneiden. In Portionsschälchen oder auf kleinen Tellern servieren.

KIMCHI KLEIN SCHNEIDEN UND ALS BEILAGE SERVIEREN.

[b]

HAUSGEMACHTER KIMCHI
scharf und würzig

DER SCHARF EINGELEGTE CHINAKOHL FEHLT BEI KAUM EINEM KOREANISCHEN ESSEN. JEDE REGION, JEDES DORF, SOGAR JEDE FAMILIE AUF DEM LAND HAT DAFÜR IHR EIGENES REZEPT.

Zutaten für 4 Portionen

- 1 Chinakohl (700–800 g)
- Salz
- 1 kleine rote Paprikaschote
- 2–3 Knoblauchzehen
- 1 Stück Ingwer (ca. 3 cm)
- 2 EL helle Sojasauce
- 2 EL Reisessig (ersatzweise milder Weißweinessig)
- 1 EL Honig (ersatzweise heller Palmzucker)
- 1 EL Paprika-Chilipulver (ersatzweise rosenscharfes Paprikapulver)
- geröstetes Sesamöl zum Beträufeln

besonderes Werkzeug
- kleiner Steinguttopf

Zeitbedarf
- ca. 40 Minuten
- 3 Stunden ziehen
- 3 Tage marinieren

So geht's

1. Vom Chinakohl welke und unschöne Außenblätter entfernen. Kohl der Länge nach vierteln, waschen und gut abtropfen lassen. Den Strunk nur so weit herausschneiden, dass die Blätter noch zusammenhängen. 2 EL Salz gleichmäßig zwischen die Blätter streuen. Kohl in eine Schüssel legen und zugedeckt mindestens 3 Stunden ziehen lassen.

2. Die Kohlviertel aus der Schüssel heben, gründlich mit kaltem Wasser abspülen und gut abtropfen lassen. Währenddessen die Paprikaschote waschen, putzen und vierteln. Viertel quer in sehr feine Streifen schneiden. Knoblauch und Ingwer schälen (Ingwer s. Seite 28). Sojasauce mit Reisessig, 5 EL Wasser, Honig und Paprika-Chilipulver verrühren. Knoblauch und Ingwer durch die Knoblauchpresse dazudrücken.

3. Gewürzmischung und Paprikastreifen gleichmäßig zwischen die einzelnen Blätter der Kohlviertel verteilen. Das geht am besten mit einem Teelöffel oder mit den Fingern.

4. Gewürzte Kohlviertel zum Marinieren dicht nebeneinander in einen Steinguttopf oder in eine Schüssel legen und abdecken [→a].

5. Kimchi vor dem Servieren [→b] mit etwas Sesamöl beträufeln.

Das eingelegte Gemüse passt als Beilage zu gekochtem Reis und zu gebratenem oder gegrilltem Fisch oder Fleisch.

HALTBARKEIT Im Kühlschrank oder an einem anderen kühlen und dunklen Ort aufbewahrt hält sich der eingelegte Chinakohl 3–4 Wochen. Darum lohnt es sich, gleich die doppelte Menge dieser koreanischen Spezialität zuzubereiten.

GEMÜSE
mit Austernsauce

Zutaten für 4 Portionen

800 g Gemüse nach Wahl und Jahreszeit (z. B. grüne Bohnen, Mini-Auberginen, Zucchini, Lauch, gelbe Paprikaschoten)

Salz

3 Thai-Schalotten

2 Knoblauchzehen

6 EL Austernsauce

2 EL helle Sojasauce

6 EL Gemüsebrühe (Rezept S. 54 oder aus dem Glas)

2 EL Erdnussöl

1 EL geröstetes Sesamöl

Pfeffer aus der Mühle

Zeitbedarf
• ca. 35 Minuten

So geht's

1. Das Gemüse waschen und putzen. Bohnen quer halbieren, in kochendem Salzwasser offen 8 Minuten kochen. In ein Sieb abgießen, kalt abschrecken und abtropfen lassen. Auberginen, Zucchini, Lauch und Paprika in mundgerechte Stücke schneiden.

2. Die Schalotten schälen, vierteln (s. Seite 16) und in ihre einzelnen Segmente teilen. Knoblauch schälen und in sehr dünne Scheiben schneiden. 5 EL Austernsauce, Sojasauce und Brühe miteinander verrühren.

3. Wok aufheizen, dann beide Öle darin erhitzen. Alle Gemüsesorten sowie Schalotten und Knoblauch dazugeben und bei starker Hitze in 4–5 Minuten unter ständigem Rühren bissfest braten.

4. Die angerührte Würzmischung zugießen und einmal kräftig aufkochen lassen. Das Gemüse mit Pfeffer und restlicher Austernsauce abschmecken.

BOHNEN-GEMÜSE

mit Kokos

Zutaten für 4 Portionen

700 g breite grüne Bohnen

Salz

1 Stück Ingwer (ca. 2 cm)

2 grüne Chilischoten

50 g frisches Kokosnussfleisch (s. Tipp S. 105)

1 EL Erdnussöl

1 EL geröstetes Sesamöl

½ TL schwarze Senfkörner

4 Stängel Koriandergrün

Pfeffer aus der Mühle

Zeitbedarf
• ca. 35 Minuten

So geht's

1. Die Bohnen waschen, putzen und schräg in ca. 3 cm lange Stücke schneiden. In kochendem Salzwasser offen 8 Minuten kochen. In ein Sieb abgießen, kalt abschrecken und abtropfen lassen.

2. Inzwischen den Ingwer schälen und sehr klein würfeln (s. Seite 28). Die Chilischoten waschen, putzen, entkernen und in feine Streifen schneiden (s. Seite 29). Das Kokosnussfleisch fein raspeln oder in kleine, hauchdünne Scheibchen hobeln (s. Seite 35).

3. Die Bohnen in ein Sieb abgießen, abschrecken und gut abtropfen lassen.

4. Wok aufheizen, dann beide Öle darin erhitzen. Die Senfkörner dazugeben, sofort abdecken, da die Körner anfangs springen. Ingwer, Chilis und Kokosnuss unterrühren und kurz anbraten. Bohnen hinzufügen und bei kleiner bis mittlerer Hitze unter gelegentlichem Rühren in 3–6 Minuten bissfest garen. Vom Herd nehmen.

5. Den Koriander waschen, trocken schütteln, Blättchen grob hacken (s. Seite 24) und unter die Bohnen mischen. Das Gemüse mit Salz und Pfeffer abschmecken.

Schmeckt als Beilage zu Reis, Garnelen, Fisch- oder auch Fleischcurrys.

HÜLSENFRÜCHTE – KICHERERBSEN ZUBEREITEN

KICHERERBSENTOPF
mit Käsewürfeln

DIESES GERICHT VERSTRÖMT EINEN UNVERGLEICHLICHEN DUFT NACH INGWER, KORIANDER UND DER INDISCHEN GEWÜRZMISCHUNG GARAM MASALA.

Zutaten für 4–6 Portionen

- 200 g getrocknete Kichererbsen
- 400 g Suppengemüse
- 1 Zwiebel, 1 Knoblauchzehe
- 1 Stück Ingwer (ca. 3 cm)
- 2 EL Ghee (ersatzweise Butterschmalz)
- 2 TL Garam Masala
- ½ TL Kurkumapulver
- Salz, Pfeffer aus der Mühle
- 1 l Gemüsebrühe (Rezept S. 54 oder aus dem Glas)
- 300 g festkochende Kartoffeln
- 400 g geschälte Tomaten
- 200 g tiefgekühlte junge Erbsen
- 200 g Paneer (s. Glossar)
- 4–5 Stängel Koriandergrün
- getrocknete Chilifäden zum Garnieren (nach Belieben)

besonderes Werkzeug
- Stabmixer

Zeitbedarf
- ca. 1 ½ Stunden
- 12 Stunden einweichen

So geht's

1. Getrocknete Kichererbsen mit 1 l kaltem Wasser bedecken und zugedeckt 12 Stunden (oder über Nacht) einweichen.

2. Kichererbsen abgießen [→a], abspülen und kurz abtropfen lassen. Mit etwa 1,2 l Wasser in einen Suppentopf füllen, aufkochen und zugedeckt bei mittlerer Hitze ca. 30 Minuten vorkochen.

3. Inzwischen das Suppengemüse waschen und putzen. Zwiebel, Knoblauch und Ingwer schälen. Alles klein würfeln (Ingwer s. Seite 28). Ghee in einem Topf erhitzen. Suppengemüse, Zwiebel, Knoblauch und Ingwer darin bei starker Hitze kurz anbraten. 1 ½ TL Garam Masala, Kurkuma, Salz und Pfeffer unterrühren. Mit Brühe knapp bedecken, aufkochen und zugedeckt bei mittlerer Hitze ca. 20 Minuten garen.

4. Inzwischen Kichererbsen in ein Sieb abschütten und abtropfen lassen. Die restliche Brühe im Suppentopf aufkochen. Kartoffeln schälen, waschen und klein würfeln. Kichererbsen, Kartoffeln, grob zerkleinerte Tomaten samt Saft und die tiefgekühlten Erbsen zur Brühe geben. Aufkochen und zugedeckt ca. 25 Minuten kochen lassen. Falls nötig, etwas Wasser angießen.

5. Das Suppengemüse fein pürieren und zum Binden unter den Eintopf mischen. Alles nochmals aufkochen lassen.

6. Käse würfeln, Koriander waschen und bis auf einige Blättchen zum Garnieren grob hacken (s. Seite 24). Käse und gehackten Koriander unter den Eintopf heben. Mit Salz und Pfeffer abschmecken und mit den restlichen Korianderblättchen, Garam Masala und nach Belieben einigen Chilifäden bestreut servieren.

Zu diesem Hauptgericht indisches Brot, z. B. knusprige Papadams (dünne Linsenfladen) oder Naan (lockere Hefefladen) servieren.

Die Variante

Kichererbsen in Ingwersauce

Die Kichererbsen wie im Rezept beschrieben einweichen, vorkochen und abtropfen lassen. 2 Zwiebeln, 1 Knoblauchzehe und 1 Stück Ingwer (ca. 4 cm) schälen und fein würfeln. Die Zwiebeln in 3 EL Öl unter Rühren hellbraun braten. Knoblauch und Ingwer zufügen, 2 Minuten mitbraten. 1 TL gemahlenen Koriander, 2 Msp. gemahlenen Kardamom, 1 TL frisch gepressten Zitronensaft und etwas Pfeffer einrühren. 2 mittelgroße Tomaten waschen, putzen, klein würfeln und untermischen. Alles ca. 6 Minuten schmoren, bis sich das Öl von der Tomaten-Gewürzmischung absetzt. 150 ml Gemüsebrühe zugeben, bei kleiner Hitze zu einer sämigen Sauce einköcheln lassen. Kichererbsen unterrühren, zusammen noch 10 Minuten kochen, salzen und pfeffern. Mit Garam Masala bestreut servieren.

DAS IST
WIRKLICH
WICHTIG

[a] EINWEICHWASSER Getrocknete Kichererbsen wie auch andere Hülsenfrüchte enthalten für den Körper unverträgliche und blähende Substanzen, die größtenteils ins Einweichwasser übergehen. Darum das Einweichwasser wegschütten und nicht mehr weiterverwenden. Zum Garen dann frisches Wasser oder Brühe nehmen.

[a]

DAS IST
WIRKLICH
WICHTIG

[a] BLUMENKOHL VORBEREITEN Den Strunk mitsamt den Blättern direkt unter dem Kohlkopf abschneiden. Den Blumenkohl in kleine Röschen teilen, dafür die Röschen mit der Hand abbrechen. Größere Röschen längs halbieren. Der Strunk hat viel Geschmack und kann mitgegessen werden. Dafür den Strunk schälen und den weichen Teil in Scheiben oder mundgerechte Würfel schneiden.

[b] BLUMENKOHL BRATEN Die Gemüsestücke zuerst in der Fett-Gewürz-Mischung wenden, so dass sie möglich ganz damit überzogen sind. Dann den Blumenkohl bei mittlerer Hitze rundherum hellbraun braten, dabei darauf achten, dass die Stücke in der Pfanne nebeneinander liegen.

HÜLSENFRÜCHTE UND GEMÜSE

MUNGBOHNEN
mit Blumenkohl und Kokosnuss

IN INDIEN KOMMEN HÜLSENFRÜCHTE SO HÄUFIG AUF DEN TISCH WIE BEI UNS DAS TÄGLICHE BROT. MIT GEMÜSE UND TYPISCHEN GEWÜRZEN KOMBINIERT WERDEN DARAUS VOLLWERTIGE HAUPTGERICHTE.

Zutaten für 4 Portionen

300 g getrocknete grüne Mungbohnen

1–2 rote Chilischoten

1 Lorbeerblatt

1 kg Blumenkohl

Salz

50 g frisches Kokosnussfleisch (s. Tipp)

8 Stängel Koriandergrün

4 EL Ghee (ersatzweise Butterschmalz)

1 TL Kreuzkümmelsamen

1 TL Zwiebelsamen (ind. Gewürz; s. Glossar)

½ TL Kurkumapulver

besonderes Werkzeug
- Dämpfeinsatz

Zeitbedarf
- ca. 55 Minuten
- 1 Stunde einweichen

So geht's

1. Die Bohnen in einem Sieb waschen und kurz abtropfen lassen. Bohnen in einer Schüssel mit kaltem Wasser bedecken und 1 Stunde einweichen. Danach in ein Sieb abgießen, kalt abbrausen und mit 300 ml frischem Wasser in einen Topf geben. Chilischoten waschen, putzen und hacken (s. Seite 29). Chilis und Lorbeerblatt zu den Bohnen geben, aufkochen und zugedeckt bei kleiner Hitze ca. 30 Minuten köcheln lassen, bis die Bohnen weich sind. Dabei öfter umrühren.

2. Inzwischen den Blumenkohl vorbereiten [→a] und waschen.

3. Röschen und Strunk in einen Dämpfeinsatz füllen. 300 ml Wasser mit ½ TL Salz in einem breiten Topf aufkochen. Dämpfeinsatz darüberstellen, zudecken. Bei starker Hitze 8–10 Minuten dämpfen, bis der Blumenkohl gerade gar, aber noch fest ist.

4. Kokosnuss mit einem Sparschäler in dünne Späne hobeln. Koriander waschen, trocken schütteln und die Blättchen abzupfen (s. Seite 24).

5. Ghee in einer großen beschichteten Pfanne erhitzen. Darin Gewürzsamen bei kleiner bis mittlerer Hitze braten, bis es zu knistern beginnt. Kurkuma einrühren und kurz mitbraten. Den Blumenkohl zur Gewürzmischung geben und darin braten [→b].

6. Bohnen und Kokosspäne zu dem Blumenkohl geben und vermengen. Mit Salz abschmecken. Das Gemüse zugedeckt noch 3–5 Minuten bei ausgeschaltetem Herd ziehen lassen, dann mit Korianderblättern bestreut servieren.

KOKOSNUSSFLEISCH schmeckt frisch am besten. Wenn Sie kein frisches Fleisch bekommen, 2–3 EL getrocknete Kokosspäne oder Kokosraspel in einer Schüssel mit etwa 100 ml heißem Wasser übergießen und quellen lassen. In ein Sieb abgießen und eventuell noch leicht ausdrücken.

Die Variante

Mungbohnen mit Soba-Nudeln und Möhren
100 g Mungbohnen wie im Rezept beschrieben einweichen. Anschließend in frischem Wasser nach Packungsangabe weich kochen. 200 g Möhren schälen, zuerst längs in dünne Scheiben, dann längs in dünne Streifen schneiden. 1 Stück Ingwer (ca. 2 cm) schälen und fein hacken. 1 Frühlingszwiebel putzen, waschen und in hauchfeine Ringe schneiden. 400 g japanische Soba-Nudeln nach Packungsangabe in Salzwasser garen. 2 EL Öl in einem Topf erhitzen, Ingwer darin anbraten. Möhren hinzufügen und 2–3 Minuten dünsten. Abgetropfte Bohnen und Nudeln und 100 ml Gemüsebrühe dazugeben. Mit 3–4 EL Sojasauce, 1–2 EL Reisessig und Salz abschmecken. Mit Frühlingszwiebelringen bestreut servieren.

GELBE LINSEN

mit Kreuzkümmel

Zutaten für 4 Portionen

250 g gelbe Linsen

½ TL Kurkumapulver

1 Bund Frühlingszwiebeln

1 Stück Ingwer (ca. 3 cm)

1 rote Chilischote

3 Stiele Koriandergrün

2 EL Ghee (ersatzweise Butterschmalz)

1 TL gemahlener Kreuzkümmel

Salz

Pfeffer aus der Mühle

1 TL Garam Masala

150 g Naturjoghurt (3,5 % Fett)

Zeitbedarf
- ca. 25 Minuten

So geht's

1. Die Linsen in einem Sieb waschen und abtropfen lassen. In einem Topf mit Kurkuma und 700 ml Wasser aufkochen und zugedeckt bei kleiner Hitze in 8–12 Minuten gar, aber nicht zu weich kochen.

2. Inzwischen die Frühlingszwiebeln putzen, waschen und in feine schräge Ringe schneiden. Den Ingwer schälen und fein reiben (s. Seite 28). Die Chilischote waschen, putzen, entkernen und in hauchdünne Ringe schneiden (s. Seite 29). Koriander waschen, trocken schütteln, Blättchen abzupfen und grob hacken (s. Seite 24).

3. Die Linsen in ein Sieb abgießen, dabei etwas vom Kochwasser auffangen.

4. Ghee in einem breiten Topf erhitzen. Frühlingszwiebeln, Ingwer und Chili darin unter Rühren ca. 2 Minuten braten. Den Kreuzkümmel dazugeben und kurz anschwitzen.

5. Abgetropfte Linsen zugeben, alles vermischen und kurz erhitzen. Falls die Linsen zu trocken sind, etwas Kochwasser zufügen. Linsen mit Salz und eventuell Pfeffer abschmecken, mit Garam Masala und Koriander bestreuen. Den Joghurt glatt rühren und getrennt dazu servieren.

Dazu schmecken indisches Brot wie Naan und oder Reis.

ROTE LINSEN

mit pikanter Mango

Zutaten für 4 Portionen

200 g rote Linsen

1 milde grüne Chilischote

4 Stiele Koriandergrün

2 grüne Kardamomkapseln

3 Gewürznelken

¼ Zimtstange

1 kleine reife, aber schnittfeste Mango (ca. 350 g)

2 EL Ghee (ersatzweise Butterschmalz)

2 EL frisch gepresster Limettensaft

Salz

besonderes Werkzeug
- Mörser

Zeitbedarf
- ca. 40 Minuten

So geht's

1. Linsen in einem Sieb waschen und abtropfen lassen. Chilischote waschen, putzen, entkernen und der Länge nach vierteln (s. Seite 29). Koriandergrün waschen, trocken schütteln und die Blättchen abzupfen (s. Seite 24).

2. Linsen in einem Topf mit 600 ml Wasser und den Chilivierteln aufkochen. Bei kleiner Hitze zugedeckt in 6–8 Minuten weich kochen.

3. Inzwischen die Kardamomsamen aus den Kapseln lösen (s. Seite 133) und mit Nelken und Zimt in einer Pfanne unter Rühren anrösten, bis sie duften. Kurz abkühlen lassen, dann fein mörsern.

4. Das Fruchtfleisch der Mango in ca. 1 cm große Stücke schneiden (s. Seite 31). Ghee in einer Pfanne erhitzen. Mango und Gewürzmischung darin bei mittlerer Hitze unter Rühren ca. 1 Minute dünsten.

5. Die Linsen in ein Sieb abgießen, abtropfen lassen, Chili entfernen. Linsen noch heiß mit der gewürzten Mango vermischen. Mit Limettensaft und Salz abschmecken und mit Korianderblättchen bestreut servieren.

Die Linsen werden traditionell als Beilage zu Fisch- und Fleischgerichten serviert. Dazu gibt es außerdem Reis.

MANGOSAFT hinterlässt hartnäckige, schwer zu entfernende Flecken auf Textilien. Deshalb beim Schälen und Schneiden vorsichtig hantieren.

ERBSENPÜREE

mit Würz-Zwiebeln

Zutaten für 4 Portionen

| 250 g gelbe Schälerbsen (s. Tipp) |
| 1 weiße Zwiebel |
| 1–2 Knoblauchzehen |
| 1 Stück Ingwer (ca. 2 cm) |
| 2 EL Ghee (ersatzweise Butterschmalz) |
| ½ TL Kurkumapulver |
| 2 Msp. gemahlener Kardamom |
| 750 ml Gemüsebrühe (s. Rezept S. 54 oder aus dem Glas) |
| Salz |
| frisch gemahlene Muskatnuss |
| Cayennepfeffer |
| 40 g Erbsen- oder Linsensprossen (nach Belieben) |
| 3 Frühlingszwiebeln |
| 1 TL gemahlener Kreuzkümmel |

besonderes Werkzeug
- Stabmixer

Zeitbedarf
- ca. 20 Minuten
- nach Bedarf 1 Stunde einweichen
- 40 Minuten – 1 ½ Stunden kochen

So geht's

1. Die Erbsen in einem Sieb waschen und kurz abtropfen lassen. Je nach Packungsanweisung Erbsen in einer Schüssel mit heißem Wasser bedecken und 1 Stunde einweichen. Danach in einem Sieb abtropfen lassen.

2. Zwiebel, Knoblauch und Ingwer schälen, alles grob würfeln (Ingwer s. Seite 28). ½ EL Ghee in einem Topf erhitzen. Zwiebel, Knoblauch und Ingwer darin bei mittlerer Hitze hellgelb anbraten. Kurkuma und Kardamom unterrühren, kurz andünsten. Die Erbsen und 500 ml Brühe hinzufügen, aufkochen und die Erbsen zugedeckt bei kleiner Hitze je nach Packungsanweisung in 40 Minuten – 1 ½ Stunden weich köcheln. Bei Bedarf die restliche Brühe nachgießen.

3. Erbsen samt Flüssigkeit fein pürieren. Wenn das Püree zu fest ist, noch etwas Brühe dazugeben, bis die gewünschte Konsistenz erreicht ist. Mit Salz, Muskatnuss und Cayennepfeffer abschmecken. Püree zugedeckt noch kurz ziehen lassen.

4. Inzwischen nach Belieben die Sprossen waschen und abtropfen lassen. Die Frühlingszwiebeln waschen, putzen und in dünne Ringe schneiden. Restliches Ghee in einer beschichteten Pfanne erhitzen, den Kreuzkümmel hinzufügen und ca. 20 Sekunden anrösten. Frühlingszwiebeln unterrühren und bei mittlerer Hitze 3–4 Minuten braten. Erbsenpüree in vorgewärmte Portionsschüsseln geben. Würz-Zwiebeln und Sprossen darüber verteilen.

In Indien wird dazu traditionell Brot, z. B. Naan (indische Hefefladen), oder Reis serviert.

GELBE SCHÄLERBSEN können Sie im Supermarkt kaufen, ebenso im Asienladen oder in speziellen indischen Lebensmittelläden. Es gibt ganze und halbe gelbe Erbsen im Angebot, die sich nur in der Länge der Garzeit unterscheiden.

CURRYS

FÜR SAUCENFANS: DER NAME ENTSPRINGT DEM HINDUWORT „CARI" UND BEDEUTET „SAUCE". HEUTE VERBINDET MAN DAMIT SOWOHL DAS GERICHT WIE DIE GEWÜRZ-MISCHUNG. CURRYS SCHMECKEN IN JEDEM LAND ANDERS, BASIEREN ABER IMMER AUF VIELEN GEWÜRZEN UND KRÄUTERN.

DAS IST WIRKLICH WICHTIG

WÜRZZUTATEN Ganze Gewürze wie Curryblätter, Sternanis und Vanilleschote sind nicht genießbar. Sie müssen entweder nach dem Abschmecken aus dem Curry entfernt oder beim Essen an den Rand des Tellers geschoben werden.

VEGGI-CURRY
mit Chapati

IN INDIEN SIND VEGETARISCHE CURRYS KEINE SELTENHEIT. DURCH DEN GEKONNTEN UMGANG MIT INTENSIVEN GEWÜRZEN SIND SIE ABER MINDESTENS GENAUSO GUT WIE VARIANTEN MIT FLEISCH.

Zutaten für 4 Portionen

- je 2 Zwiebeln und Knoblauchzehen
- 1 Stück Ingwer (ca. 3 cm)
- 500 g Blumenkohl
- je 1 rote und gelbe Paprikaschote, 2 EL Ghee
- 3–4 EL Currypulver, Salz
- 2 TL rosenscharfes Paprikapulver
- 350 ml Gemüsebrühe
- 300 tiefgekühlte grüne Bohnen
- 8 getrocknete Curryblätter
- 400 ml ungesüßte Kokosmilch
- 100 g Kokoscreme (s. Glossar)
- 1 Sternanis
- ½ Vanilleschote ohne Mark
- schwarzer Pfeffer aus der Mühle
- 4 Stängel Koriandergrün
- 1 Prise Zucker
- 1–2 EL frisch gepresster Limettensaft

Zeitbedarf
- ca. 50 Minuten

So geht's

1. Zwiebeln, Knoblauch und Ingwer schälen, alles fein würfeln (Ingwer s. Seite 28). Den Blumenkohl putzen und in kleine Röschen teilen. Die Stiele schälen und in Scheiben schneiden. Die Paprikaschoten waschen, vierteln und putzen. Paprikaviertel in mundgerechte Stücke schneiden.

2. Ghee in einem großen flachen Topf erhitzen. Zwiebeln, Knoblauch und Ingwer darin bei mittlerer Hitze ca. 3 Minuten anbraten. Currypulver und 1 kräftige Prise Salz unterrühren, ca. 1 Minute mitbraten. Paprikapulver, dann löffelweise 5–8 EL Gemüsebrühe unter die Würzzutaten rühren, bis eine sämige Sauce entsteht.

3. Blumenkohl, Paprika, Bohnen und Curryblätter in den Topf geben und unter gelegentlichem Rühren ca. 3 Minuten garen. Inzwischen Kokosmilch und Kokoscreme miteinander glatt rühren. Zum Gemüse geben, aufkochen und offen ca. 5 Minuten leicht köcheln lassen.

4. Sternanis, Vanilleschote und die restliche Brühe zum Gemüse geben. Mit Pfeffer würzen. Curry in 8–10 Minuten fertig garen, bis das Gemüse gerade bissfest ist, dabei gelegentlich umrühren.

5. Koriander waschen, trocken schütteln und grobe Stiele entfernen (s. Seite 24). Veggi-Curry mit Salz, Pfeffer, Zucker und Limettensaft abschmecken, Gewürze entfernen (s. Tipp) und mit Koriander bestreut servieren.

Dazu 8 Chapati (indische Vollkornfladen) reichen. Diese nach Packungsangabe kurz aufbacken

Die Variante

Schnelles Gemüsecurry mit Mandeln

100 g Mandeln in einer Pfanne ohne Fett goldgelb rösten. 2 Schalotten, 1–2 Knoblauchzehen und 1 Stück Ingwer (ca. 3 cm) schälen, fein würfeln und in 3 EL heißem Öl unter Rühren anbraten. Dann 2 TL rote Currypaste, 2 EL Currypulver, 1 TL Palmzucker (ersatzweise Rohrzucker) und 3 EL helle Sojasauce unterrühren. Alles kurz mitbraten. 400 ml Kokosmilch und 150 ml Wasser zugießen, aufkochen. Zum Schluß 600 g tiefgekühltes gemischtes Asia-Gemüse untermischen und zugedeckt bei kleiner Hitze köcheln lassen, bis das Gemüse gar, aber noch knackig ist. Die Mandeln unterrühren. Das Curry mit Salz abschmecken und mit Thai-Basilikumblättchen bestreut servieren.

CURRY VEGETARISCH ZUBEREITEN

EIER-KOKOS-CURRY
mit Tomaten und Erbsen

CURRYS ÜBERZEUGEN DURCH IHRE EINFACHE ZUBEREITUNG UND VIEL AROMA. DAZU BRAUCHT ES NICHT IMMER FLEISCH, WIE DIESE VEGETARISCHE VARIANTE MIT EIERN BEWEIST.

Zutaten für 4 Portionen

- 8 Eier
- 1 Zwiebel
- 1–3 Knoblauchzehen
- 250 g schnittfeste Tomaten
- 2 EL Ghee (ersatzweise Butterschmalz)
- 1 gehäufter EL rote Currypaste (Rezept S. 55 oder Fertigprodukt)
- 200 ml Gemüsebrühe (Rezept S. 54 oder aus dem Glas)
- 200 ml ungesüßte Kokosmilch
- 200 g tiefgekühlte junge Erbsen
- Salz, Zucker
- Chilipulver (s. Glossar)
- 1–2 EL frisch gepresster Limettensaft

Zeitbedarf
- ca. 30 Minuten

So geht's

1. Die Eier anstechen, in einen Topf legen und mit Wasser bedecken. Wasser zum Kochen bringen und Eier je nach Größe bei mittlerer Hitze in 8–10 Minuten hart kochen.

2. Inzwischen Zwiebel und Knoblauch schälen und klein würfeln. Die Tomaten häuten [→a] und mit den Kernen würfeln.

3. Ghee in einem großen flachen Topf erhitzen, Zwiebel und Knoblauch darin glasig dünsten. Tomaten, Currypaste und die Brühe zugeben, unter Rühren aufkochen und ca. 3 Minuten kochen lassen. Die Kokosmilch zugießen, erneut aufkochen, dann alles bei geringer Hitze ca. 10 Minuten köcheln lassen.

4. Währenddessen die Eier abgießen, kalt abschrecken, pellen und halbieren.

5. Tiefgekühlte Erbsen unter die Currysauce mischen, darin 4–5 Minuten garen, bis die Erbsen weich sind. Curry mit Salz, Zucker, Chilipulver und mit Limettensaft abschmecken. Die Eierhälften in die Sauce geben und noch kurz darin heiß werden lassen.

Dazu schmecken Duftreis, Basmati oder Naan (indische Hefefladen).

EIER EINKAUFEN Eier sind auf der Schale europaweit einheitlich gekennzeichnet: Die Zahl 0 steht für Bio, 1 für Freiland, 2 für Bodenhaltung, 3 für Käfighaltung. Die Buchstaben verraten das Herkunftsland, z. B. DE für Deutschland. Die folgende Nummer identifiziert den Herkunftsbetrieb.

[a]

DAS IST
WIRKLICH
WICHTIG

[a] **TOMATEN HÄUTEN** Den Stielansatz mit einem kleinen, scharfen Messer keilförmig herausschneiden. Die Tomaten in einer Schüssel mit kochend heißem Wasser übergießen und kurz warten, bis sich ihre Haut an den Schnittkanten leicht aufbiegt. Tomaten abgießen, mit kaltem Wasser abschrecken und die Haut abziehen.

THAI-FISCHCURRY

mit Paprikaschoten

Zutaten für 4 Portionen

600 g festfleischiges Fischfilet (z. B. Pangasius s. Tipp)

Salz

je 1 grüne und rote Paprikaschote

1 Stück Ingwer (ca. 2 cm)

3 frische Limettenblätter

200 ml ungesüßte Kokosmilch

1 EL gelbe Currypaste

200 ml Kokoswasser (s. Glossar)

2 EL Fischsauce

2 TL Palmzucker (ersatzweise Rohrzucker)

weißer Pfeffer aus der Mühle

1 EL frisch gepresster Limettensaft

Zeitbedarf
- ca. 30 Minuten

So geht's

1. Das Fischfilet waschen, trocken tupfen und in ca. 2 cm breite Streifen schneiden. Leicht salzen. Paprikaschoten waschen, vierteln, putzen und quer in feine Streifen schneiden. Den Ingwer schälen und fein hacken (s. Seite 28).

2. Limettenblätter waschen und trocken tupfen. Mit der glänzenden Seite nach innen längs zusammenfalten, festdrücken, dann den Stiel zur Blattspitze hin abziehen. Die Blatthälften übereinanderlegen und quer in hauchfeine Streifen schneiden (s. Seite 27).

3. Die Hälfte der Kokosmilch in einem Wok erhitzen. Currypaste und Ingwer zufügen, unter Rühren 2 Minuten leicht köcheln lassen. Restliche Kokosmilch, Kokoswasser, Paprika, die Hälfte der Limettenblätterstreifen, Fischsauce und Zucker unterrühren. Weitere 2 Minuten köcheln.

4. Das Fischfilet in die Sauce legen und darin zugedeckt bei kleiner Hitze in 3–4 Minuten gar ziehen lassen. Fischcurry mit Salz, Pfeffer und Limettensaft abschmecken. Mit restlichen Limettenblätterstreifen bestreuen.

Dazu schmeckt Thailändischer Duftreis oder Basmati.

PANGASIUS, der Trendfisch der letzten Jahre. Dennoch sollte er nur auf den Teller kommen, wenn er aus einer Öko-Aquakultur, z. B. in Vietnam stammt.

SÜSSKARTOFFEL-CURRY

mit Bohnen und Shiitake

Zutaten für 4 Portionen

2 Schalotten

1 Stück Ingwer (ca. 2 cm)

500 g Süßkartoffeln

3 EL Öl

1 EL rote Currypaste (Rezept S. 55 oder Fertigprodukt)

400 ml ungesüßte Kokosmilch

300 ml Gemüsebrühe (Rezept S. 54 oder aus dem Glas)

150 g Shiitake-Pilze

Salz

300 g tiefgekühlte feine grüne Bohnen (z. B. Prinzessbohnen)

2 EL helle Sojasauce

1–2 EL frisch gepresster Limettensaft

4 Stängel Thai-Basilikum

Zeitbedarf
- ca. 35 Minuten

1. Die Schalotten schälen und quer in dünne Scheiben schneiden. Ingwer schälen, fein würfeln (s. Seite 28). Süßkartoffeln waschen und schälen. Zuerst längs in 2–3 cm dicke Scheiben schneiden, dann in Stifte und danach in mundgerechte Würfel teilen (s. Seite 14).

2. In einem flachen Topf 2 EL Öl erhitzen, Zwiebel und Ingwer darin glasig dünsten. Currypaste und 4 EL Kokosmilch zufügen und 2–3 Minuten unter Rühren köcheln. Restliche Kokosmilch und Brühe zugießen, Kartoffeln unterrühren. Alles aufkochen und zugedeckt bei mittlerer Hitze ca. 10 Minuten köcheln lassen.

3. Inzwischen von den Shiitake die Stiele abschneiden und die Pilzhüte putzen. Kleine Hüte ganz lassen, größere halbieren (s. Seite 18). Restliches Öl in einer Pfanne erhitzen, die Pilze darin bei starker Hitze ca. 3 Minuten braten, salzen.

4. Tiefgekühlte Bohnen zum Curry geben und weitere 5 Minuten garen. Die gebratenen Pilze unterheben. Curry mit Sojasauce und Limettensaft abschmecken. Mit Basilikumblättchen (s. Seite 22) bestreut servieren.

SO SCHMECKT'S AUCH Die Süßkartoffeln durch festkochende Kartoffeln ersetzen und anstelle von grünen Bohnen kleine Blumenkohlröschen nehmen. Kurz vor dem Servieren noch 2–3 geviertelte Kirschtomaten unterheben.

INDIEN
GENUSS FÜR ALLE SINNE

JEDE MAHLZEIT SOLL ZUERST DIE AUGEN, DANN DIE NASE UND DANN DEN GAUMEN BEGEISTERN – EINE KÜCHE VOLLER DÜFTE, FARBEN UND ÜBERRASCHUNGEN.

FASZINATION KONTRASTE

Es mag paradox klingen, aber gerade die strengen Tabus der vielen Religionen in Indien machen die Küche so überaus abwechslungsreich. Fleisch und Fisch haben eher den Status von Beilagen. Dafür sind Hülsenfrüchte, wie etwa Linsen, Kichererbsen und Mungbohnen, aber auch Reis und Kartoffeln sowie Gemüse, Obst und Joghurt umso wichtiger. Die Küche in Nord- und Zentralindien ist eher mild-pikant als scharf, oft mit Sahne und orientalischen Gewürzen verfeinert. Zum Essen wird meist Brot gereicht. Die südlichen Regionen zeigen ein komplett anderes kulinarisches Bild: vegetarische Speisen, Chili-scharfe Currys, Kokosnüsse und Reis spielen hier eine große Rolle.

MEHR ALS DURSTLÖSCHER

Ob fruchtig oder pikant, kalt oder warm – für Inder sind gewürzte Getränke mehr als Durstlöscher, sie sollen auch die Sinne beleben. Mango-Lassi kennen wir schon vom Besuch im indischen Restaurant. Die Erfrischung aus Joghurt, Mango, etwas Zucker und ein, zwei Tropfen Rosenwasser kommt fein püriert und leicht gekühlt ins Glas. Für alle, die es lieber pikant mögen, ist Gurken-Lassi genau richtig. Dafür werden Joghurt, gewürfelte Gurke, etwas Limettensaft sowie ein Hauch Pfeffer und Kreuzkümmel schaumig aufgeschlagen. Als Erfrischung im Sommer ist Limonade aus Limettensaft, Zucker, einer Prise fruchtiger Gewürzmischung und Sodawasser beliebt. Und an kalten Tagen wärmt der berühmte Chai. Ein Tee aus etwa einem halben Dutzend Gewürzen und Schwarzteeblättern, der mit Milch aufgegossen und mit Zucker gesüßt wird.

AROMAFÜLLE FÜR DIE SINNE

Was alle Regionen dieses Subkontinents verbindet, ist die leidenschaftliche Liebe zu Gewürzen. Ob getrocknet, geröstet, gemahlen oder zu einer Paste verarbeitet, Gewürze geben indischen Speisen ihren unverwechselbaren Charakter. Die Gewürzmischungen, Masalas genannt, werden für jedes Gericht individuell kombiniert und sollen Körper und Geist stimulieren.

ALTE INDISCHE HEILKUNST

Der Mensch fühlt sich wohl und bleibt gesund, wenn Körper, Geist und Seele miteinander im Einklang sind. Das besagt die jahrtausendealte indische Lehre Ayurveda, übersetzt „das Wissen vom langen Leben". Ayurveda stellt einen alltagstauglichen Weg zu mehr Gesundheit, Energie und innerem Gleichgewicht dar. Dabei stehen Öl-Massagen, Bäder, Sauna, Kräutermixturen und eine spezielle Ernährung im Mittelpunkt. Letztere wird individuell auf den Stoffwechsel abgestimmt. Die Speisen sind frisch und schonend zubereitet, schmecken mal mild, mal wunderbar würzig und machen jedem Gaumen Freude. Ayurveda-Kuren kann man authentisch in Indien miterleben, sie werden aber auch schon hierzulande angeboten.

MAL DÜNN, MAL DICK

In den nördlichen Regionen Indiens spielen Getreide und Brot eine tragende Rolle. Etliche Brotsorten sind über die Grenzen Indiens bekannt und können auch bei uns in Asia-Läden oder im Supermarkt gekauft werden. Papadams zum Beispiel sind hauchdünne Linsenfladen, die knusprig ausgebacken werden. Es gibt sie natur, aber auch mit Knoblauch, Fenchelsamen oder schwarzem Pfeffer gewürzt. Chapati heißen Vollkornfladen, die man warm als Beilage isst oder auch füllen kann. Naan sind dicke, fluffige Hefefladen, die – pur oder gewürzt – besonders gut zu Currys schmecken.

DAS IST
WIRKLICH
WICHTIG

[a] SCHONEND AUFTAUEN Werden Meeresfrüchte langsam aufgetaut, verliert das Fleisch weniger Flüssigkeit und bleibt dadurch saftiger. Dafür tiefgekühlte Meeresfrüchte in ein Sieb geben, dieses in eine passende Schüssel hängen oder darunter einen tiefen Teller stellen und im Kühlschrank innerhalb einiger Stunden oder über Nacht auftauen lassen.

AUFTAUWASSER IN EINER SCHÜSSEL AUFFANGEN.

MEERESFRÜCHTE-CURRY
mit Thai-Spargel

THAI-CURRYS SCHMECKEN VÖLLIG ANDERS ALS INDISCHE, SIND DABEI ABER NICHT WENIGER SCHARF. PROBIEREN SIE DIESE SCHARF-SÜSSE VARIANTE AUCH MAL MIT FESTFLEISCHIGEM FISCHFILET.

Zutaten für 4 Portionen

- 600 g gemischte tiefgekühlte Meeresfrüchte (küchenfertig)
- 2 Limettenblätter
- 200 g Thai-Spargel (ersatzweise grüner Spargel)
- 1 Dose ungesüßte Kokosmilch (400 ml)
- 1 EL gelbe oder grüne Currypaste (Rezept S. 55 oder Fertigprodukt)
- 2 TL Garnelenpaste
- 3 EL Fischsauce
- 2 TL Palmzucker (ersatzweise Rohrzucker)
- 150 ml Kokoswasser (ersatzweise Wasser; s. Glossar)
- 1–2 EL frisch gepresster Limettensaft
- 6 Stängel Koriandergrün

Zeitbedarf
- ca. 35 Minuten
- Auftauzeit

So geht's

1. Die tiefgekühlten Meeresfrüchte auftauen lassen [→a]. Anschließend in einem Sieb abbrausen und gut abtropfen lassen. Falls nötig, in kleinere Stücke schneiden.

2. Die Limettenblätter waschen und trocken tupfen. Mit der glänzenden Seite nach innen längs zusammenfalten, festdrücken und den Stiel zur Blattspitze hin abziehen. Die Blatthälften übereinanderlegen und quer in hauchfeine Streifen schneiden (s. Seite 27). Den Spargel waschen und putzen (s. Seite 17). Die Stangen je nach Länge quer halbieren.

3. Die Kokosmilchdose ungeschüttelt öffnen und von der oberen dicken Schicht, der Kokossahne, 3 EL in einen Wok oder einen großen flachen Topf geben. Die Currypaste zufügen, beides erhitzen und bei kleiner Hitze ca. 2 Minuten unter Rühren sanft kochen lassen, bis die Oberfläche glänzt. Limettenblätter, Garnelenpaste, 2 EL Fischsauce und Zucker einrühren. Restliche Kokosmilch und das Kokoswasser zugießen. Alles aufkochen.

4. Aufgetaute Meeresfrüchte in die Sauce geben, bei kleiner Hitze unter gelegentlichem Rühren ca. 5 Minuten garen. Spargel zugeben und 3–4 Minuten mitgaren. Meeresfrüchte-Curry mit restlicher Fischsauce und Limettensaft abschmecken.

5. Koriandergrün waschen, trocken schütteln und grobe Stiele entfernen. Zarte Stiele mit Blättchen vor dem Servieren über das Curry streuen.

Die Variante

Grünes Garnelencurry
500 g rohe Garnelenschwänze schälen und bei Bedarf den dunklen Darmfaden entfernen. Garnelen kalt abbrausen und trocken tupfen. 200 g Thai-Spargel waschen und putzen. Von 400 ml ungesüßter Kokosmilch 3 EL abnehmen und mit 1 EL grüner Currypaste in einem Wok erhitzen, dann bei kleiner Hitze ca. 3 Minuten unter Rühren köcheln lassen. 2 TL Garnelenpaste mit 3 EL Fischsauce und 2 TL Palmzucker einrühren. Restliche Kokosmilch, 150 ml Kokoswasser zugießen und aufkochen. Garnelen und Spargel in die Sauce geben und bei kleiner Hitze in 4–5 Minuten gar ziehen lassen. Mit Fischsauce und 1–2 EL Limettensaft abschmecken. Von ½ Bund Thai-Basilikum (am besten Bai Horapa) die Blättchen abzupfen und unterheben.

CURRY AUS DEM OFEN

RED SNAPPER
mit Tomaten und Sesam

OBWOHL ES AUF DEN ERSTEN BLICK NICHT SO AUSSIEHT, GEHÖRT AUCH DIESES GERICHT ZU DEN CURRY-ZUBEREITUNGEN. MAN FINDET SIE IN EINIGEN REGIONEN CHINAS UND IN SÜDKOREA.

Zutaten für 4 Portionen

- 4 küchenfertige Red Snapper (à ca. 350 g; s. Tipp)
- 100 g Schalotten
- 3 Knoblauchzehen
- 1 Stück Ingwer (ca. 4 cm)
- 2 getrocknete Chilischoten
- 1 Bio-Orange, 3 EL Erdnussöl
- 1 EL Fünf-Gewürze-Pulver
- 1 EL gemahlener Koriander
- 2 EL Palmzucker
- 1 EL Fischsauce
- 2–3 EL helle Sojasauce
- 500 ml Gemüsebrühe
- 300 g Tomaten
- 1 gehäufter EL Speisestärke
- 2 EL schwarze Sesamsamen
- 2 Frühlingszwiebeln
- ¼ Bund Thai-Basilikum

besonderes Werkzeug
- Auflaufform (ca. 24 x 30 cm)

Zeitbedarf
- ca. 1 ½ Stunden

So geht's

1. Ganze Fische bei Bedarf langsam im Kühlschrank auftauen lassen. Schalotten, Knoblauchzehen und Ingwer schälen, alles klein würfeln (Ingwer s. Seite 28). Die Chilischoten mit dem Messer fein hacken oder mit den Fingern zerbröseln, nach Belieben die Kerne entfernen, so wird das Curry weniger scharf. Orangen waschen, trocken reiben und 1 TL Schale abreiben.

2. Öl in einem breiten Topf erhitzen. Schalotten, Knoblauch und Ingwer darin kurz anbraten. Chilibrösel, Fünf-Gewürze-Pulver, gemahlenen Koriander, Orangenschale und Zucker unterrühren und bei mittlerer Hitze ca. 2 Minuten mitrösten. Fischsauce, Sojasauce und Brühe zugießen, aufkochen und zugedeckt 5 Minuten leicht köcheln lassen.

3. Inzwischen die Tomaten waschen, trocken tupfen und die Stielansätze herausschneiden. Tomaten würfeln und in den Topf geben. Alles noch weitere 5 Minuten köcheln lassen. Die Stärke mit etwas kaltem Wasser glatt rühren, in die Würzsauce rühren und bei kleiner Hitze ca. 2 Minuten kochen, bis die Sauce beginnt anzudicken.

4. Den Backofen auf 220 °C vorheizen (Ober- und Unterhitze; Umluft 200 °C). Die Fische innen und außen abbrausen und trocken tupfen. Gut die Hälfte der Würzsauce in die Auflaufform füllen. Die Fische nebeneinander darauflegen und die restliche Sauce darüber verteilen. Fische im vorgeheizten Ofen (Mitte) ca. 20 Minuten garen.

5. Währenddessen die Sesamsamen rösten [→a]. Frühlingszwiebeln putzen, waschen und schräg in feine Ringe schneiden. Basilikum waschen, trocken schütteln, Blättchen von den Stielen lösen und kleiner zupfen. Sesam, Frühlingszwiebeln und Kräuter vor dem Servieren über die Fische streuen.

Als Beilagen schmecken Thailändischer Duftreis oder Basmati und grünes Gemüse wie zum Beispiel Schlangen- oder Flügelbohnen (s. Seite 14/15).

SO SCHMECKT´S AUCH Für dieses Rezept eignen sich alle Portionsfische. Probieren Sie z. B. auch mal Rotbarben, Wolfsbarsch, Zahn- oder Goldbrasse. Oder greifen Sie zu Süßwasserfischen wie Saibling oder Forelle. Tiefgekühlte Fische am besten über Nacht im Kühlschrank auftauen lassen.

SESAMSAMEN AUS DER PFANNE NEHMEN, WENN SIE ANFANGEN ZU DUFTEN.

[a]

DAS IST
WIRKLICH
WICHTIG

[a] **SESAM RÖSTEN** Die Sesamsamen in einer kleinen beschichteten Pfanne ohne Fett bei mittlerer Hitze unter Rühren rösten, bis sie anfangen zu duften. Sofort aus der Pfanne auf einen Teller geben, damit sie nicht zu dunkel werden, und abkühlen lassen. Durch das Rösten verstärkt sich das nussige Aroma der Sesamsamen, was in der ostasiatischen Küche besonders bei der Zubereitung von Fisch- und Gemüsegerichten beliebt ist.

HÄHNCHENBRUST
in Curry-Erdnuss-Sauce

INDONESIER LIEBEN ERDNÜSSE, DARUM KOMMEN SIE AUCH INS CURRY. DAS EINZIGARTIGE AROMA DER NÜSSE HARMONIERT PERFEKT MIT KNOBLAUCH, INGWER UND LIMETTE IN DER SAUCE.

Zutaten für 4 Portionen

- 2 Schalotten
- 2–3 Knoblauchzehen
- 1 Stück Ingwer (ca. 3 cm)
- 1 Bio-Limette
- 120 g geröstete, gesalzene Erdnüsse
- 2 EL Palmzucker (ersatzweise Rohrzucker)
- 1–2 EL rote Currypaste (Rezept S. 55 oder Fertigprodukt)
- 600 g Hähnchenbrustfilet
- 3 Frühlingszwiebeln
- 150 g Bohnensprossen
- 3 Stängel Thai-Basilikum
- 5 EL Öl
- 2 EL Ketjap manis (s. Glossar)
- 800 ml Hühnerbrühe (Rezept S. 54 oder aus dem Glas)
- Salz, 1 gestr. EL Speisestärke

besonderes Werkzeug
- Stabmixer

Zeitbedarf
- ca. 50 Minuten

So geht's

1. Schalotten, Knoblauch und Ingwer schälen und klein würfeln (Ingwer s. Seite 28). Die Limette heiß waschen, abtrocknen und 1 TL Schale fein abreiben. 3 EL Limettensaft auspressen. Alles mit Erdnüssen, Zucker und Currypaste sehr fein pürieren.

2. Hähnchenfleisch unter kaltem Wasser abbrausen, trocken tupfen und in mundgerechte Stücke schneiden. Die Frühlingszwiebeln waschen, putzen, in ca. 4 cm lange Stücke, dann längs in feine Streifen schneiden. Bohnensprossen verlesen, waschen und abtropfen lassen. Basilikum waschen, trocken schütteln und Blättchen abzupfen (s. Seite 22).

3. Zuerst einen Wok aufheizen, dann 2 EL Öl darin erhitzen. Die Gewürzpaste darin bei starker Hitze kräftig anbraten, Ketjap manis unterrühren. Brühe zugießen, einmal aufkochen, dann alles bei mittlerer Hitze 8–10 Minuten unter gelegentlichem Rühren köcheln lassen.

4. Inzwischen restliches Öl in einer großen Pfanne erhitzen, Frühlingszwiebeln und Sprossen darin bei starker Hitze unter Wenden 1–2 Minuten braten. Herausheben und mit Basilikum vermischen. Das Fleisch in der Pfanne im übrigen Bratfett portionsweise in je 3–4 Minuten anbraten, leicht salzen.

5. Die Stärke mit etwas kaltem Wasser glatt rühren, in die Sauce einrühren und so lange kochen lassen, bis die Sauce bindet. Gesamtes Hähnchenfleisch unter die Erdnuss-Sauce im Wok mischen, einmal aufkochen lassen. Abschmecken.

6. Hähnchen-Curry in Schalen anrichten und den Sprossen-Mix darauf verteilen.

Dazu schmecken Reisbandnudeln oder Jasminreis.

ERDNÜSSE werden in China, Indien und Indonesien in großen Mengen angebaut. Sie gehören rein botanisch nicht zu den echten Nüssen, sondern zu den Hülsenfrüchten und sind mit Erbsen und Bohnen verwandt. Erdnüsse wachsen an Wurzelballen und werden für den Verzehr getrocknet.

HÄHNCHEN
in Pfeffer-Marinade

HIER ZEIGT SICH DIE INDISCHE KÜCHE IN VOLLER AROMENVIELFALT. NEBEN DER PFEFFRIGEN SCHÄRFE ÜBERRASCHT DIESES CURRY MIT VIELEN WEITEREN WÜRZIGEN NUANCEN.

Zutaten für 4 Portionen

- 1 küchenfertige Poularde (1,2 – 1,3 kg; vom Metzger in 8 Portionsstücke zerlegen lassen)
- 1 Bund Koriandergrün
- 3 – 4 Knoblauchzehen
- 1 Stück Ingwer (ca. 3 cm)
- 1 rote Chilischote
- 2 EL schwarze Pfefferkörner
- 4 EL frisch gepresster Limettensaft, Salz
- 150 g Naturjoghurt (3,5 % Fett)
- 4 Frühlingszwiebeln
- 1 Tomate (ca. 150 g), 4 EL Öl
- 2 – 3 TL rote Currypaste (Rezept S. 55 oder Fertigprodukt)
- 300 ml Hühnerbrühe (Rezept S. 54 oder aus dem Glas)
- 1 TL Garam Masala

besonderes Werkzeug
- Stabmixer

Zeitbedarf
- ca. 1 Stunde
- 1 ½ Stunden marinieren

So geht's

1. Poulardenstücke häuten. Fleisch unter kaltem Wasser abbrausen, trocken tupfen.

2. Für die Pfeffer-Marinade den Koriander waschen, trocken schütteln und grobe Stiele entfernen. 1 – 2 Stängel zum Garnieren beiseitelegen. Knoblauch und Ingwer schälen und grob hacken (Ingwer s. Seite 28). Die Chilischote waschen, längs halbieren und nach Belieben entkernen (s. Seite 29). Alles mit Pfefferkörnern, Limettensaft, 2 TL Salz und Joghurt fein pürieren. Die Poulardenstücke mit der Marinade in einer Schüssel gut vermengen und zugedeckt im Kühlschrank 1 Stunde 30 Minuten marinieren.

3. Die Frühlingszwiebeln waschen, putzen und in Ringe schneiden. Die Tomate waschen, vom Stielansatz befreien und in Würfel schneiden.

4. Das Öl in einem großen flachen Topf erhitzen. Frühlingszwiebeln, Tomaten und Currypaste darin unter Rühren bei mittlerer Hitze ca. 3 Minuten andünsten. Poulardenteile samt Marinade dazugeben und unter Wenden 5 Minuten leicht anbraten.

5. Die Brühe zugießen, aufkochen und das Fleisch zugedeckt 20 – 25 Minuten leicht kochen lassen, dabei die Stücke gelegentlich wenden. Curry mit Salz abschmecken. Zum Servieren mit Garam Masala bestreuen und mit restlichem Koriandergrün garnieren.

SCHWARZER PFEFFER Mit einer indischen Pfeffersorte, z. B. schwarzen Pfefferkörnern der Regionen Malabar an der Westküste Indiens, wird das Curry besonders authentisch. Malabar-Pfeffer hat einen feinen Geruch, ist scharf, aber gleichzeitig aromatisch.

DAS IST WIRKLICH WICHTIG

[a] **HAUT EINSCHNEIDEN** Das geht am besten mit einem wirklich scharfen Messer. Zuerst parallel, in ca. 0,5 cm Abstand, die Entenhaut schräg einschneiden. Dann längs dazu mit weiteren engen Schnitten ein Rautenmuster einritzen. Dabei aber nicht in das Fleisch schneiden. Je enger das Muster, desto mehr Fett brät aus und umso knuspriger wird die Haut.

[b] **ENTENBRUST BRATEN** Filets mit der Hautseite nach unten in die Pfanne legen und darin ohne Fettzugabe bei kleiner bis mittlerer Hitze zunächst ca. 12 Minuten braten, bis die Haut knusprig ist. Dann die Filets wenden und auf der Fleischseite in weiteren 6–8 Minuten fertig braten.

> SO ROSA GEBRATEN SIND DIE ENTENBRUSTFILETS GENAU RICHTIG.

ENTEN-CURRY
mit frischer Mango

IN THAILAND WIRD FÜR DIESE CURRY-VARIANTE DIE ENTENBRUST ERST MARINIERT, DANN WUNDERBAR KNUSPRIG ANGEBRATEN UND SCHLIESSLICH AUF DER CURRY-MANGO-SAUCE SERVIERT.

Zutaten für 4 Portionen

- 2 fleischige Entenbrustfilets mit Haut (à ca. 350 g)
- 1 EL helle Sojasauce
- 2 TL flüssiger Honig
- 1 TL Öl
- schwarzer Pfeffer aus der Mühle
- 300 g Zuckerschoten
- 3 Stängel Asia-Minze
- 1 reife, schnittfeste Mango
- 300 ml ungesüßte Kokosmilch
- 2–3 TL rote Currypaste (Rezept S. 55 oder Fertigprodukt)
- 100 ml Hühnerbrühe (Rezept S. 54 oder Fertigprodukt)
- 2 TL heller Palmzucker (ersatzweise Rohrzucker)
- 2 EL Fischsauce
- Salz
- 1–2 TL frisch gepresster Limettensaft

Zeitbedarf
- ca. 45 Minuten

So geht's

1. Die Entenbrustfilets kalt abbrausen und gut trocken tupfen. Die Haut rautenförmig einschneiden [→a]. Sojasauce mit Honig, Öl und etwas Pfeffer verrühren und die Entenbrüste damit rundum einpinseln, mindestens 15 Minuten marinieren.

2. Inzwischen Zuckerschoten waschen und abtropfen lassen. Von beiden Seiten die Enden abschneiden, dabei eventuell vorhandene Fäden gleich mit abziehen. Zuckerschoten schräg halbieren. Minze waschen, trocken schütteln und die Blätter von den Stielen zupfen (s. Seite 25). Mango waschen und trocken reiben. Fruchtfleisch samt Schale so nah wie möglich am Kern abschneiden. Das Fruchtfleisch mit einem Löffel aus beiden Schalenhälften herauslösen und in 0,5 cm dicke Scheiben schneiden. Das Kernstück ebenfalls schälen und restliches Fruchtfleisch mithilfe einer Gabel und einem Messer vom Kern abschneiden (s. Seite 31).

3. Eine Pfanne aufheizen und die Entenbrustfilets darin knusprig braten [→b]. Auf einen Teller legen und ca. 5 Minuten ruhen lassen.

4. Während das Fleisch brät, in einem Wok 100 ml Kokosmilch und die Currypaste unter Rühren erhitzen und bei kleiner Hitze ca. 2 Minuten sanft kochen lassen. Restliche Kokosmilch, Brühe, Zucker und Fischsauce zugeben, weitere ca. 3 Minuten köcheln lassen. Die Zuckerschoten in die Sauce geben und darin bissfest garen. Sauce vom Herd nehmen. Mangoscheiben und -stücke und Minzeblätter unterheben. Die Sauce mit Salz und mit Limettensaft abschmecken.

5. Entenbrustfilets in dünne Scheiben schneiden und zum Servieren auf der Curry-Mango-Sauce anrichten.

Dazu schmecken Langkorn-Klebreis oder Duftreis.

SO SCHMECKT´S AUCH Ananas und Litschis eignen sich anstelle der Mango auch gut für diese Currysauce. Dafür das Ananasfleisch in Würfel schneiden (s. Seite 30) oder Litschis schälen und entkernen (s. Seite 33), dann unter die Sauce heben.

CURRYS – MIT KOKOSSAHNE KOCHEN

GRÜNES CURRY
mit Auberginen und Hähnchen

BEI DIESEM THAI-CURRY GEBEN GRÜNE GEWÜRZE UND KRÄUTER DEN TON AN. DIE GRÜNE CURRYPASTE SORGT AUSSERDEM FÜR EINE SCHÖNE FRISCHE FARBE UND ANGENEHME SCHÄRFE.

Zutaten für 4 Portionen

400 g Hähnchenbrustfilet

1 Stängel Zitronengras

4 runde Mini-Thai-Auberginen (ca. 200 g; ersatzweise 200 g europ. Auberginen)

1 Dose ungesüßte Kokosmilch (400 ml)

1 EL grüne Currypaste (Rezept S. 55 oder Fertigprodukt)

2 EL Fischsauce

2 TL Palmzucker (ersatzweise Rohrzucker)

6 Kirschtomaten

¼ Bund Thai-Basilikum

Salz

Zeitbedarf
- ca. 35 Minuten

So geht's

1. Hähnchenfleisch kalt abbrausen, trocken tupfen, je nach Breite längs halbieren oder dritteln. Danach die Fleischstreifen quer in ca. 0,5 cm dicke Scheiben schneiden. Zitronengras waschen, putzen und den unteren hellen weichen Teil in sehr dünne Scheiben schneiden (s. Seite 26). Die Mini-Auberginen waschen, putzen und vierteln (s. Seite 13).

2. Den Wok erhitzen. 3 EL Kokossahne von der Kokosmilch abnehmen [→a] und im Wok 2–3 Minuten sanft köcheln lassen. Die Currypaste einrühren [→b].

3. Hähnchenfleisch, Zitronengras, Auberginen, restliche Kokosmilch, 150 ml Wasser, Fischsauce und Zucker in den Wok geben. Alles aufkochen und bei kleiner Hitze unter gelegentlichem Rühren ca. 10 Minuten mehr ziehen als kochen lassen, bis das Hähnchenfleisch gar ist.

4. Inzwischen die Tomaten waschen, trocken tupfen und quer halbieren. Basilikum waschen, trocken schütteln, die Blätter von den Stielen lösen und nach Belieben kleiner zupfen (s. Seite 22).

5. Hähnchen-Curry vom Herd nehmen, Tomaten und zwei Drittel des Basilikums unterrühren. Curry mit Salz abschmecken und mit restlichem Basilikum bestreut servieren.

WIE SCHARF DARF ES SEIN? In Thailand isst man Currys gerne sehr scharf. Bei diesem Rezept wird die Currypaste dagegen relativ sparsam verwendet. Je nach Ihren Vorlieben können Sie den Schärfegrad mit der Zugabe von mehr oder weniger Currypaste verändern.

DAS IST
WIRKLICH
WICHTIG

[a] KOKOSSAHNE setzt sich auf der Kokosmilch ab, wenn diese länger steht. Um an die Kokossahne zu gelangen, die Kokosmilchdose auf keinen Fall vor dem Öffnen schütteln. Die dickcremige Schicht, die nach dem Öffnen zu sehen ist, ist die Kokossahne. Diese kann ganz einfach mit einem Löffel von der dünnflüssigen Kokosmilch abgenommen werden und ist ideal zum Andünsten geeignet.

[b] SAUCEN-ANSATZ Die Currypaste zur köchelnden Kokosmilch in den Wok geben und am besten mit einem Spatel glatt rühren. So lange unter Rühren bei geringer Hitze kochen lassen, bis sich das Fett an der Oberfläche absetzt und der Saucen-Ansatz ölig glänzt. Das dauert 2–3 Minuten. Zu diesem Zeitpunkt haben sich die Aromen gut verbunden.

DAS IST WIRKLICH WICHTIG

[a] PORTIONSWEISE ANBRATEN Damit das Fleisch bräunen und Aroma entwickeln kann, darf sich beim Anbraten nicht zu viel Flüssigkeit bilden. Deshalb das Fleisch nacheinander in 2–3 Portionen bei starker Hitze unter Rühren braun anbraten. Angebratene Fleischportionen mit einem Schaumlöffel-Sieb aus dem Topf heben und beiseite stellen.

[b] ZWIEBELN RÖSTEN Das Öl in einer Pfanne sehr heiß werden lassen. Dann Schalotten bei mittlerer Hitze im heißen Öl rundum in 10–12 Minuten goldgelb und knusprig braten, dabei die Pfanne ab und an schütteln. Zwiebeln mit einem Schaumlöffel-Sieb herausheben und auf Küchenpapier abtropfen lassen.

[a]

SO GOLDGELB SIND DIE RÖSTZWIEBELN GENAU RICHTIG.

[b]

RINDFLEISCH-CURRY
mit Röstzwiebeln und Gurke

DIESES INDONESISCHE CURRY BRAUCHT ETWAS ZEIT, IST BEI TISCH ABER DANN SEHR GESELLIG, DENN JEDER BEDIENT SICH SELBST VON DEN BEILAGEN AUS RÖSTZWIEBELN, GURKE UND KRABBENCHIPS.

Zutaten für 4 Portionen

- 250 g Schalotten
- 3 Knoblauchzehen
- 1 Stück Ingwer (ca. 4 cm)
- 4 Stängel Zitronengras
- 1 kleine grüne Chilischote
- 2 EL edelsüßes Paprikapulver
- 1 EL Kurkumapulver
- 1 TL gemahlener Kreuzkümmel
- 1 kg Rindfleisch zum Schmoren (aus der Nuss, Schulter, Wade)
- 140 ml Öl, Salz
- 2 Limettenblätter
- 600 ml ungesüßte Kokosmilch
- 200 ml Rindfleischbrühe (Rezept S. 54 oder aus dem Glas)
- 400 g Gärtner- oder Salatgurke
- 2 TL Speisestärke, Sambal Oelek

besonderes Werkzeug
- Blitzhacker

Zeitbedarf
- ca. 1 Stunde
- 5 Stunden marinieren
- 1 ½ – 2 Stunden schmoren

So geht's

1. Für die Gewürzpaste 100 g Schalotten, Knoblauch und Ingwer schälen und grob würfeln (Ingwer s. Seite 28). Zitronengras waschen, putzen und den unteren weichen Teil in dünne Scheiben schneiden (s. Seite 26). Die Chilischote waschen, putzen, halbieren und nach Belieben entkernen. Chilihälften in grobe Stücke schneiden (s. Seite 29). Alle vorbereiteten Zutaten mit Paprikapulver, Kurkuma und Kreuzkümmel im Blitzhacker zu einer nicht zu feinen Gewürzpaste zerkleinern.

2. Rindfleisch kalt abbrausen, trocken tupfen und in mundgerechte, aber nicht zu kleine Stücke schneiden. In einer Schüssel mit der Gewürzpaste vermengen und zugedeckt mindestens 5 Stunden oder über Nacht marinieren.

3. 4 EL Öl in einem Schmortopf erhitzen und das marinierte Fleisch darin portionsweise kräftig anbraten [→a], salzen. Gesamtes Fleisch zurück in den Schmortopf geben.

4. Die Limettenblätter waschen und trocken tupfen. Mit Kokosmilch und Brühe zum Rindfleisch geben. Aufkochen und zugedeckt bei kleiner Hitze 1 ½ – 2 Stunden schmoren, bis das Fleisch zart ist. Dabei ab und zu umrühren.

5. Inzwischen für die Röstzwiebeln die restlichen Schalotten schälen und in dünne Scheiben schneiden. In einer Pfanne restliches Öl (100 ml) erhitzen und Schalotten darin knusprig braten [→b]. Die Gurke waschen, trocken tupfen, längs halbieren, nach Belieben entkernen und in dünne Scheiben schneiden.

6. Stärke mit etwas Wasser glatt rühren, in das Curry einrühren und unter Rühren einmal kräftig aufkochen lassen, bis die Sauce sämig wird. Mit Salz abschmecken. Röstzwiebeln, Gurkenscheiben und Sambal Oelek getrennt zum Rindfleisch-Curry servieren.

Als Beilage Basmati und nach Belieben Krupuk (s. Glossar) dazu reichen.

SO SCHMECKT'S AUCH Röstzwiebeln gibt es auch als Fertigprodukt zu kaufen und sind für die schnelle Küche ein guter Ersatz.

SCHWEINEBAUCH

mit grünem Pfeffer

Zutaten für 4 Portionen

400 g magerer Schweinebauch (vom Metzger in 0,5 cm dünne Scheiben schneiden lassen)

1 Dose ungesüßte Kokosmilch (400 ml)

200 ml Rindfleischbrühe (Rezept S. 54 oder aus dem Glas)

1 Schalotte

1 Knoblauchzehe

1 Stück Ingwer (ca. 3 cm)

1 EL rote Currypaste (Rezept S. 55 oder Fertigprodukt)

3 EL Fischsauce

2 TL Palmzucker (ersatzweise Rohrzucker)

3–4 frische grüne Pfefferrispen (ersatzweise 2 EL grüne Pfefferbeeren aus dem Glas)

1 gelbe oder orangene Paprikaschote

Salz

besonderes Werkzeug
- Stabmixer

Zeitbedarf
- ca. 40 Minuten
- ca. 1 Stunde garen

So geht's

1. Fleisch kalt abbrausen, trocken tupfen und in einen großen flachen Topf geben. Kokosmilchdose ungeschüttelt öffnen, Kokossahne abnehmen und beiseitestellen. 100 ml Brühe und Kokosmilch über das Fleisch gießen. Aufkochen und zugedeckt bei kleiner Hitze 1 Stunde köcheln lassen.

2. Schalotte, Knoblauch und Ingwer (Ingwer s. Seite 28) schälen und grob zerkleinern. Zusammen mit Kokossahne, Currypaste, Fischsauce, Zucker und restlicher Brühe fein pürieren. Die Würzmischung unter das Fleisch rühren, alles weitere 20–25 Minuten sanft schmoren, bis der Schweinebauch butterzart ist, dabei gelegentlich umrühren.

3. Inzwischen die Pfefferrispen waschen und trocken tupfen. 2 EL Beeren ablösen und mit der Breitseite eines Messers anquetschen. Die Paprikaschote waschen, vierteln, putzen und quer in dünne Streifen schneiden. Pfeffer und Paprika unter das Fleisch mischen und noch 5 Minuten mitgaren. Curry mit Salz abschmecken und mit den restlichen Pfefferrispen garniert servieren.

Dazu schmecken Thailändischer Duftreis oder Basmati.

RINDFLEISCH-CURRY

mit Ananas

Zutaten für 4 Portionen

500 g Roastbeef

150 g Kirschtomaten

200 g frisches Ananasfruchtfleisch

1 kleine rote Chilischote

2 Limettenblätter

1 Dose ungesüßte Kokosmilch (400 ml)

1 EL gelbe Currypaste (Rezept S. 55 oder Fertigprodukt)

100 ml Rindfleischbrühe (Rezept S. 54 oder aus dem Glas)

3 EL Fischsauce

1 EL Palmzucker (ersatzweise Rohrzucker)

½ Bund Thai-Basilikum

Salz

1–2 TL frisch gepresster Limettensaft

Zeitbedarf
- ca. 30 Minuten

So geht's

1. Fleisch kalt abbrausen, trocken tupfen und quer zur Faser in ca. 1 cm feine Streifen schneiden. Tomaten waschen, halbieren, Ananas in mundgerechte Stücke schneiden (s. Seite 30). Chilischote waschen, putzen, längs halbieren, entkernen und quer in feine Streifen schneiden (s. Seite 29). Die Limettenblätter längs halbieren, dabei den Stiel entfernen (s. Seite 27).

2. Kokosmilchdose ungeschüttelt öffnen, die Kokossahne abnehmen und beiseitestellen. In einem Wok 2 EL Kokossahne mit der Currypaste erhitzen und unter Rühren 2 Minuten köcheln lassen.

3. Fleisch dazugeben und bei starker Hitze unter ständigem Rühren 1–2 Minuten braten. Kokosmilch, Brühe, Chili, Limettenblätter, 2 EL Fischsauce und Zucker zum Fleisch geben. Alles einmal aufkochen, danach noch 2–3 Minuten ohne Hitze ziehen lassen.

4. Basilikum waschen, trocken schütteln und Blättchen abund kleiner zupfen. Tomaten, Ananas und Basilikum unter das Curry mischen, mit Salz, restlicher Fischsauce und Limettensaft abschmecken. Limettenblätter entfernen. Übrige Kokossahne glatt rühren und darüberlöffeln.

Dazu schmecken Thailändischer Duftreis oder Schwarzer Reis.

CURRYS – FLEISCH SCHMOREN

LAMMCURRY
mit Spinat

AUS RELIGIÖSEN GRÜNDEN ESSEN HINDUS KEIN RINDFLEISCH. DESHALB WIRD IN INDIEN NEBEN HÜHNERFLEISCH AM HÄUFIGSTEN LAMMFLEISCH AUFGETISCHT.

Zutaten für 4 Portionen

- 800 g Lammschulter
- 2–3 Knoblauchzehen
- 1 Stück Ingwer (ca. 2 cm)
- 1 Gemüsezwiebel
- 5 Kardamomkapseln
- 4 Gewürznelken
- ½ TL schwarze Pfefferkörner
- 4 EL Ghee (ersatzweise Butterschmalz)
- Salz, ½ Zimtstange
- 1 TL rosenscharfes Paprikapulver
- 1 TL gemahlener Koriander
- 1 TL gemahlener Kreuzkümmel
- 250 g Naturjoghurt (3,5 % Fett)
- 300 g frischer zarter Blattspinat
- 200 g Tomaten
- Chilipulver, ½ TL Garam Masala

besonderes Werkzeug
- Mörser

Zeitbedarf
- 50 Minuten
- 50–60 Minuten schmoren

So geht's

1. Von der Lammschulter bei Bedarf Fett und Sehnen entfernen. Das Fleisch kalt abbrausen, trocken tupfen und ca. 3 cm groß würfeln. Knoblauch und Ingwer schälen, klein würfeln (Ingwer s. Seite 28). Die Zwiebel schälen, vierteln und quer in feine Streifen schneiden. Die Gewürze im Mörser zerstoßen [→a].

2. In einem Schmortopf 3 EL Ghee erhitzen, das Fleisch darin portionsweise bei starker Hitze rundherum braun anbraten. Salzen und herausheben. Restliches Fett im Topf erhitzen, Knoblauch, Ingwer und Zwiebel darin 3–4 Minuten braten. Zimt, Paprikapulver, Koriander, Kreuzkümmel und die zerstoßenen Gewürze zufügen, unter Rühren bei mittlerer Hitze ca. 2 Minuten mitbraten.

3. Fleisch, 200 g Joghurt und 200 ml Wasser in den Topf geben, alles vermengen, aufkochen und zugedeckt bei kleiner Hitze 50–60 Minuten schmoren, bis das Fleisch weich ist, dabei ab und zu umrühren. Falls nötig, etwas Wasser nachgießen.

4. Inzwischen Spinat verlesen, putzen, in stehendem Wasser mehrmals gründlich waschen und gut abtropfen lassen. Die Tomaten waschen, putzen und würfeln. Tomaten und Spinat unter das Fleisch mengen und so lange mitgaren, bis der Spinat zusammengefallen ist. Zimtstange entfernen. Das Curry soll sämig sein. Falls nötig, restlichen Joghurt unterrühren oder dazu reichen. Lammcurry mit Salz und Chilipulver abschmecken. Mit Garam Masala bestreut servieren.

Dazu schmecken Naan (indische Hefefladen) oder Basmati.

Die Variante

Lamm-Kichererbsen-Curry
200 g getrocknete Kichererbsen in 800 ml kaltem Wasser 12 Stunden einweichen. In ein Sieb abgießen, abbrausen und abtropfen lassen. Lammfleisch, Knoblauch, Ingwer, Zwiebel und Gewürze wie links beschrieben vorbereiten und anbraten. 200 g Joghurt, 200 ml Wasser und Kichererbsen unterrühren, aufkochen und 50–60 Minuten schmoren, bis das Fleisch weich ist. 200 g gewürfelte Tomaten dazugeben, den Spinat aber weglassen. Curry mit Salz und Chilipulver abschmecken und mit Garam Masala und ein paar Blättchen Asia-Minze bestreut servieren.

[a]

DAS IST
WIRKLICH
WICHTIG

[a] GEWÜRZE ZERSTOSSEN Damit die Gewürze mitgegessen werden können, müssen sie vorab zerstoßen werden. Außerdem entfalten sie so ihre Aromen besser. Dafür mithilfe eines kleinen spitzen Messers die duftenden Kardamomsamen aus den getrockneten Kapseln lösen. Die Samen zusammen mit Gewürznelken und Pfefferkörnern in einen Mörser füllen. Dann die Gewürze mithilfe eines Stößel mit kräftigen, gleichmäßigen Bewegungen fein zermahlen.

FISCH & MEERESFRÜCHTE

BEI DIESEM THEMA SIND DIE ZUBEREITUNGS-ARTEN IN DER ASIATISCHEN KÜCHE VIELFÄLTIG UND SEHR IDEENREICH. ES WIRD IM BANANEN-BLATT GEGART, GEDÄMPFT, KNUSPRIG AUS-GEBACKEN, GEGRILLT UND VIELES MEHR …

DAS IST
WIRKLICH
WICHTIG

THUNFISCH KAUFEN Einige Thunfischarten sind stark überfischt und sogar vom Aussterben bedroht. Wer Thunfisch trotzdem guten Gewissens genießen möchte, sollte sich an den praktischen Ratgebern von Greenpeace oder des World Wide Fund For Nature (WWF) orientieren. Die handlichen Einkaufsführer können Sie im Internet herunterladen oder bestellen.

SESAM-THUNFISCH
mit Enoki-Pilzen

JAPANER SIND THUNFISCHFANS. SIE LIEBEN DEN FISCH SAFTIG UND GANZ KURZ GEBRATEN, SO DASS ER INNEN NOCH ROH BIS ROSA IST. WER DAS NICHT MAG, DER BRÄT SEIN FILET EINFACH ETWAS LÄNGER.

Zutaten für 4 Portionen

- 4 Thunfischfilets (à 180–200 g; s. Tipp)
- 1 Stück Ingwer (ca. 2 cm)
- 6 EL Teriyaki-Sauce (s. Glossar)
- 4 EL heller Reisessig (ersatzweise heller Weißweinessig)
- 1 EL Mirin (s. Glossar)
- 1 Bund Frühlingszwiebeln
- 150 g Enoki-Pilze
- je 3 EL weiße und schwarze, geschälte Sesamsamen
- 4–6 EL Öl
- Salz, Pfeffer aus der Mühle

Zeitbedarf
- 20 Minuten
- 1 Stunde marinieren

So geht's

1. Die Thunfischfilets kalt abbrausen und trocken tupfen. Nebeneinander in eine flache Schüssel legen.

2. Den Ingwer schälen und fein reiben (s. Seite 28). Ingwer, Teriyaki-Sauce, Reisessig und Mirin zu einer Marinade verrühren, diese über den Thunfisch gießen und die Filets darin wenden. Zugedeckt für 1 Stunde zum Marinieren in den Kühlschrank stellen, dabei ab und zu wenden.

3. Frühlingszwiebeln waschen und putzen. Zuerst der Länge nach halbieren, dann quer dritteln. Von den Pilzen den Wurzelstock mit einer Schere abschneiden und die Pilzbüschel in kleinere Stücke teilen (s. Seite 19). Weiße und schwarze Sesamsamen auf einem flachen Teller vermischen.

4. 2 EL Öl in einer großen beschichteten Pfanne erhitzen. Die Frühlingszwiebeln darin bei mittlerer Hitze in 3–4 Minuten bissfest braten. Leicht salzen und pfeffern. Die Pilze untermischen. Das Gemüse aus der Pfanne heben und warm halten.

5. Die Fischfilets aus der Marinade heben, abtropfen lassen und nach Belieben leicht pfeffern. Die marinierten Fischfilets jeweils mit der Ober- und Unterseite in die Sesamsamen legen. Die Samen gut andrücken.

6. Restliches Öl in der Pfanne erhitzen, die Filets darin von jeder Seite ca. 1 Minute braten. Thunfisch sofort mit dem Frühlingszwiebel-Pilz-Mix servieren.

Dazu schmecken Basmati, Jasminreis oder auch Schwarzer Reis.

Die Variante

Thunfisch mit Wasabisauce
500 g frischen Thunfisch kalt abbrausen, trocken tupfen und in mundgerechte Würfel schneiden. 400 g Gärtner- oder Salatgurke waschen, längs halbieren, entkernen und quer in dünne Scheiben schneiden. 4 Thai-Schalotten schälen und in dünne Scheiben schneiden. 5 EL helle Sojasauce mit 2 EL Reiswein, 1 TL Wasabipaste und 1 Prise Salz verrühren. 1 EL Öl in einer Pfanne erhitzen. Gurke und Schalotten darin bei mittlerer Hitze unter ständigem Rühren 2 Minuten braten. Herausheben und beiseitestellen. 1 weiteren EL Öl erhitzen, den Thunfisch darin unter behutsamem Wenden 1 Minute braten.
Die Gewürzmischung über den Fisch gießen. Vom Herd nehmen und das Gemüse locker unterheben. Mit Reis und Sushi-Ingwer (s. Glossar) servieren.

FISCH IM BANANENBLATT GAREN

WOLFSBARSCH
im Bananenblatt

DIE FISCHPÄCKCHEN VERSTRÖMEN BEIM ÖFFNEN EIN WUNDERBARES AROMA. DARUM FISCHE AM BESTEN ERST KURZ VOR DEM ESSEN AUSPACKEN. IN SÜDOSTASIEN WERDEN GANZE FISCHE OFT SO VERPACKT SERVIERT.

Zutaten für 4 Portionen

- 4 küchenfertige Wolfsbarsche (à ca. 350 g; ersatzweise andere Portionsfische)
- 3 EL helle Sojasauce
- 2 EL Fischsauce
- ½ TL geröstetes Sesamöl
- Salz, Pfeffer aus der Mühle
- 650 g Gemüsepapaya (s. Glossar)
- 1 Zwiebel
- 1 Stück Ingwer (ca. 2 cm)
- 1 rote Chilischote
- 2 Päckchen Bananenblätter (ca. 200 g; s. Tipp und Glossar)
- 2 EL Öl
- ½ TL Kurkumapulver
- 2 TL frisch gepresster Limettensaft
- 1 EL Koriandergrün

besonderes Werkzeug
- Küchenpinsel
- 8 kleine Holzspieße

Zeitbedarf
- ca. 1 Stunde

So geht's

1. Ganze Fische innen und außen kalt abbrausen und gut trocken tupfen. Auf beiden Hautseiten schräg einschneiden [→a].

2. Sojasauce, Fischsauce und Sesamöl verrühren und die Fische mithilfe eines Küchenpinsels damit innen und außen bestreichen. Fische innen und außen salzen und pfeffern, kurz ziehen lassen.

3. Inzwischen für die Beilage die Papaya schälen, längs halbieren, entkernen und das Fruchtfleisch in mundgerechte Stücke schneiden (s. Seite 32). Zwiebel und Ingwer schälen, klein würfeln (Ingwer s. Seite 28). Chilischote waschen, längs halbieren, entkernen und in feine Streifen schneiden (s. Seite 29).

4. Den Backofen auf 220 °C (Ober- und Unterhitze; Umluft 200 °C) vorheizen. Saubere Bananenblätter in 4 Stücke von ca. 50 x 32 cm schneiden. Die Fische in die Bananenblattstücke wickeln und die Pakete mit Holzspießchen verschließen [→b+c]. Die Fischpäckchen nebeneinander auf einen Backofenrost legen. Direkt darunter ein tiefes Backblech schieben und den Fisch im vorgeheizten Ofen (Mitte) ca. 30 Minuten garen.

5. Währenddessen das Öl erhitzen. Zwiebel, Ingwer und Chili darin bei mittlerer Hitze anbraten. Papaya und Kurkuma unterrühren, kurz mitbraten. Mit Salz und Pfeffer würzen. 100 ml Wasser zugießen, einmal aufkochen, dann das Gemüse zugedeckt bei kleiner Hitze garen. Mit 1–2 TL Limettensaft abschmecken und mit Koriander bestreuen. Fische im Bananenblatt servieren und das Papayagemüse dazureichen.

BANANENBLATT VORBEREITEN Bananenblätter gibt es bei uns nur abgepackt zu kaufen. Ein Päckchen enthält mehrere zusammengefaltete Bananenblatthälften oder -stücke. Vor der Verwendung Blätter mit einem feuchten Tuch abwischen. Bananenblätter mit einer Küchenschere zurechtschneiden. Die Stücke werden elastischer, wenn sie nacheinander mit der gesamten Fläche über eine eingeschaltete Herdplatte gezogen werden, bis sie glänzen.

DAS IST
WIRKLICH
WICHTIG

[a] HAUT EINSCHNEIDEN Die Fische auf jeder Hautseite mit einem scharfen Messer 2–3 mal schräg und ca. 1 cm tief bis kurz vor die Gräten einschneiden. So nehmen die Fische die Aromen der Marinade gut auf und garen gleichmäßig.

[b] FISCH EINPACKEN Pro Fischpäckchen einen Fisch mittig auf die helle Seite eines Bananenblattstückes legen. Die langen Blattseiten über den Fisch schlagen, so dass sie sich überlappen.

[c] PÄCKCHEN VERSCHLIESSEN Die noch offenen kurzen Seiten des Bananenblatts ein- bis zweimal nach oben falten und mit Holzspießchen verschließen.

[a]

[b]

[c]

OFEN-FISCH
mit Tomaten-Zwiebel-Sauce

IN BENGALI WERDEN FÜR DIESES GERCHT AM LIEBSTEN SÜSSWASSERFISCHE VERWENDET. BEI DER ZUBEREITUNG MIT GANZEN FISCHEN CA. 10 MINUTEN MEHR ZEIT ZUM GAREN BERECHNEN.

Zutaten für 4 Portionen

- 4 Süßwasserfischfilets (à 150 g; z. B. Flussbarsch, Zander)
- Salz, Pfeffer aus der Mühle
- 2 EL frisch gepresster Limettensaft
- 400 g Tomaten
- 3 kleine Zwiebeln
- 1–2 Knoblauchzehen
- 1 Stück Ingwer (ca. 2 cm)
- 2 rote Chilischoten
- 2 EL Ghee (ersatzweise Butterschmalz)
- 3 Curryblätter (s. Glossar; ersatzweise Lorbeerblätter)
- 1 TL gemahlener Kreuzkümmel
- 200 g Sahnejoghurt (10 % Fett)
- ½ TL Kurkumapulver
- 2 TL Garam Masala

besonderes Werkzeug
- ofenfeste Form (ca. 24 x 30 cm)

Zeitbedarf
- ca. 45 Minuten
- 20 Minuten garen

So geht's

1. Die Fischfilet kalt abbrausen und trocken tupfen. Mit etwas Salz und Pfeffer einreiben und mit Limettensaft beträufeln. Filets zugedeckt in den Kühlschrank stellen.

2. Tomaten waschen, halbieren und die Stielansätze keilförmig herausschneiden. Tomaten klein würfeln. Zwiebeln und Knoblauch schälen, ebenfalls in kleine Würfel schneiden. Den Ingwer schälen und fein reiben (s. Seite 28). Die Chilischoten waschen, putzen und quer in feine Ringe schneiden. Wer es nicht so scharf mag, entkernt die Schoten zusätzlich (s. Seite 29). Den Backofen auf 200 °C (Ober- und Unterhitze; Umluft 180 °C) vorheizen.

3. Ghee in einem breiten Topf erhitzen. Curryblätter und Kreuzkümmel darin bei mittlerer Hitze anbraten, bis es duftet. Zwiebeln zugeben und unter Rühren goldgelb werden lassen. Knoblauch, Ingwer und Chilis zufügen und noch ca. 2 Minuten mitbraten. Tomaten, Joghurt, 50 ml Wasser, Kurkuma und Garam Masala unterrühren. Alles aufkochen, leicht salzen und zugedeckt bei kleiner Hitze ca. 15 Minuten leicht köcheln lassen.

4. Den Boden einer ofenfesten Form dünn mit der Tomaten-Zwiebel-Sauce bedecken. Die Fischfilets nebeneinander in die Form legen und die restliche Sauce darüber verteilen. Die Filets im heißen Ofen (Mitte) ca. 20 Minuten garen. Curryblätter vor dem Servieren entfernen.

Dazu schmecken Basmati oder indisches Brot wie z. B. Naan.

Die Variante

Pangasiusfilet mit Tomatensauce
300 Tomaten waschen, Stielansätze entfernen. Die Tomaten klein würfeln. 1 grüne milde Chilischote waschen, putzen und in feine Ringe schneiden. 1 Thai-Schalotte und 1–2 Knoblauchzehen schälen, klein würfeln. 4 Limettenblätter waschen, in hauchfeine Streifen schneiden. 2 EL Öl erhitzen, alle vorbereiteten Zutaten darin bei mittlerer Hitze andünsten. 2 TL Palmzucker, 2 EL Fischsauce und 50 ml Wasser unterrühren, zugedeckt 15 Minuten köcheln lassen. Inzwischen 4 Pangasiusfilets (à 150 g) mit Salz und Pfeffer würzen und in einer Pfanne in 4 EL heißem Öl in 6–8 Minuten rundum goldbraun braten. Die Sauce mit etwas heller Sojasauce abschmecken. Die Fischfilets mit der Tomatensauce anrichten und mit einigen Korianderblättchen bestreut servieren.

GEDÄMPFTE FORELLE
mit Wurzelgemüse

TYPISCH CHINESISCH: GANZE FISCHE WERDEN SCHONEND GEDÄMPFT UND VOR DEM SERVIEREN MIT EINEM HEISSEN GEMÜSE-ÖL-MIX ÜBERGOSSEN. DAS ERGIBT EIN HERRLICHES AROMA!

Zutaten für 4 Portionen

2 küchenfertige Lachsforellen (à ca. 600 g)

Salz

2 Blätter Chinakohl oder Wirsing

80 g Ingwer

1 Möhre

1 dünne Stange Lauch

100 ml Hühnerbrühe (Rezept S. 54 oder aus dem Glas)

2 EL helle Sojasauce

2 EL Reiswein

1 TL Zucker

1 TL geröstetes Sesamöl

4 EL Öl

besonderes Werkzeug
- großer Dämpfeinsatz

Zeitbedarf
- ca. 40 Minuten

So geht's

1. Forellen innen und außen kalt abbrausen, trocken tupfen. Auf beiden Seiten mit einem scharfen Messer je 3–4 mal schräg ca. 1 cm tief einschneiden (s. Seite 139). Die Fische salzen.

2. Kohlblätter waschen, in fingerbreite Streifen schneiden. Ingwer und Möhre schälen, beides zuerst längs in dünne Scheiben, dann quer in feine Streifen schneiden (Ingwer s. Seite 28). Lauch putzen, längs halbieren, gründlich waschen. Lauchhälften in etwa 4 cm lange Stücke, diese dann längs in dünne Streifen schneiden.

3. Einen Wok oder Topf ca. 5 cm hoch mit Wasser füllen. In eine große Schale, die in den Dämpfeinsatz passt, Kohl und jeweils die Hälfte der Lauch- und Möhrenstreifen verteilen. Die Forellen nebeneinander darauflegen.

4. Brühe mit Sojasauce, Reiswein, Zucker und Sesamöl verrühren und über die Fische gießen. Ingwerstreifen darüberstreuen. Die Schale mit den Forellen in den Dämpfeinsatz stellen und diesen in den Topf oder Wok stellen, mit einem Deckel verschließen und das Wasser bei starker Hitze zum Kochen bringen. Sobald eine Dampffahne aufsteigt, auf mittlere Hitze zurückschalten und ca. 15 Minuten dämpfen.

5. Öl in einer Pfanne erhitzen, restliche Lauch- und Möhrenstreifen darin bei starker Hitze 3–4 Minuten anbraten. Sehr heiß über die gedämpften Fische in der Schale verteilen und alles mit dem entstandenen Würzsud servieren.

Dazu schmecken Duftreis oder roter Reis sowie halbierte und entkernte Salatgurkenscheiben.

Die Variante

Forellenfilets mit Ingwer
Wer keine ganzen Fische zubereiten mag, nimmt stattdessen 4 große Forellenfilets (à ca. 180 g). Die Fischfilets salzen, auf das Bett aus Kohlblättern, Lauch- und Möhrenstreifen legen. Wie links beschrieben mit der Würzflüssigkeit begießen und mit Ingwer bestreuen. Die Filets 10 Minuten zugedeckt dämpfen und vor dem Servieren mit dem gebratenen Gemüse-Öl-Mix begießen. Diesen aber nur mit 3 EL Öl anbraten.

JAPAN
NIPPONS KÜCHE

TRADITION UND MODERNE GEHEN IN DIESEM LAND AUCH BEIM ESSEN HAND IN HAND. UND WAS AUF DEN TISCH KOMMT, IST VON EINER UNGLAUBLICH RAFFINIERTEN EINFACHHEIT.

TYPISCH JAPANISCH

Die Grundprinzipien der traditionellen japanischen Küche heißen Natürlichkeit, Harmonie und ästhetische Perfektion. Natürlichkeit steht dabei für schonendes und fettarmes Garen, Harmonie meint das Zusammenspiel der Zutaten, die immer aus einer der vier Jahreszeiten stammen. Und Ästhetik bedeutet das Anrichten und die dezente Dekoration der Gerichte. Gewürze werden mit Bedacht verwendet, damit die Zutaten möglichst ihren typischen Eigengeschmack bewahren.

SAKE UND BIER

Das sind die beliebtesten alkoholischen Getränke der Japaner, wobei das Bier inzwischen beliebter ist. Die Herstellung von Sake, einem Reiswein, ähnelt allerdings mehr dem Bierbrauen als dem Keltern von Weintrauben – und im Gegensatz zu Wein gewinnt Sake durch Lagerung auch nicht an Qualität. Sake schmeckt süffig und mild, allerdings sollte man ihn mit einem Alkoholgehalt von rund 15 Prozent in seiner Wirkung nicht unterschätzen. Guten Sake trinkt man aus dem dafür typischen quadratischen Holzbecher, Masu genannt. Sake mit simplerer Qualität serviert man auch warm oder heiß, vor allem in der kalten Jahreszeit. Dafür wird der Reiswein im Wasserbad erwärmt und dann aus kleinen Porzellanschälchen getrunken. Darüber hinaus gibt es in Japan etliche Biersorten, die alle nach europäischen Verfahren gebraut werden. Es ist überall erhältlich, sogar an Automaten, und wird in Flaschen wie in kleinen Fässern verkauft.

MESSERSCHARF

Messer sind das wichtigste Handwerkszeug in Nippons Küche, denn Zutaten wie Gemüse, Fisch und Fleisch müssen zum Teil sehr exakt und extrem dünn geschnitten werden. Im Messerschmieden haben die Japaner jahrtausendelange meisterliche Erfahrung. Auch bei uns gibt es schon eine große Auswahl an Küchenmessern aus speziell geschmiedetem Stahl und mit dem typischen Japan-Schliff, die ähnlich scharf sind wie ein Samurai-Schwert.

DIE BESTE NUDELSUPPE

Ramen ist der Name einer speziellen Nudelsorte und bezeichnet in Japan gleichzeitig die mit diesen Nudeln zubereiteten Suppen. Ursprünglich kommen die Nudelsorte und die Suppe aus China, heute gehören sie jedoch wie selbstverständlich zur japanischen Esskultur. In den Städten gibt es fast an jeder Straßenecke kleine Restaurants, Stehimbisse oder fliegende Händler, die diese unverwechselbaren und abwechslungsreichen Suppen anbieten. Dabei haben die meisten Köche ihr universelles und vor allem geheimes Rezept. Hausgemachte Nudeln, kräftige Brühen, frisches Gemüse und auch mal aromatisches Fleisch sind die Hauptzutaten dieser Magen- und Seelenwärmer. Sie sind in Japan eine sehr beliebte Hauptmahlzeit, besonders mittags.

TEE-ZEREMONIE IM TREND

Die Tradition der klassischen japanischen Tee-Zeremonie ist fast 1000 Jahre alt. Das Ritual diente ursprünglich dazu, die Mönche bei der langen Zen-Meditation wach zu halten. Heute liegt die Zeremonie wieder im Trend und Japaner zelebrieren sie für ihre Gäste zu besonderen Anlässen. Es kann Stunden dauern, nach exakt festgelegten Regeln, aus sehr fein gemahlenen Blättern den Matcha-Tee zuzubereiten. Aber Gastgeber wie Eingeladene nehmen sich die Zeit, um den Kopf vom Alltag freizubekommen und abzuschalten.

DAS IST WIRKLICH WICHTIG

[a] AUSBACKTEIG Damit er nicht zäh wird, die Zutaten nur kurz mit einem Holzlöffel miteinander verrühren. Die Konsistenz sollte dickflüssig, aber nicht zu kompakt sein, damit die Fischwürfel leicht darin eingetaucht werden können. Bei Bedarf tropfenweise eiskaltes Wasser zufügen.

[b] PORTIONSWEISE FRITTIEREN Damit der Fisch außen schön knusprig wird, muss das Öl immer gleichmäßig heiß sein. Deshalb immer nur so viele in Teig getauchte Fischstücke ins Fett geben, dass sie darin locker schwimmen und leicht gewendet werden können.

[a]

SO LANGE FRITTIEREN, BIS DER BACKFISCH GOLDGELB UND KNUSPRIG IST.

[b]

BACKFISCH
auf grünem Gemüse

EIN LECKERBISSEN AUS DER THAI-KÜCHE. KNUSPRIGE FISCHWÜRFEL UND ZARTES GEMÜSE BILDEN EINEN FEINEN KONTRAST. FÜR EIN WÜRZIGES AROMA SORGEN KNOBLAUCH, CHLI UND BASILIKUM.

Zutaten für 4 Portionen

- 1 Ei
- 150 g Tempuramehl (s. Glossar)
- 50 g Speisestärke
- 1 TL Backpulver
- 1 Stück Ingwer (ca. 1 cm)
- 750 g Seelachsfilet
- 2 EL Austernsauce
- 150 ml Gemüsebrühe (Rezept S. 54 oder aus dem Glas)
- 3 EL helle Sojasauce
- 2 TL Palmzucker (ersatzweise Rohrzucker)
- 3 Stängel Thai-Basilikum
- 250 g Zuckerschoten
- 3 Frühlingszwiebeln
- 100 g Chinakohl
- 100 g Bohnensprossen
- 1–2 Knoblauchzehen
- 1 rote Chilischote, 2 EL Öl
- frisch gepresster Limettensaft
- 750 ml Öl zum Frittieren

Zeitbedarf
- ca. 1 ¼ Stunden

So geht's

1. Für den Ausbackteig in einer Schüssel das Ei und 200 ml eiskaltes Wasser verquirlen. Tempuramehl mit Speisestärke und Backpulver mischen, mit dem Ei-Wasser-Mix glattrühren [→a]. Ingwer schälen, sehr fein reiben (s. Seite 28) und unter den Teig rühren. Zugedeckt kalt stellen.

2. Fisch kalt abbrausen, trocken tupfen und 3–4 cm groß würfeln. In einer Schüssel mit der Austernsauce vermischen, zugedeckt im Kühlschrank ca. 15 Minuten marinieren.

3. Währenddessen für das Gemüse die Brühe mit Sojasauce und Zucker verrühren. Basilikum waschen, trocken tupfen und die Blättchen von den Stängeln zupfen (s. Seite 22).

4. Alle Gemüsesorten waschen und putzen. Zuckerschoten quer halbieren, Frühlingszwiebeln schräg in ca. 3 cm lange Stücke, Chinakohl in kurze fingerbreite Streifen schneiden. Sprossen verlesen, waschen und abtropfen lassen. Knoblauch schälen, fein würfeln. Chilischote waschen und zweimal längs ein-, aber nicht durchschneiden.

5. Öl in einem Wok oder einer hochwandigen Pfanne erhitzen, den Knoblauch darin glasig dünsten. Gemüse und Chili zugeben und bei starker Hitze ca. 2 Minuten pfannenrühren. Sprossen unterrühren und die angerührte Würzflüssigkeit zugießen, kräftig aufkochen lassen. Gemüse mit Limettensaft abschmecken und warm halten. Wok säubern.

6. In dem Wok oder einem breiten Topf das Frittieröl erhitzen (s. Seite 52). Die Basilikumblätter darin ca. 10 Sekunden frittieren. Mit einem Schaumlöffel-Sieb herausheben und auf Küchenpapier entfetten.

7. Fischwürfel trocken tupfen, mithilfe einer Gabel durch den Ausbackteig ziehen, kurz abtropfen, dann ins heiße Öl gleiten lassen [→b]. In 3–4 Minuten goldgelb und knusprig ausbacken. Die Stücke mit einem Schaumlöffel-Sieb aus dem Öl heben und auf mehreren Lagen Küchenpapier abtropfen lassen. Fertige Backfischstücke bei Bedarf bei 70 °C im Backofen warm halten. Gemüse mit dem Backfisch anrichten und mit den Basilikumblättern bestreut servieren.

SO SCHMECKT'S AUCH Der Ausbackteig bekommt eine würzige Schärfe, wenn statt Ingwer 2 TL Wasabipaste unter den Teig gerührt werden.

FISCH – KNUSPERNUDELN HERSTELLEN

LACHSSTEAK
mit Sellerie und Knuspernudeln

DER LACHS ZART UND SAFTIG, DAS GEMÜSE KNACKIG UND OBENAUF ALS RAFFINIERTES EXTRA HERRLICH KNUSPRIGE REISNUDELN. DAFÜR SETZEN SICH CHINESEN GERNE AN DEN TISCH.

Zutaten für 4 Portionen

- 4 Lachskoteletts (à ca. 200 g)
- 6 EL helle Sojasauce
- 4 EL Reiswein
- 1 TL geröstetes Sesamöl
- ½ TL Fünf-Gewürze-Pulver
- 2 TL Speisestärke
- 20 g getrocknete Mu-Err-Pilze
- 500 g Staudensellerie
- 1 Stück Ingwer (ca. 2 cm)
- 1 rote Chilischote
- 50 g Reis-Fadennudeln
- 200 ml Öl zum Frittieren
- Salz
- 4 EL Öl

Zeitbedarf
- ca. 35 Minuten
- 30 Minuten marinieren

So geht's

1. Die Lachskoteletts kalt abbrausen, trocken tupfen und nebeneinander in eine flache Form legen. Für die Marinade 2 EL Sojasauce mit 2 EL Reiswein, Sesamöl, Fünf-Gewürze-Pulver und Stärke glatt rühren und über dem Fisch verteilen. Die Koteletts wenden, bis sie vollständig mit Marinade bedeckt sind. Zugedeckt im Kühlschrank mindestens 30 Minuten marinieren. Die Pilze in einer Schüssel mit reichlich warmem Wasser übergießen und mindestens 30 Minuten quellen lassen (s. Seite 20).

2. Inzwischen den Sellerie waschen, putzen und die Stangen schräg in ca. 3 cm lange Stücke schneiden. Den Ingwer schälen und klein würfeln (s. Seite 28). Die Chilischote waschen, putzen, nach Belieben entkernen und klein würfeln (s. Seite 29).

3. Die eingeweichten Pilze in ein Sieb abgießen, waschen, trocken tupfen und putzen. Mu-Err in kleinere Stücke zupfen (s. Seite 20).

4. Reisnudeln auseinanderzupfen, in ca. 3 cm lange Stücke brechen und knusprig frittieren [→a]. Knuspernudeln mit einem Schaumlöffel-Sieb aus dem Frittieröl herausheben und auf Küchenpapier abtropfen lassen. Leicht salzen.

5. Lachssteaks aus der Marinade nehmen und trocken tupfen. 2 EL Öl in einer großen Pfanne erhitzen, die Steaks darin bei starker Hitze von jeder Seite 2–3 Minuten braten. Herausnehmen und warm halten.

6. Sellerie im restlichen Öl unter Rühren ca. 4 Minuten braten. Pilze, Ingwer und Chili zufügen, 1 Minute mitbraten. Restliche Sojasauce und übrigen Reiswein zum Gemüse geben. Einmal aufkochen lassen. Bei Bedarf mit Salz abschmecken. Lachssteaks auf dem Gemüse anrichten und mit den Knuspernudeln bestreut servieren.

DAS IST
WIRKLICH
WICHTIG

[a] **NUDELN FRITTIEREN** Damit die Nudeln schön knusprig werden, das Öl zum Frittieren in einem kleinen breiten Topf auf ca. 170 °C erhitzen. Das Öl ist heiß genug, wenn an einem hineingehaltenen Holzkochlöffelstiel viele kleine Bläschen aufsteigen (s. Seite 52). Dann Nudelstücke ins Öl geben und so lange frittieren, bis sie weißlich und knusprig sind. Das dauert nur Sekunden.

FISCHBÄLLCHEN

im Sud

Zutaten für 4 Portionen

500 g weißfleischiges Fischfilet

1 Stück Ingwer (ca. 1 cm)

1 Frühlingszwiebel

1 rote Chilischote

50 g frisches Kokosnussfleisch (s. Tipp S. 105)

1 Stängel Asia-Minze

1 TL mildes Currypulver

100 ml Reiswein

1 Ei

Salz

300 g Möhren

1 ¼ l Fischfond (aus dem Glas)

2 EL helle Sojasauce

3 Gewürznelken

besonderes Werkzeug
• Mixer oder Blitzhacker

Zeitbedarf
• ca. 45 Minuten

So geht's

1. Fisch abbrausen, trocken tupfen und grob in Stücke schneiden. Ingwer schälen und fein reiben (s. Seite 28). Frühlingszwiebel waschen und putzen, den weißen Teil fein hacken, den Rest in feine Ringe schneiden. Chilischote waschen, putzen, längs halbieren, entkernen und fein hacken (s. Seite 29). Kokosnussfleisch schälen und fein raspeln (s. Seite 35). Minze waschen, trocken tupfen, Blättchen fein hacken (s. Seite 25).

2. Fisch, Ingwer, gehackte Frühlingszwiebel, Chili und Minze mit Currypulver, Kokosraspel, 1 EL Reiswein und Ei im Mixer oder Blitzhacker portionsweise fein zerkleinern. Die Masse salzen. Kalt stellen.

3. Für den Sud Möhren waschen, putzen, längs in 0,5 cm dicke Scheiben schneiden. Fischfond, Sojasauce, Nelken und restlichen Reiswein in einem breiten Topf aufkochen. Möhren in den Sud geben.

4. Aus der Fischmasse mit angefeuchteten Händen etwa 24 tischtennisballgroße Kugeln formen. Im Sud bei kleiner Hitze in 6–8 Minuten gar ziehen lassen. Die übrigen Frühlingszwiebeln in den letzten 2 Minuten mitgaren.

Dazu schmeckt Langkornreis.

SO SCHMECKT'S AUCH Gebraten oder gegrillt schmecken die Fischbällchen auch fein. Dann die Möhren und Frühlingszwiebel am besten separat in einer Pfanne mit etwas Öl knackig gar dünsten.

GLASIERTE GARNELEN

süß-scharf

Zutaten für 4 Portionen

12–16 rohe Riesengarnelen ohne Kopf (500–600 g)

5 EL Fischsauce

4 EL heller Palmzucker (ersatzweise Rohrzucker)

1 getrocknete Chilischote

2 Knoblauchzehen

3 Frühlingszwiebeln

400 g Paksoi

3 EL Öl

Salz, Pfeffer aus der Mühle

Zeitbedarf
• ca. 25 Minuten

So geht's

1. Die Garnelen bis auf die Schwanzflossen aus den Schalen brechen (s. Seite 61). Falls nötig, den schwarzen Darmfaden am Rücken entfernen (s. Seite 150). Garnelen waschen und trocken tupfen.

2. In einem kleinen Topf Fischsauce mit 3 EL Wasser, Zucker und Chili aufkochen, unter Rühren köcheln lassen, bis sich der Zucker aufgelöst hat. Abkühlen lassen.

3. Knoblauch schälen, fein würfeln. Frühlingszwiebeln waschen, putzen, längs halbieren und in ca. 5 cm lange Stücke schneiden. Paksoi waschen, putzen und die Blätter in Streifen schneiden (s. Seite 12). 1 ½ EL Öl in einem breiten flachen Topf erhitzen, Paksoiblätter und Frühlingszwiebeln darin 1–2 Minuten unter Rühren braten. Salzen, pfeffern und warm halten.

4. Restliches Öl in einer Pfanne erhitzen, Garnelen und Knoblauch darin unter Rühren kurz anbraten, pfeffern. Die Würzsauce zugeben und die Garnelen noch ca. 2 Minuten unter Rühren braten, bis die Sauce sie umhüllt. Auf der Gemüsemischung anrichten.

RIESENGARNELEN Beim Einkauf am besten Black Tiger Prawns, King Prawns oder Gambas verlangen: alle gehören zur Familie der Riesengarnelen und haben ein festes Fleisch.

DAS IST WIRKLICH WICHTIG

[a] DARMFADEN ENTFERNEN Manchmal ist an der gebogenen Seite der Garnele, dem Rücken, ein dünner schwarzer Faden – der Darm – zu erkennen. Dann das Rückenfleisch oberhalb des Darms mit einem spitzen Messer einschneiden. Den dunklen Darmfaden an einer Stelle zwischen Messerspitze und Finger klemmen und vorsichtig im Ganzen herausziehen.

[b] GARNELEN AUFSPIESSEN Um die Garnelen auf die Zitronengrasstängel spießen zu können, mit einem kleinen spitzen Messer am Rücken der Garnele ein kleines Loch vorstechen. Dann jeweils 3 Garnelen durch die Löcher auf einen Zitronengrasspieß stecken.

[a]

[b]

HALBIERTE ZITRONENGRASSTÄNGEL LASSEN SICH ALS SPIESSE VERWENDEN.

GARNELENSPIESSE

mariniert und gegrillt

IN SINGAPUR WERDEN GARNELEN ZUM GRILLEN AUF ZITRONENGRASSTÄNGEL STATT AUF HOLZSPIESSE GESPIESST. DAS SIEHT SCHÖN AUS UND GIBT DEN MEERESFRÜCHTEN EIN FRISCHES AROMA.

Zutaten für 4 Portionen

- 24 rohe Garnelenschwänze in der Schale (ca. 600 g)
- 4 Stängel Zitronengras
- 1 Schalotte
- 2 Knoblauchzehen
- 1 Stück Ingwer (ca. 2 cm)
- 1 große grüne Chilischote
- ¼ TL Korianderkörner
- 1 EL helle Sojasauce
- 2 EL Öl
- weißer Pfeffer aus der Mühle
- 1 Bio-Limette
- 3 Stängel Thai-Basilikum

besonderes Werkzeug
- Knoblauchpresse
- Küchenpinsel
- Mörser
- Grill oder Grillplatte

Zeitbedarf
- ca. 30 Minuten
- 1 Stunde marinieren

So geht's

1. Garnelen waschen und die Schale ablösen (s. Seite 61). Dabei die Schwanzflosse daran lassen. Falls notwendig, den schwarzen Darmfaden entfernen [→a]. Garnelen kalt abbrausen und trocken tupfen.

2. Vom Zitronengras den oberen holzigen Teil abschneiden und die äußeren welken Hüllblätter entfernen (s. Seite 26). Die Stängel waschen und der Länge nach halbieren. Jeweils 3 Garnelen auf einen Zitronengrasspieß stecken [→b].

3. Für die Marinade Schalotte, Knoblauch und Ingwer schälen (Ingwer s. Seite 28). Alles in Stücke schneiden und portionsweise durch eine Knoblauchpresse in ein Schälchen drücken. Die Chilischote waschen, putzen und so fein wie möglich hacken (s. Seite 29). Die Korianderkörner in einem Mörser sehr fein zerdrücken. Beides mit Sojasauce und Öl in das Schälchen geben und alles zu einer Marinade verrühren. Mit Pfeffer würzen.

4. Garnelenspieße mit der Marinade rundum einpinseln, in eine flache Form legen und die restliche Marinade darüber verteilen. Spieße zugedeckt im Kühlschrank ca. 1 Stunde marinieren.

5. Die Limette heiß waschen, trocken reiben und in Stücke schneiden. Basilikum waschen, trocken schütteln und Blättchen von den Stielen zupfen. Einen Grill oder eine Grillplatte heiß werden lassen. Die Garnelenspieße darauf von jeder Seiten je ca. 2 Minuten grillen, dabei mit der übrigen Marinade bepinseln. Mit Limettenstücken und Basilikum servieren.

Dazu schmecken Reis und der Chili-Limetten-Dip von Seite 57.

Die Variante

Garnelen-Saté-Spieße
24 rohe Garneleschwänze (ca. 600 g) wie links beschrieben vorbereiten. 1 Stängel Zitronengras, 1 Stück Ingwer (ca. 2 cm) und 1 Schalotte putzen bzw. schälen und grob würfeln. Mit 3 EL ungesüßter Kokosmilch, 1 EL heller Sojasauce, 1 EL Fischsauce, ½ TL Zucker und etwas frisch gemahlenem weißem Pfeffer im Blitzhacker zu einer Marinade zerkleinern. Die Garnelen damit rundum einreiben und zugedeckt ca. 1 Stunde marinieren. Je 3 oder 4 Garnelen auf gewässerte Holzspieße stecken und von jeder Seite ca. 2 Minuten grillen. Mit Erdnuss-Sauce (Rezept S. 56) servieren.

GARNELEN KAUFEN Je tiefer und kühler das Wasser, desto besser das Aroma der Garnelen. Kaufen Sie daher am besten Tiefsee- oder Kaltwassergarnelen – möglichst in Bio-Qualität. Zum Garen am besten rohe Garnelen verwenden. Tiefgekühlte Garnelen aus der Packung nehmen und langsam im Kühlschrank auftauen lassen.

MEERESFRÜCHTE FRITTIEREN

TINTENFISCHSTREIFEN
im Würzmantel

GOLDBRAUN FRITTIERT UND IN DER BANANENBLATT-TÜTE SERVIERT – SO WIRD TINTENFISCH AUCH IN SINGAPUR ALS FINGERFOOD VON DEN ZAHLREICHEN STRASSENHÄNDLERN ANGEBOTEN.

Zutaten für 4 Portionen

600 g küchenfertige Tintenfischtuben

1 Päckchen Bananenblätter (ca. 100 g; s. Tipp S. 138 und Glossar)

4 große rote milde Chilischoten

1 TL Szechuanpfeffer (s. Glossar; ersatzweise schwarze Pfefferkörner)

1 TL Korianderkörner

1 getrocknete Chilischote

2 TL Salz

100 g Speisestärke

1 l Öl zum Frittieren

besonderes Werkzeug
- kleine Holzspieße
- Mörser

Zeitbedarf
- ca. 45 Minuten
- evtl. Auftauzeit

So geht's

1. Tintenfischtuben bei Bedarf langsam im Kühlschrank auftauen lassen. Für die Bananenblatt-Tüten die Bananenblätter mit einem feuchten Tuch säubern. Bananenblätter mit einer Küchenschere zu 4 ca. 20 x 30 cm großen Stücken zuschneiden und diese zu spitzen Tüten formen [→a].

2. Frische Chilischoten waschen, vom Stiel her an einer Seite längs ein-, aber nicht durchschneiden und entkernen.

2. Tintenfischtuben kalt abbrausen, trocken tupfen und eventuell noch vorhandene Haut abziehen. Die Tuben längs halbieren und rautenförmig einschneiden [→b]. Anschließend in ca. 5 x 3 cm große Streifen schneiden.

3. Einen Wok aufheizen. Pfefferkörner, Korianderkörner und die getrocknete Chilischote darin anrösten, bis es duftet. In einen Möser umfüllen und mit dem Salz sehr fein zerstoßen. Mit der Stärke mischen.

4. Das Öl im Wok erhitzen (s. Seite 52). Die Tintenfischstreifen in der gewürzten Stärke wenden, überschüssige Stärke abschütteln, dann im heißen Öl portionsweise in 1–2 Minuten goldbraun frittieren. Mit einem Schaumlöffel-Sieb herausheben und auf mehreren Lagen Küchenpapier abtropfen lassen. Inzwischen die frischen Chilischoten ca. 30 Sekunden frittieren. Frittierte Tintenfischringe in die Bananenblatt-Tüten verteilen und obenauf je 1 Chilischote legen.

DAS IST
WIRKLICH
WICHTIG

[a] BANANENBLATT-TÜTEN FORMEN
Eine der unteren beiden Ecken der Längsseite eines Bananenblatt-Rechtecks zur Mitte hin führen. Dann das andere untere Eck darüberlegen und zu einer spitzen Tüte zusammenrollen. Die Tüte mit einer Hand zusammenhalten und mit der anderen Hand den Überschlag mit kleinen Holzspießen fixieren.

[b] RAUTENMUSTER EINSCHNEIDEN Das geht am besten mit einem wirklich scharfen Messer. Zuerst parallel, in ca. 0,5 cm Abstand, schräge Schnitte in die Außenseiten der Tuben einschneiden. Dann längs dazu mit weiteren engen Schnitten ein Rautenmuster einritzen. Dadurch bleibt das Tintenfischfleisch auch nach dem Frittieren schön zart.

TINTENFISCH-FLEISCH ENG EIN-, ABER NICHT DURCHSCHNEIDEN.

SCHARFE TINTENFISCHE
in Kokossauce

Zutaten für 4 Portionen

- 500 g küchenfertige kleine Tintenfische (z. B. Oktopus, Sepia oder Kalmar)
- 2 Schalotten
- 2 Knoblauchzehen
- 1 Stück Galgant (ca. 3 cm, s. Glossar; ersatzweise Ingwer)
- 1 Stängel Zitronengras
- 2 Möhren
- 1 dünne Stange Lauch
- 150 g Shiitake-Pilze
- 1 EL heller Palmzucker (ersatzweise Rohrzucker)
- 1 TL Tamarindenpaste
- 400 ml ungesüßte Kokosmilch
- 1–2 EL Sambal Oelek
- Salz
- 4 EL Öl

Zeitbedarf
- ca. 35 Minuten
- evtl. Auftauzeit

So geht's

1. Tintenfische bei Bedarf langsam im Kühlschrank auftauen lassen. Danach waschen, trocken tupfen und eventuell kleiner schneiden.

2. Schalotten, Knoblauch und Galgant schälen und fein würfeln. Zitronengras waschen, putzen und in feine Scheiben schneiden (s. Seite 26). Möhren und Lauch putzen und schälen bzw. waschen. Beides in feine Streifen oder dünne Scheiben schneiden. Die Pilze putzen und in Scheiben schneiden (s. Seite 18).

3. Für die Sauce in einem breiten Topf den Zucker schmelzen lassen. Schalotten, Knoblauch, Galgant und Zitronengras darin andünsten. Topf vom Herd nehmen. Tamarindenpaste mit etwas Kokosmilch glatt rühren, in den Topf geben. Restliche Kokosmilch zugießen und aufkochen. Die Sauce mit 2–4 EL Sambal Oelek und Salz abschmecken.

4. Wok aufheizen, dann 2 EL Öl darin erhitzen. Tintenfische portionsweise im Öl unter ständigem Rühren 2–3 Minuten braten, salzen und unter die Kokossauce mischen.

5. Lauch, Möhren und Pilze im Wok im restlichen Öl 2 Minuten pfannenrühren. Ebenfalls unter die Sauce mischen und abschmecken.

Dazu schmecken Duftreis und halbierte, entkernte Salatgurkenscheiben.

MIESMUSCHELN
im Aromasud

Zutaten für 4 Portionen

- 2 ½ kg frische Miesmuscheln
- 1 Schalotte
- 1 Knoblauchzehe
- 1 Stück Ingwer (ca. 2 cm)
- 1 kleine rote Chilischote
- 1 Bio-Limette
- 200 g Möhren
- 1 dünne Stange Lauch
- 2 EL Öl
- 400 ml Hühner- oder Gemüsebrühe (Rezept S. 54 oder aus dem Glas)
- 1 EL Fischsauce
- 2 EL helle Sojasauce
- 2 EL Reiswein
- Salz
- 3–4 Halme Schnittknoblauch

besonderes Werkzeug
- großer hoher Topf

Zeitbedarf
- ca. 45 Minuten

So geht's

1. Muscheln unter fließendem Wasser abbürsten; bei Bedarf vorhandene Bärte entfernen. Muscheln in einem Sieb abtropfen lassen, bereits geöffnete oder beschädigte Exemplare wegwerfen.

2. Schalotte, Knoblauch und Ingwer schälen, klein würfeln (Ingwer s. Seite 28). Chilischote waschen, vierteln und entkernen (s. Seite 29). Limette heiß waschen, trocken reiben und ein Stück Schale dünn abschneiden. Limette halbieren und 4 EL Saft auspressen. Möhren und Lauch putzen und schälen bzw. waschen. Beides in feine Streifen schneiden.

3. Öl in einem großen, hohen Topf erhitzen, Schalotte, Knoblauch, Ingwer und Chili darin andünsten. Brühe, Fischsauce, Sojasauce, Reiswein, Limettensaft und -schale und ½ TL Salz zufügen. Alles aufkochen.

4. Muscheln, Möhren und Lauch zugeben und zugedeckt bei starker Hitze ca. 5–8 Minuten kochen, bis sich die Muscheln geöffnet haben. Jetzt noch geschlossene Muscheln aussortieren. Den Sud mit Salz abschmecken. Schnittknoblauch waschen, in Stücke schneiden (s. Seite 23) und über die Muscheln streuen.

Dazu Reis oder, wie in Vietnam üblich, Baguette servieren.

MEERESFRÜCHTE PFANNENRÜHREN

MEERESFRÜCHTE
mit Gemüse und Minze

REICHLICH FRISCHE KRÄUTER UND DIE FISCHSAUCE NUOC MAM MACHEN DEN TYPISCHEN GESCHMACK DIESER VIETNAMESISCHEN ZUBEREITUNG AUS.

Zutaten für 4 Portionen

- 600 g gemischte tiefgekühlte Meeresfrüchte (küchenfertig)
- 2 Knoblauchzehen
- 1 Korianderwurzel
- 1–2 frische große rote Chilischoten
- 1 rote Paprikaschote
- 2 Schalotten
- 200 g Sojabohnensprossen
- 2 Stängel Asia-Minze
- 1 Handvoll frische Kräuter (z. B. Schnittknoblauch, Dill, Koriandergrün)
- 1 TL Garnelenpaste
- 2 EL Austernsauce
- 2 EL Fischsauce (Nuoc Mam)
- 2 EL Öl
- Salz, Pfeffer aus der Mühle

besonderes Werkzeug
- Blitzhacker

Zeitbedarf
- ca. 25 Minuten
- Auftauzeit

So geht's

1. Tiefgekühlte Meeresfrüchte im Kühlschrank schonend auftauen lassen (s. Seite 118). Anschließend in einem Sieb abbrausen und gut abtropfen lassen.

2. Knoblauch und Korianderwurzel schälen. Knoblauch grob würfeln. Von der Korianderwurzel 1 EL klein würfeln. Chilischoten waschen, putzen und in feine Ringe schneiden (s. Seite 29). Alles im Blitzhacker zu einer groben Paste zerkleinern. Beiseitestellen.

3. Die Paprikaschote waschen, vierteln, putzen und die Viertel quer in feine Streifen schneiden. Schalotten schälen, in sehr dünne Ringe schneiden. Sojabohnensprossen verlesen, waschen und gut abtropfen lassen. Minze waschen, trocken schütteln, die Blättchen von den Stielen zupfen und in feine Streifen schneiden (s. Seite 25). Restliche Kräuter waschen, und trocken schütteln. Garnelenpaste mit Austernsauce und Fischsauce glatt rühren.

4. Einen Wok aufheizen, dann das Öl darin erhitzen. Die Würzpaste in den Wok geben, bei mittlerer Hitze unter Rühren 1–2 Minuten braten. Aufgetaute Meeresfrüchte zugeben und ca. 3 Minuten pfannenrühren. Die angerührte Würzflüssigkeit dazugießen, einmal aufkochen lassen.

5. Paprikaschote, Schalotten und Minze in den Wok geben, unter die Meeresfrüchte mischen und unter ständigem Rühren ca. 2 Minuten mitgaren. Die Sprossen zufügen und kurz mitbraten. Meeresfrüchte mit Salz und Pfeffer abschmecken und sofort servieren. Die restlichen Kräuter dazu reichen, damit sich davon bei Tisch jeder nach Belieben Kräuterblätter abzupfen und über seine Portion streuen kann.

Dazu passt Reis.

FRISCHE SPROSSEN von Hülsenfrüchten wie z. B. Sojabohnen oder Mungbohnen müssen vor dem Genuss kurz gegart werden. Sie enthalten roh unverträgliche Substanzen, die durch Erhitzen aber verlässlich abgebaut werden. Dafür alle Sprossenarten entweder kurz mitbraten oder mindestens 1 Minute in kochendem Wasser blanchieren.

FLEISCH & GEFLÜGEL

HÜHNCHENFLEISCH IST IN ASIEN SEHR BELIEBT. ZU BESONDEREN ANLÄSSEN KOMMEN ABER AUCH ENTE, RIND UND SCHWEIN ODER LAMM AUF DEN TISCH. VIELFÄLTIG ZUBEREITET WIRD DARAUS EIN GENUSS FÜR LEIB UND SEELE.

GEFLÜGEL – ENTENBRUST BRATEN

ENTENBRUST
mit Knusperhaut und Würzsauce

TYPISCH JAPANISCH: RAFFINIERT GEWÜRZT UND ANGERICHTET
VERRÄT DIESES GERICHT NICHTS ÜBER SEINE EINFACHE ZUBEREITUNG.
DABEI IST ES AUSSERDEM AUCH NOCH WUNDERBAR LEICHT.

Zutaten für 4 Portionen

2 fleischige Entenbrustfilets mit Haut (à ca. 350 g)

100 ml dunkle Sojasauce

50 ml Sake

50 ml Mirin (s. Glossar)

1 EL Rohrzucker

8 Blätter Eisbergsalat

1 EL geschälte Sesamsamen

Schnittknoblauch zum Garnieren

Zeitbedarf
- ca. 35 Minuten

So geht's

1. Fleisch kalt abbrausen und trocken tupfen. Die Haut rautenförmig einschneiden (s. Seite 124). Sojasauce mit Sake, Mirin und Zucker verrühren. Salatblätter waschen und trocken tupfen.

2. Einen Wok oder eine Pfanne aufheizen. Filets mit der Hautseite nach unten in die Pfanne legen und darin ohne Fettzugabe bei starker Hitze zunächst 4–5 Minuten braten, bis die Haut knusprig ist. Fleisch herausnehmen, die Kruste abschneiden und warm halten. Entenbrust auf der noch rohen Seite ca. 3 Minuten weiterbraten, dann herausheben. Das ausgelassene Fett aus dem Wok oder der Pfanne entfernen, das Fleisch wieder hineinlegen.

3. Die angerührte Würzflüssigkeit über die Entenbrustfilets gießen. Zugedeckt bei mittlerer Hitze noch weitere ca. 8 Minuten garen, dabei nach der Hälfte der Zeit einmal wenden.

4. Inzwischen die Sesamsamen in einer kleinen beschichteten Pfanne ohne Fett bei mittlerer Hitze unter Rühren rösten, bis die ersten Samen in der Pfanne zu „springen" beginnen. Aus der Pfanne nehmen und beiseitestellen. Salatblätter in Rechtecke schneiden und je 2–3 auf (eckige) Teller auslegen. Schnittknoblauch waschen und trocken schütteln.

5. Entenbrustfilets in dünne Scheiben schneiden und auf den Salatblättern anrichten. Mit Sauce beträufeln, Sesam darüber streuen und mit Schnittknoblauchhalmen garnieren. Kruste in Stücke teilen und mit der übrigen Sauce getrennt dazu reichen.

Dazu schmecken japanische Weizennudeln wie z. B. Undon und Somen oder Reis.

SO SCHMECKT'S AUCH Statt die flüssige Würzmischung aus mehreren Zutaten selbst anzurühren, können Sie auch 200 ml fertige Teriyaki-Sauce (s. Glossar) verwenden.

Die Variante

Marinierte Entenbrustfilets
2 Entenbrustfilets mit Haut (à 350 g) wie links beschrieben vorbereiten und nebeneinander in eine Schale legen. Mit 4 EL Sake beträufeln und so viel dunkle Sojasauce angießen, dass das Fleisch damit bedeckt ist, die Haut aber noch freiliegt. Fleisch ca. 2 Stunden marinieren. Backofen auf 60 °C (Ober- und Unterhitze) vorheizen. Filets aus der Marinade heben, trocken tupfen. Die Haut mit etwas Marinade bepinseln. Entenbrüste mit der Haut nach unten in einer ofenfesten heißen Pfanne ohne Fett bei starker Hitze 4–5 Minuten braten, bis die Haut knusprig ist. Im Ofen (Mitte) in 15–20 Minuten fertig garen. Das Fleisch in Scheiben schneiden, nach Belieben auf Eisbergsalat-Streifen anrichten.

[a]

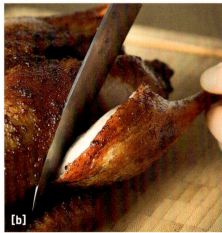
[b]

DAS IST WIRKLICH WICHTIG

[a] BRATENSAFT ENTFETTEN Beim Garen im Ofen wird das Fett der Ente ausgebacken und sammelt sich im Bratensaft, der dann für eine Sauce entfettet werden muss. Bratensaft dafür am besten in einen Fettabschöpfer füllen und warten, bis sich das Fett deutlich an der Oberfläche abgesetzt hat. Oder das sichtbare Fett mit einem flachen großen Löffel vom Bratensaft abschöpfen.

[b] ENTE TRANCHIEREN 1 Zuerst die Flügel vom Körper wegziehen und mit einem scharfen Messer das Gelenk durchtrennen. Dann das Fleisch zwischen Keule und Brust bis zum Gelenk einschneiden. Keule leicht nach außen biegen, bis das Gelenk knackt, dann dieses mit dem Messer durchtrennen. Abgetrennte Keulen auf die Hautseite legen, am Knochen festhalten und im Gelenk durchschneiden.

[c] ENTE TRANCHIEREN 2 Das Brustfleisch auf beiden Seiten eng am Knochengerüst entlang von oben nach unten abschneiden.

ZUM TRANCHIEREN EIN SCHARFES, GROSSES KOCHMESSER VERWENDEN.

[c]

LACKIERTE ENTE
knusprig gebraten

IN VIETNAM WIRD DIE GEGARTE ENTE TRADITIONELL IN HANDLICHE STÜCKE ZERTEILT, AM TISCH IN SAUCE GETAUCHT UND MIT STÄBCHEN ODER AUCH MIT DEN FINGERN GEGESSEN.

Zutaten für 4 Portionen

- 1 küchenfertige Ente (ca. 2 kg)
- 1 EL Fünf-Gewürze-Pulver
- 3 EL Reiswein (ersatzweise trockener Sherry)
- 80 ml helle Sojasauce
- 2 EL Fischsauce
- 1 EL Palmzucker (ersatzweise Rohrzucker)
- 1 kleine getrocknete Chilischote
- 2 Knoblauchzehen
- 4 Stängel Asia-Minze
- Öl für den Rost
- 3 Rezepte Hoisin-Erdnuss-Dip (s. Seite 57)

besonderes Werkzeug
- Mörser
- Küchenpinsel

Zeitbedarf
- ca. 30 Minuten
- 3–12 Stunden marinieren
- 1 ½ Stunden braten

So geht's

1. Die Ente innen und außen kalt abbrausen und trocken tupfen. Fünf-Gewürze-Pulver, Reiswein, Sojasauce, Fischsauce und Zucker zu einer Marinade verrühren. Die Chilischote im Mörser fein zerstoßen und unterrühren. Den Knoblauch schälen, dazupressen und ebenfalls unterrühren. Die Ente außen mit der Marinade rundherum einpinseln. Restliche Marinade beiseitestellen. Die Ente mindestens 3 Stunden (besser über Nacht) zugedeckt an einem kühlen Ort marinieren.

2. Den Backofen auf 225 °C (Ober- und Unterhitze; Umluft 200 °C) vorheizen. Die Ente mit der Brustseite nach unten auf einen eingeölten Backofenrost legen. Direkt darunter ein tiefes Backblech oder eine Fettpfanne einschieben, um den Bratensaft aufzufangen. Die Ente im Ofen (untere Mitte) 1 ½ Stunden braten.

3. Nach 30 Minuten die Temperatur auf 180 °C (Ober- und Unterhitze; Umluft 160°) reduzieren. Die Ente umdrehen und mit der restlichen Marinade bestreichen und weiterbraten, bis die Haut schön kross ist. Währenddessen die Schenkel ab und zu mit einem spitzen Messer einstechen, damit das Fett ausbrät, und die Ente mit dem entstandenen Bratensaft begießen.

4. Die Minze waschen, trocken schütteln und die Blättchen abzupfen (s. Seite 25). Hoisin-Erdnuss-Sauce wie auf Seite 57 beschrieben zubereiten und in 4 Schälchen verteilen.

5. Die Ente aus dem Ofen nehmen und zum Tranchieren mit der Brust nach oben auf ein großes Arbeitsbrett mit Saftrinne legen. Den Bratensaft entfetten [→a]. Von der Ente zuerst die Flügel, dann die Keulen abtrennen [→b]. Zum Schluss das Brustfleisch abschneiden [→c] und quer in fingerdicke Scheiben schneiden. Entstandenen Bratensaft zur entfetteten Bratensauce geben. Zerteilte Ente mit Minzeblättchen auf einer Platte anrichten und Bratensauce und Hoisinsauce getrennt dazu servieren.

Dazu schmecken im Wok gebratene Frühlingszwiebeln und Langkorn-Klebreis.

ENTENFETT Das abgeschöpfte Entenfett kann in einem sauberen Schraubglas im Kühlschrank aufbewahrt werden. Es ist sehr aromatisch und eignet sich gut, um Hähnchen- oder Putenfleisch im Wok anzubraten.

TANDOORI-HÄHNCHEN

herrlich würzig

Zutaten für 4 Portionen

- 4 Hähnchenkeulen (ca. 1,2 kg)
- 2 EL Tandoori-Paste
- 300 g Naturjoghurt (3,5 % Fett)
- 2 EL frisch gepresster Limettensaft
- 1 Knoblauchzehe (nach Belieben)
- 1 TL Garam Masala
- 1 gestr. TL Chilipulver (s. Glossar)
- ½ TL rosenscharfes Paprikapulver
- Salz, Pfeffer aus der Mühle
- 2 EL Öl
- 1 Bio-Limette

Zeitbedarf
- 25 Minuten
- 3–12 Stunden marinieren
- 30 Minuten backen

So geht's

1. Hähnchenkeulen nach Belieben häuten. Keulen im Gelenk zerteilen, waschen und trocken tupfen. Jedes Fleischstück 2–3 mal ca. ½ cm tief einschneiden.

2. Tandoori-Paste mit Joghurt und Limettensaft glatt rühren. Nach Belieben Knoblauch schälen und dazupressen. Garam Masala, Chilipulver und Paprikapulver untermischen. Die Marinade mit Salz und Pfeffer abschmecken. Keulen in der Marinade wenden, zugedeckt im Kühlschrank mindestens 3 Stunden (oder über Nacht) ziehen lassen.

3. Backofen auf 220 °C (Ober- und Unterhitze) vorheizen. Ein Backblech mit Alufolie auslegen. Hähnchenkeulen aus der Marinade nehmen und nebeneinander auf die Folie legen und mit Öl beträufeln. Keulen im Ofen (Mitte) ca. 30 Minuten garen. Währenddessen einmal wenden und ab und zu mit der übrigen Marinade bestreichen. Limette waschen, trocken reiben, in Spalten schneiden und zum Tandoori-Hähnchen reichen.

Dazu schmecken indisches Fladenbrot, Minze-Joghurt (Rezept S. 57) und Mango-Chutney (z. B. Fertigprodukt).

ENTENBRUST

mit Früchten

Zutaten für 4 Portionen

- 2 Entenbrustfilets mit Haut (à ca. 300 g)
- 4 EL helle Sojasauce
- 2 EL Ketjap manis (s. Glossar)
- 1 EL Austernsauce
- 2 TL Reisessig
- 100 ml Hühnerbrühe (Rezept S. 54 oder aus dem Glas)
- 1 Stück Ingwer (ca. 4 cm)
- 2 Knoblauchzehen
- 1 rote Paprikaschote
- 1 Stange Lauch (ca. 250 g)
- 2 rote Chilischoten
- 4 Stängel Thai-Basilikum (am besten Bai Kaprau)
- 300 g Mangostane (ersatzweise Litschis oder frisches Ananasfruchtfleisch)
- 4 EL Öl

Zeitbedarf
- ca. 30 Minuten

So geht's

1. Entenbrüste waschen und trocken tupfen. Die Haut ablösen, in feine Streifen schneiden. Das Fleisch quer in ca. 1 cm dünne Scheiben schneiden. Sojasauce, Ketjap manis, Austernsauce, Essig und Brühe verrühren.

2. Ingwer und Knoblauch schälen, in feine Stifte schneiden (Ingwer s. Seite 28). Paprika und Lauch waschen, putzen, in feine Streifen schneiden. Chilis waschen, putzen, halbieren, entkernen und in feine Streifen schneiden (s. Seite 29). Basilikum waschen, trocken schütteln, Blätter abzupfen (s. Seite 22). Mangostane schälen, in die einzelnen Segmente teilen (s. Seite 34).

3. Wok aufheizen, dann das Öl darin erhitzen. Entenhaut bei starker Hitze darin knusprig braten, herausheben, auf Küchenpapier abtropfen lassen. Fleischscheiben portionsweise im ausgelassenen Fett 2 Minuten unter Rühren braten, herausheben.

4. Knoblauch, Ingwer und Chilis im Bratfett kurz anbraten. Paprika und Lauch zugeben, 3 Minuten pfannenrühren. Erst das Fleisch, dann die Würzmischung unterrühren. Mangostane untermischen. Alles noch 1 Minute köcheln lassen, abschmecken. Entenbrust mit Entenhaut und Basilikum bestreut servieren.

CHINA
DAS REICH DER MITTE

DAS BESTE AUS ALLEN ZUTATEN ZU MACHEN, IST DAS ZIEL DIESER KÜCHE. DIE CHINESEN HABEN AUCH DAS ZUBEREITEN IM WOK ERFUNDEN UND ES DARIN ZUR PERFEKTION GEBRACHT.

CHINESISCHES NEUJAHR

Der Termin für das Fest ist vom chinesischen Mondkalender abhängig und liegt immer zwischen dem 20. Januar und 20. Februar. Viele Chinesen nehmen sich dafür mindestens eine Woche frei, um ausgiebig feiern zu können. Denn der Jahreswechsel ist das größte und üppigste chinesische Familienfest des Jahres und endet traditionell mit einem großen Feuerwerk. Das Wichtigste am Neujahrsfest ist das Zusammenkommen und gemeinsame Essen. Denn nur wenn die gesamte Familie komplett ist, haben Glücksrituale wie das Verzehren bestimmter Speisen eine Wirkung. So symbolisieren Fisch, Fleisch und Geflügel im Hauptgang die chinesische Dreieinigkeit Wohlstand, Glück und Gesundheit.

DIE VIER GROSSEN KÜCHEN

„Die chinesische Küche" gibt es nicht. Da das Land so riesig und das Klima so unterschiedlich ist, gibt es eine enorme Vielfalt an Regionalküchen mit eigenem Stil und Spezialitäten. Nichtsdestotrotz haben die vier großen Zentren Chinas jeweils ihre eigene kulinarische Note:

PEKING: Im Norden ist vor allem die ländliche Küche deftig. Schweinefleisch, Geflügel, Kohl, Getreide und Nudeln werden variationsreich, aber mit viel Fett zubereitet.

SHANGHAI: Die Küche im Osten ist delikat und pur. Es kommen neben Fleisch auch viele Gerichte mit Süß- und Salzwasserfischen sowie Meeresfrüchten auf den Tisch.

SZECHUAN: Im subtropischen Klima des Westens wird mit reichlich Chilis, Knoblauch und Szechuanpfeffer gewürzt.

KANTON: Diese Küche präsentiert eine verschwenderische Fülle. Denn hier, im fruchtbaren Süden, wächst und gedeiht auf dem Land und im Meer einfach alles, was das Herz begehrt.

DIM SUM

Gefüllte Teigtaschen, zarte Fleischbällchen, dünne Frühlingsröllchen – ursprünglich wurden die im Bambuskörbchen gedämpften Häppchen vor allem zum Frühstück gereicht, zusammen mit Tee. Aber kaum eine städtische Hausfrau bereitet sie heute noch selber zu, denn dafür gibt es mittlerweile spezielle Restaurants. Inzwischen werden Dim Sum auch als Imbiss und leichtes Mittagsmenü angeboten.
Dim Sum sind überwiegend herzhaft gefüllt, meist gedämpft, aber auch mal frittiert. Mit mehr als 1000 verschiedenen Sorten, auch süßen Varianten, sind die Formen und Füllungen schier unzählbar. Doch egal, welche Form oder Füllung sie haben, entscheidend ist: Sie müssen klein sein. Und zwar so klein, dass sie mit einem oder zwei Bissen gegessen sind.

WENN GÄSTE KOMMEN

Zu einem Gedeck gehört in China eine Reisschale mit Unterteller und ein bis zwei Schälchen für Saucen. Dazu ein Porzellanlöffel für Suppen sowie Ess-Stäbchen mit Porzellan-Bänkchen zum Ablegen der Stäbchen bei Esspausen. Typische chinesische Ess-Stäbchen sind quadratisch, nicht lackiert, verjüngen sich zum vorderen Teil und sind am Ende stumpf. Nach einer kleinen Vorspeise werden alle Gerichte gleichzeitig aufgetragen. Die Suppe wird meist zwischendurch serviert.

KULTGETRÄNK BUBBLE TEA

Von der chinesischen Insel Taiwan über ganz Asien, USA und Australien nach Europa: Das Kultgetränk Bubble Tea, oder auch Pearl Milk genannt, erobert die Welt. Seine Grundrezeptur ist einfach: Gesüßter Tee (schwarz oder grün) wird mit Milch, Fruchtsirup und Eis gemischt, dazu kommen die bunten „Tapioka" genannten Kügelchen aus Speisestärke. Man trinkt ihn durch einen extradicken Strohhalm, saugt dabei die Kugeln in den Mund und zerkaut sie. Definitiv ein ganz besonderes Trinkerlebnis, das Sie probieren sollten.

DAS IST WIRKLICH WICHTIG

[a] ZUR SAUCE REDUZIEREN Damit die Sauce aromatisch wird, muss die Brühe konzentriert, also eingekocht werden. Dafür die Brühe bei starker Hitze offen sprudelnd kochen lassen, bis die gewünschte Menge erreicht ist.

GEFLÜGEL POCHIEREN

ZARTE HÄHNCHENBRUST
mit Ingwersauce

IN SACHEN SAUCEN SIND THAILANDS KÖCHE MEISTER. ENTSCHEIDEND FÜR SIE IST DABEI NICHT DIE MENGE DER SAUCE, SONDERN DIE INTENSITÄT DES AROMAS.

Zutaten für 4 Portionen

- 2 Stängel Zitronengras
- 2 Limettenblätter
- 2 Thai-Schalotten
- 1 Knoblauchzehe
- 1 kleine Korianderwurzel
- 1 getrocknete Chilischote
- 400 ml Hühnerbrühe (Rezept S. 54 oder aus dem Glas)
- 500 g Hähnchenbrustfilet
- 1 Frühlingszwiebel
- 50 g Ingwer
- 1 kleine rote Chilischote
- 2 EL Öl
- 5 EL helle Sojasauce
- 3 EL Reisessig (ersatzweise milder Weißweinessig)
- 2 EL Fischsauce
- 2 TL heller Palmzucker (ersatzweise Rohrzucker)
- 4 Stängel Koriandergrün (nach Belieben)

Zeitbedarf
- ca. 35 Minuten

So geht's

1. Das Zitronengras putzen, die Limettenblätter waschen, beides grob zerkleinern (s. Seite 26, 27). Schalotten, Knoblauch und Korianderwurzel schälen, in grobe Stücke schneiden (Schalotten s. Seite 16). Alles mit der getrockneten Chilischote und der Hühnerbrühe in einen flachen Topf geben und aufkochen lassen.

2. Währenddessen Hähnchenfleisch kalt abbrausen und trocken tupfen. In die Brühe legen und zugedeckt bei kleiner Hitze in ca. 15 Minuten gar ziehen lassen.

3. Inzwischen für die Sauce die Frühlingszwiebel putzen, waschen und in feine Ringe schneiden. Ingwer schälen, sehr fein würfeln (s. Seite 28). Die frische Chilischote waschen, putzen, halbieren, entkernen und in feine Streifen schneiden (s. Seite 29).

4. Einen Wok oder kleinen Topf aufheizen und das Öl darin erhitzen. Frühlingszwiebel, Ingwer und Chili darin anbraten. Sojasauce, Essig, Fischsauce und Zucker einrühren. Vom Herd nehmen.

5. Hähnchenfleisch aus der Brühe heben. Warm halten. Die Brühe auf ca. 150 ml einkochen lassen [→a]. Nach Belieben Koriandergrün waschen, trocken schütteln und grobe Stiele entfernen (s. Seite 24). Eingekochte Brühe durch ein Sieb in den Wok oder den Topf gießen. Die Ingwersauce aufkochen lassen und abschmecken. Das Hähnchenfleisch quer in Scheiben schneiden, zum Servieren mit der heißen Sauce begießen und mit Koriander bestreut servieren.

Dazu passen Thailändischer Duftreis oder Jasminreis.

Die Variante

Hähnchenkeulen in Soja-Kokos-Sauce
1,2 kg Hähnchenkeulen im Gelenk zerteilen, kalt abbrausen und trocken tupfen. Die Stücke rundum salzen und pfeffern. 2 Zwiebeln, 2 Knoblauchzehen und 1 Stück Ingwer (ca. 3 cm) schälen, fein würfeln. 2 kleine rote Chilischoten waschen, putzen, halbieren, entkernen und sehr fein würfeln. Wok oder Pfanne aufheizen, dann 4 EL Öl darin erhitzen. Die Geflügelteile darin bei mittlerer Hitze portionsweise rundum goldgelb anbraten. Herausheben. Zwiebeln, Knoblauch und Ingwer im verbliebenen Bratfett andünsten. Chilis zufügen. 8 EL Ketjap manis (s. Glossar) und 250 ml ungesüßte Kokosmilch unterrühren. Keulen in die Sauce legen und zugedeckt bei kleiner Hitze ca. 30 Minuten schmoren. Falls nötig, noch etwas Kokosmilch zugießen.

FLEISCH TRADITIONELL ZUBEREITEN

ASIATISCHER FEUERTOPF
leicht und vielfältig

WAS FÜR UNS DAS FONDUE, IST FÜR ASIATEN DER FEUERTOPF. JEDES LAND HAT SEIN EIGENES TRADITIONELLES REZEPT. TYPISCH BEI ALLEN IST DIE VIELFÄLTIGKEIT DER ZUTATEN.

Zutaten für 4–6 Portionen

je 1 Rezept Hühnerbrühe (s. Seite 54), süßsaure Chilisauce (s. Seite 56), Soja-Ingwer-Dip (s. Seite 57)

200 g weißfleischiges Fischfilet

200 g kleine rohe, geschälte Garnelen

je 200 g Rinderhüftsteak und Hähnchenbrustfilet

2–3 Stängel Koriandergrün

150 g mageres Rinder- oder Schweinehackfleisch, 1 Eigelb

3–4 Tropfen geröstetes Sesamöl

1 EL Sojasauce, 1 EL Reiswein

Salz, Pfeffer aus der Mühle

je 200 g Möhren, Brokkoli und Frühlingszwiebeln

150 g kleine Shiitake-Pilze

besonderes Werkzeug
- Feuertopf oder Fleischfonduetopf
- Rechaud
- 4–6 Fonduesiebe

Zeitbedarf
- ca. 40 Minuten

So geht's

1. Hühnerbrühe wie im Rezept auf Seite 54 beschrieben vorbereiten. Süßsaure Chilisauce von Seite 56 und den Soja-Ingwer-Dip von Seite 57 zubereiten.

2. Fisch und Garnelen kalt abbrausen und trocken tupfen. Den Fisch in dünne Scheiben schneiden. Beides auf einem Teller oder einer Platte anrichten, kalt stellen.

3. Rinder- und Hähnchenfleisch kalt abbrausen und trocken tupfen. Rindfleisch in hauchdünne Scheiben schneiden (s. Seite 62), das Hähnchenfleisch 2–3 cm groß würfeln. Beides auf einem Teller oder einer Platte anrichten, kalt stellen.

4. Koriander waschen, trocken schütteln, Blättchen abzupfen, fein hacken und mit Hackfleisch, Eigelb, Sesamöl, Sojasauce und Reiswein gründlich verkneten. Mit Salz und Pfeffer würzen. Aus der Masse mit angefeuchteten Händen walnussgroße Fleischbällchen formen. Auf einen Teller legen und zugedeckt in den Kühlschrank stellen.

5. Das Gemüse waschen, schälen und/oder putzen. Möhren in Stifte schneiden, Brokkoli in kleine Röschen teilen und Frühlingszwiebeln in 2–3 cm lange Stücke schneiden. Die Pilze putzen (s. Seite 18). Alles auf einem Teller oder einer Platte anrichten.

6. Alle vorbereiteten Zutaten auf den Tellern oder Platten in der Mitte des Tisches anrichten. Sauce und Dip jeweils in 4–6 Schälchen verteilen, auf den Tisch stellen. Die Hühnerbrühe aufkochen und einen Feuer- oder Fonduetopf damit bis zu zwei Drittel füllen, diesen auf das brennende Rechaud stellen. Restliche Brühe bei kleiner Hitze auf dem Herd warm halten. Die Brühe im Feuertopf muss während des gesamten Essens leicht kochen, damit die Zutaten schnell gar werden.

7. Die Zutaten in der Brühe gar werden lassen [→a] und zusammen mit den Dips und Reis essen [→b]. Zum Schluss die würzige Brühe nach Belieben heiß in Suppenschalen füllen, auslöffeln oder trinken.

Dazu schmeckt Reis, am besten Langkorn-Klebreis.

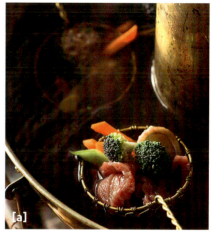

DAS IST
WIRKLICH
WICHTIG

[a] ZUTATEN GAREN Wie beim Fondue werden die vorbereiteten Zutaten in kleinen Portionen erst direkt vor dem Essen am Esstisch in der Brühe gegart. Dafür füllt sich jeder die frischen Zutaten seiner Wahl in sein Fonduesieb und hält es in die Brühe, bis die Zutaten gar sind.

[b] FEUERTOPF ESSEN In Ess-Schalen etwas Reise füllen und die gegarten Zutaten aus dem Sieb dazugeben. Nach Belieben häppchenweise mit Ess-Stäbchen in den Dip oder die Sauce tauchen und essen.

SCHMORTOPF
mit Rindfleisch

Zutaten für 4 Portionen

- 10 g getrocknete Mu-Err-Pilze
- 500 g Rindfleisch aus der Hüfte
- 1 Stück Ingwer (ca. 2 cm)
- 2 Knoblauchzehen
- 2 EL Öl
- 1 Zimtstange
- 2 Sternanis
- 4 EL helle Sojasauce
- 1 EL Reisessig (ersatzweise milder Weißweinessig)
- 200 ml Rindfleischbrühe (Rezept S. 54 oder aus dem Glas)
- 3 zarte Stangen Staudensellerie
- 1 TL geröstetes Sesamöl
- Salz, Pfeffer aus der Mühle

Zeitbedarf
- ca. 30 Minuten
- 30 Minuten einweichen
- 1 Stunde schmoren

So geht's

1. Mu-Err-Pilze in einer Schüssel mit warmem Wasser bedecken und 30 Minuten einweichen (s. Seite 20).

2. Inzwischen das Rindfleisch kalt abbrausen, trocken tupfen und in mundgerechte Stücke schneiden. Ingwer und Knoblauch schälen, fein würfeln (Ingwer s. Seite 28). Eingeweichte Pilze gründlich waschen und in Stücke schneiden (s. Seite 20).

3. Einen Wok aufheizen, dann das Öl darin erhitzen. Fleisch darin unter Rühren bei starker Hitze kräftig anbraten. Pilze, Ingwer, Knoblauch, Zimt, Sternanis, Sojasauce, Essig und 150 ml Brühe zufügen und mischen. Aufkochen und das Fleisch zugedeckt bei kleiner Hitze in 1 Stunde weich schmoren. Dabei ab und an umrühren. Falls nötig, restliche Brühe nachgießen.

4. Sellerie waschen und putzen, zarte Blättchen beiseitelegen. Selleriestangen schräg in ca. 1 cm breite Stücke schneiden. Zum Fleisch geben und 5–6 Minuten mitschmoren. Schmortopf mit Sesamöl, Salz und Pfeffer abschmecken und mit dem Selleriegrün garniert servieren.

Dazu passen Thailändischer Duftreis oder Jasminreis.

RINDERLENDE
mit Tomaten und Basilikum

Zutaten für 4 Portionen

- 300 g Rinderlende
- ½ TL Speisestärke
- 1 TL geröstetes Sesamöl
- 2 EL helle Sojasauce
- 150 g Kirschtomaten
- 2 Stängel Thai-Basilikum (am besten Bai Horapa)
- 2 EL Öl
- 1 TL rote Currypaste (Rezept S. 55 oder Fertigprodukt)
- 1 EL Fischsauce
- 1 TL Palmzucker (ersatzweise Rohrzucker)
- Salz, Pfeffer aus der Mühle

Zeitbedarf
- ca. 25 Minuten
- 20–30 Minuten ruhen

So geht's

1. Rinderlende, falls nötig, von Fett und Sehnen befreien. Lende kalt abbrausen und trocken tupfen. Das Fleisch zuerst quer zur Faser in ca. 1 cm dünne Scheiben, dann in ca. 0,5 cm schmale Streifen schneiden. Fleischstreifen mit Stärke, Sesamöl und 1 TL Sojasauce vermischen und zugedeckt im Kühlschrank 20–30 Minuten ziehen lassen.

2. Inzwischen die Tomaten waschen, trocken tupfen und halbieren. Thai-Basilikum waschen, trocken schütteln, die Blättchen abzupfen und grob zerkleinern (s. Seite 22).

3. Einen Wok aufheizen, dann das Öl darin erhitzen. Fleisch darin unter ständigem Rühren bei starker Hitze kurz, aber kräftig anbraten, dabei die Currypaste zugeben. Das Fleisch sollte rundum von der Currypaste umhüllt sein.

4. Tomaten unter das Fleisch rühren. Restliche Sojasauce, Fischsauce, Zucker und 100 ml Wasser zugeben. Alles einmal kurz aufkochen lassen. Mit Salz und Pfeffer abschmecken, vom Herd nehmen und das Basilikum unterheben.

Dazu passen Thailändischer Duftreis oder Jasminreis.

SO SCHMECKT'S AUCH Anstelle von Rinderlende können Sie auch Kalbsfilet, Schweinefilet oder Lammlende verwenden. Jede dieser Fleischsorten harmoniert gut mit Tomaten, Currypaste und Basilikum.

REIS-LAMM-TOPF
mit Mandeln

Zutaten für 4 Portionen

- 600 g Lammfleisch aus der Keule
- 1 Stück Ingwer (ca. 2 cm)
- 2 Knoblauchzehen
- 1 TL Garam Masala
- 1 TL gemahlener Kreuzkümmel
- schwarzer Pfeffer aus der Mühle
- 200 g Basmati (ersatzweise anderer Langkornreis)
- 2 große Zwiebeln
- 1 Möhre
- 4 EL Öl
- 4 Kardamomkapseln
- 1 Zimtstange
- 150 g Naturjoghurt (3,5 % Fett)
- 2 EL Mandelstifte
- Salz
- einige Korianderblätter zum Garnieren (nach Belieben)

besonderes Werkzeug
- Schmortopf

Zeitbedarf
- ca. 35 Minuten
- 2 Stunden marinieren
- 50–55 Minuten schmoren

So geht's

1. Das Lammfleisch kalt abbrausen, trocken tupfen und in ca. 2,5 cm große Würfel schneiden. Ingwer und Knoblauch schälen, fein würfeln (Ingwer s. Seite 28). Fleisch mit Ingwer, Knoblauch, Garam Masala, Kreuzkümmel und ½ TL Pfeffer vermischen und zugedeckt mindestens 2 Stunden im Kühlschrank marinieren. Den Reis in einer Schüssel mit kaltem Wasser bedecken und ebenfalls 2 Stunden einweichen.

2. Die Zwiebeln schälen, halbieren und längs in dünne Streifen schneiden. Die Möhre putzen, schälen und würfeln. Eingeweichten Reis zum Abtropfen in ein Sieb abgießen.

3. In einem Schmortopf 3 EL Öl erhitzen. Mariniertes Fleisch darin bei starker Hitze portionsweise unter Rühren rundum anbraten, herausnehmen. Übriges Öl in den Topf geben. Darin Zwiebeln und Möhrenwürfel kurz anbraten. Kardamomkapseln mit der Breitseite eines Messers anquetschen, mit der Zimtstange zum Gemüse geben und kurz mitbraten, aber nicht anbrennen lassen.

4. Lammfleisch in den Topf zurückgeben. Joghurt, Mandelstifte und 400 ml Wasser zugeben. Salzen und aufkochen lassen. Zugedeckt bei kleinster Hitze zunächst 35 Minuten schmoren. Dann den Reis unterrühren, nochmals aufkochen und bei kleinster Hitze weitere 15–20 Minuten schmoren, bis das Fleisch weich und der Reis gar ist. Falls nötig, noch etwas Wasser nachgießen. Vor dem Servieren ganze Gewürze entfernen, mit Salz und Pfeffer abschmecken und nach Belieben mit Koriander bestreuen.

Dazu schmeckt Minze-Joghurt. Das Rezept dafür finden Sie auf Seite 57.

FLEISCH MARINIEREN

ZARTES RINDERFILET
mit würzigem Dip

BULGOGI, KOREAS NATIONALGERICHT, WIRD TRADITIONELL AUF EINEM SPEZIAL-GRILL GEGART UND IMMER ZUSAMMEN MIT EINEM DIP UND KIMCHI SERVIERT.

Zutaten für 4 Portionen

500 g marmoriertes Rinderfilet (ohne Haut, Fett und Sehnen)

1 EL geschälte Sesamsamen

2 Frühlingszwiebeln

125 ml helle Sojasauce

1 EL + 2–3 Tropfen geröstetes Sesamöl

¼ TL grob gemahlener schwarzer Pfeffer

2 TL Palmzucker (ersatzweise Rohrzucker)

1 ½ Knoblauchzehen

1 Stück Ingwer (ca. 2 cm)

1 EL Reiswein (ersatzweise trockener Sherry)

1 TL mild-süße Chilisauce (Fertigprodukt)

etwas Öl zum Braten

Salz, Pfeffer aus der Mühle

Zeitbedarf
- 35 Minuten
- Anfrierzeit
- 4–12 Stunden marinieren

So geht's

1. Rinderfilet kalt abbrausen, trocken tupfen und in 3–4 cm breite Stücke schneiden (s. Tipp), in einen Gefrierbeutel legen und im Tiefkühlfach 45–60 Minuten anfrieren lassen. Angefroren lässt sich das Fleisch leichter in hauchdünne 2–3 mm dünne Scheiben schneiden. Dafür das Fleisch quer zur Faser, am besten mit einer Aufschnittmaschine oder mit einem scharfen Messer, in Scheiben schneiden (s. Seite 62).

2. Für die Marinade die Sesamsamen in einer kleinen beschichteten Pfanne ohne Fett bei mittlerer Hitze unter Rühren rösten, bis die ersten Samen in der Pfanne zu „springen" beginnen, herausnehmen. 1 Frühlingszwiebel waschen, putzen und schräg in sehr dünne Ringe schneiden. 75 ml Sojasauce, 1 EL Sesamöl, Sesamsamen, Pfeffer und Zucker verrühren. 1 Knoblauchzehe und Ingwer schälen (Ingwer s. Seite 28), beides durch die Knoblauchpresse dazudrücken und mit der Frühlingszwiebel unterrühren.

3. Die Fleischscheiben auf einem großen flachen Teller oder einer Platte ausbreiten, mit der Marinade übergießen und zugedeckt mindestens 4 Stunden (oder über Nacht) ziehen lassen [→a].

4. Für den Dip übrige Frühlingszwiebel waschen, putzen und den hellen Teil fein hacken. Mit restlicher Sojasauce, Reiswein, 1 EL Wasser und Chilisauce verrühren. ½ Knoblauchzehe schälen, dazupressen und unterrühren. Dip mit 2–3 Tropfen Sesamöl würzen und in 4 Schälchen verteilen.

5. Den Boden einer großen beschichteten Pfanne dünn mit Öl einreiben. Das Fleisch darin kurz braten [→b], salzen und pfeffern und sofort mit dem Dip servieren..

Dazu eingelegten Chinakohl (Kimchi, s. Seite 98/99) und Langkorn-Klebreis servieren.

FLEISCH ANFRIEREN Das Filet muss vor dem Anfrieren in kleinere Stücke zerteilt werden, damit sich die Zeit zum Anfrieren verkürzt.

FÜR VIEL AROMA MARINADE GLEICHMÄSSIG ÜBER DAS FLEISCH VERTEILEN.

DAS IST
WIRKLICH
WICHTIG

[a] FLEISCH MARINIEREN Marinaden haben verschiedene Funktionen. Sie würzen, machen haltbar und Fisch und Fleisch mürbe. Da Rinderfilet von Natur aus schon sehr zart ist, wird das Fleisch in diesem Rezept nur wegen des Aromas mariniert. Damit die Gewürze in das Fleisch übergehen können, muss es vollständig mit der Marinade bedeckt sein und einige Stunden darin ziehen.

[b] RINDERFILETSCHEIBEN BRATEN So dünn geschnitten hat das zarte Rinderfilet nur eine sehr kurze Garzeit. Zu lange gebraten wird es zäh und ungenießbar. Die Pfanne aufheizen und das Fleisch darin bei starker Hitze portionsweise ca. 1 Minute braten, dabei die einzelnen Fleischscheiben möglichst nebeneinanderlegen und einmal wenden.

DAS IST
WIRKLICH
WICHTIG

[a] DIE SPEISESTÄRKE verhindert, dass Fleischsorten, die bei starkem Anbraten dazu neigen, trocken zu werden, saftig bleiben. Damit die Stärke alle Fleischwürfel gleichmäßig überziehen kann, diese mit der gewürzten Stärke in eine Schüssel füllen und mit den Händen vermischen.

[a]

FLEISCH – KLASSIKER

SCHWEINEFLEISCH
süßsauer

FRUCHTIG UND KNACKIG, SÜSS UND SAUER – HIER IST FÜR JEDEN ETWAS DABEI. VIELLEICHT IST DER CHINESISCHE KLASSIKER DESHALB AUCH HIERZULANDE SO HEISS GELIEBT.

Zutaten für 4 Portionen

- 600 g Schweinefleisch aus der Oberschale
- 1 kleine Knoblauchzehe
- 1 Stück Ingwer (ca. 1 cm)
- 1 kleine rote Chilischote
- 200 g Tomaten
- 3 Frühlingszwiebeln
- 8 Shiitake-Pilze (ersatzweise Champignons)
- 200 g frisches Ananasfruchtfleisch
- 150 ml Hühnerbrühe (Rezept S. 54 oder aus dem Glas)
- 4 EL helle Sojasauce
- 3 EL Reisessig (ersatzweise milder Weißweinessig)
- 1 EL heller Palmzucker (ersatzweise Rohrzucker)
- 2 EL Speisestärke
- Salz, Pfeffer aus der Mühle
- 4 EL Öl

Zeitbedarf
- ca. 40 Minuten

So geht's

1. Schweinefleisch kalt abbrausen, trocken tupfen und in ca. 2 cm große Würfel schneiden. Knoblauch und Ingwer schälen, den Ingwer fein würfeln (s. Seite 28). Chilischote waschen, putzen, längs halbieren und entkernen (s. Seite 29).

2. Tomaten häuten (s. Seite 113), halbieren, entkernen und klein würfeln. Frühlingszwiebeln waschen, putzen und in ca. 2 cm lange Stücke schneiden. Pilze putzen und je nach Größe halbieren oder vierteln (s. Seite 18). Ananasfruchtfleisch ca. 1–2 cm groß würfeln (s. Seite 30).

3. Brühe in einem Topf mit der Hälfte der Tomaten, Sojasauce, Essig und Zucker verrühren. Den Knoblauch dazupressen und alles einmal aufkochen lassen. 1 gehäuften TL Stärke mit etwas Wasser glatt rühren und unter Rühren in den Topf gießen. Die Würzflüssigkeit einmal aufkochen lassen und mit Salz abschmecken.

4. Die restliche Stärke mit etwas Salz und Pfeffer vermischen und mit den Fleischwürfeln vermengen [→a].

5. Einen Wok aufheizen, dann 3 EL Öl darin erhitzen. Das Fleisch darin bei starker Hitze unter ständigem Rühren portionsweise rundum kräftig anbraten. Herausnehmen. Restliches Öl im Wok erhitzen. Ingwer und Chili darin anbraten. Nacheinander, in Abständen von ca. 1 Minute, Frühlingszwiebeln, Pilze, übrige Tomaten und zuletzt Ananas in den Wok geben und pfannenrühren. Das Fleisch untermischen.

6. Würzflüssigkeit in den Wok gießen. Alles kurz aufkochen lassen und mit Salz, Pfeffer, Essig und Zucker süßsauer abschmecken.

SO SCHMECKT'S AUCH Die süßsaure Sauce lässt sich auch gut mit anderen Fleischsorten wie Hähnchen- oder Entenbrustfilet kombinieren.

Die Variante

Frittiertes Schweinefleisch
Das Fleisch wie links beschrieben vorbereiten. Fleischwürfel mit je 1 EL Speisestärke, heller Sojasauce und Reiswein sowie 1 Eiweiß gut vermischen. Zugedeckt 30 Minuten marinieren. Inzwischen wie links beschrieben süßsaure Sauce, aber ohne Fleisch, zubereiten, warm halten. 100 g Mehl, 50 g Speisestärke und ½ TL Chilipulver in einem großen Gefrierbeutel mischen. Fleisch aus der Marinade heben, abtropfen lassen und dazugeben. Beutel gut verschließen und kräftig schütteln. Fleischwürfel herausnehmen, überschüssiges Mehl abschütteln. 750 ml Frittieröl in einem breiten Topf erhitzen. Das Fleisch darin portionsweise goldgelb frittieren. Auf mehreren Lagen Küchenpapier abtropfen lassen und mit der Sauce servieren.

SCHWEINEFILET

mit Gemüse

Zutaten für 4 Portionen

- 500 g Schweinefilet
- 1 Stück Ingwer (ca. 2 cm)
- 1 Stängel Zitronengras
- 2 kleine rote Chilischoten
- 2 EL süße Chilisauce (Fertigprodukt)
- 2 EL helle Sojasauce
- 2 EL Fischsauce
- 3 EL Reiswein
- 800 g gemischtes Gemüse (z. B. Zuckerschoten, Brokkoli, Möhren, Paprikaschoten)
- 3 EL Öl
- 2 TL geröstetes Sesamöl
- 150 ml Hühner- oder Gemüsebrühe (Rezept S. 54 oder aus dem Glas)
- Salz, Pfeffer aus der Mühle

Zeitbedarf
- ca. 45 Minuten

So geht's

1. Das Filet kalt abbrausen und trocken tupfen, in ca. 1 cm dünne Scheiben schneiden. Ingwer schälen, klein würfeln (s. Seite 28). Zitronengras putzen, sehr fein hacken (s. Seite 26). Chilischoten waschen, putzen, längs halbieren, entkernen und die Hälften quer in feine Streifen schneiden (s. Seite 29).

2. Die Fleischscheiben mit Ingwer, Zitronengras, Chilis, Chili-, Soja-, Fischsauce und Reiswein vermischen. Zugedeckt beiseitestellen.

3. Das Gemüse waschen und je nach Sorte putzen und/oder schälen und zum Pfannenrühren vorbereiten (s. Seite 46 und 84/85).

4. Fleisch aus der Marinade nehmen, abtropfen lassen. Wok aufheizen, dann das Öl darin erhitzen. Das Fleisch im heißen Öl portionsweise unter Rühren anbraten. Herausheben. Vorbereitetes Gemüse bissfest pfannenrühren, dabei das Sesamöl zufügen.

5. Brühe und restliche Marinade zum Gemüse geben, aufkochen lassen. Das Schweinefilet unterheben und heiß werden lassen. Mit Salz und Pfeffer abschmecken.

SCHWEINEFLEISCH

mit Weißkohl

Zutaten für 4 Portionen

- 500 g Schweineschnitzel
- 2 TL Speisestärke
- 850 g junger Weißkohl
- 3 Schalotten
- 1 Knoblauchzehe
- 1 Stück Ingwer (ca. 2 cm)
- 3 EL helle Sojasauce
- 3 EL Reiswein
- 100 ml Hühnerbrühe (Rezept S. 54 oder Fertigprodukt)
- 3 EL Öl
- 2 EL geschälte Mandelkerne
- 1 TL heller Palmzucker (ersatzweise Rohrzucker)
- Salz, Pfeffer aus der Mühle
- einige Tropfen Chiliöl

Zeitbedarf
- ca. 35 Minuten

So geht's

1. Schnitzel kalt abbrausen und trocken tupfen, in ca. 1 cm breite Streifen schneiden. Die Stärke darüberstäuben und einmassieren.

2. Vom Weißkohl die Blätter ablösen, waschen und trocken schütteln. Die Mittelrippen etwas flacher schneiden. Kohlblätter erst in breite Streifen, dann in mundgerechte Stücke schneiden. Schalotten schälen, vierteln und in einzelne Segmente teilen. Knoblauch und Ingwer schälen, fein hacken (Ingwer s. Seite 28). Sojasauce mit Reiswein und Brühe verrühren.

3. Wok aufheizen, dann das Öl darin erhitzen. Mandeln darin unter Rühren hell rösten, herausheben. Fleischstreifen bei starker Hitze unter Rühren anbraten. Mit Zucker, Salz und Pfeffer würzen. Herausheben und beiseitestellen.

4. Im verbliebenen Bratfett den Weißkohl 2–3 Minuten kräftig anbraten, Schalotten, Knoblauch und Ingwer zufügen, unter ständigem Rühren ca. 2 Minuten mitbraten.

5. Die flüssige Würzmischung zugießen und einmal aufkochen lassen. Fleischstreifen und Mandeln untermischen, alles heiß werden lassen. Mit Chiliöl und Salz abschmecken.

NUDELN
REIS & TOFU

ALLEIN DURCH DIE VIELEN SORTEN REIS UND NUDELN IST IN ASIENS KÜCHE SCHON FÜR ABWECHSLUNG GESORT. ZUSAMMEN MIT TOFU, FRISCHEM GEMÜSE, FLEISCH UND GEWÜRZEN BLEIBEN KEINE WÜNSCHE MEHR OFFEN.

NUDELN BRATEN

GEBRATENE EIERNUDELN
mit Hähnchen und Garnelen

MIE GORENG, WIE GEBRATENE EIERNUDELN IN INDONESIEN HEISSEN, KÖNNEN AUF VIELFÄLTIGE WEISE MIT GEFLÜGEL, FLEISCH UND MEERESFRÜCHTEN VARIIERT WERDEN.

Zutaten für 4 Portionen

- 400 g asiatische dünne Eiernudeln
- 250 g Hähnchenbrustfilet
- 250 g rohe, geschälte Garnelen
- 1 TL Sambal Oelek
- 2 EL helle Sojasauce
- 2 TL Palmzucker (ersatzweise Rohrzucker)
- 1 EL Ketjap manis (s. Glossar)
- 350 g Paksoi (ersatzweise Mangold)
- 1 große Möhre
- 1 Zwiebel, 2 Knoblauchzehen
- 1 Stück Ingwer (ca. 2 cm)
- 4 EL Öl
- 100 ml Hühnerbrühe (Rezept S. 54 oder aus dem Glas)
- Salz
- Krupuk (s. Glossar; nach Belieben)
- Sambal Oelek zum Nachwürze

Zeitbedarf
- ca. 40–50 Minuten

So geht's

1. Die Nudeln nach Packungsangabe kochen. In ein Sieb abgießen, kalt abschrecken und abtropfen lassen.

2. Inzwischen das Hähnchenfleisch kalt abbrausen, trocken tupfen und quer in dünne Scheiben schneiden. Garnelenschwänze kalt abbrausen, trocken tupfen und, falls notwendig, den schwarzen Darmfaden entfernen (s. Seite 150). Sambal Oelek mit Sojasauce, Zucker und Ketjap manis verrühren.

3. Paksoi putzen und waschen. Die Blätter in fingerbreite Streifen schneiden, die Stiele in feine Streifen (s. Seite 12). Die Möhre schälen, putzen und in dünne Stifte schneiden. Zwiebel, Knoblauch und Ingwer schälen, alles fein hacken (Ingwer s. Seite 28).

4. Einen Wok aufheizen, dann 3 EL Öl darin erhitzen. Nudeln dazugeben und anbraten [→a]. Nudeln aus dem Wok heben und beiseitestellen. Restliches Öl in den Wok geben. Darin Zwiebel, Knoblauch, Ingwer, Möhre und das Fleisch unter ständigem Rühren ca. 1 Minute braten. Garnelen zufügen und ca. 1 Minute mitbraten. Paksoi untermischen und 1 weitere Minute pfannenrühren.

5. Würzflüssigkeit und Nudeln untermischen. Dann nach und nach die Brühe dazugießen, bis alles saftig ist, die Nudeln aber knusprig bleiben. Alles zusammen noch ca. 2 Minuten unter Rühren braten. Mit Salz abschmecken und sofort servieren. Nach Belieben Krupuk dazu reichen und mit Sambal Oelek nachwürzen.

Die Variante

Eiernudeln mit Sprossen
400 g asiatische dünne Eiernudeln wie links beschrieben vorbereiten. 2 rote Paprikaschoten waschen, putzen, vierteln und quer in kurze Streifen schneiden. 100 g Bohnensprossen verlesen, waschen und abtropfen lassen. 2 Möhren schälen. Möhren und 150 g abgetropfte Bambussprossen aus der Dose in Stifte schneiden. 3 EL Öl in einem Wok erhitzen, Möhren und Paprika darin ca. 3 Minuten pfannenrühren. Bohnensprossen, Bambussprossen, Nudeln und 4 EL Wasser zugeben. Unter Rühren ca. 5 Minuten braten, bis alles heiß ist. Mit je 2 EL heller Sojasauce, Fischsauce und Austernsauce sowie 1–2 TL Sambal Oelek abschmecken. 6 Kirschtomaten waschen, vierteln und unterheben. Etwa ½ Bund Schnittknoblauch waschen, in Stücke schneiden und über die Nudeln streuen.

DAS IST
WIRKLICH
WICHTIG

[a] **EIERNUDELN KNUSPRIG BRATEN** Damit die Nudeln knusprig werden, muss das Öl sehr heiß sein. Zum Test eine Nudel in das heiße Öl legen. Wenn es knistert und zischt, ist das Öl heiß genug. Dann die restlichen Eiernudeln dazugeben und bei starker Hitze und unter ständigem Rühren und Wenden so lange anbraten, bis sie leicht knusprig sind.

DURCH EINWEICHEN WERDEN GLASNUDELN SO DURCHSICHTIG.

DAS IST
WIRKLICH
WICHTIG

[a] GLASNUDELN SCHNEIDEN Glasnudeln sind meist sehr lang. Damit man sie bequem essen kann, müssen sie deshalb vorher etwas zerkleinert werden. Das geht am einfachsten im eingeweichten oder auch gegarten Zustand. Dazu die Glasnudeln direkt im Sieb mit einer Küchenschere in ca. 10–15 cm lange Stücke schneiden.

GLASNUDELN
mit mariniertem Rindfleisch

KRÄFTIGE AROMEN WIE KNOBLAUCH, FRÜHLINGSZWIEBELN, CHILI, PFEFFER UND SESAM SIND TYPISCH FÜR DIE KOREANISCHE KÜCHE. DAS GILT FÜR ALLTÄGLICHE GERICHTE EBENSO WIE FÜR SONNTAGSESSEN.

Zutaten für 4 Portionen

400 g Rindfleisch zum Kurzbraten (z. B. Roastbeef, Lende)

4 EL helle Sojasauce

1 Msp. Zucker

Salz, Pfeffer aus der Mühle

1 Knoblauchzehe

200 g Glasnudeln

1 EL geschälte Sesamsamen

3 Frühlingszwiebeln

300 g Chinakohl

1 rote Paprikaschote

4 EL Öl

1 EL geröstetes Sesamöl

Scharfe Chilisauce zum Nachwürzen (Fertigprodukt)

Zeitbedarf
• ca. 45 Minuten

So geht's

1. Rindfleisch kalt abbrausen und trocken tupfen. Zuerst in dünne Scheiben, dann längs in feine Streifen schneiden. Für die Marinade 2 EL Sojasauce mit Zucker, etwas Salz und Pfeffer in einer Schüssel verrühren. Knoblauch schälen und dazudrücken. Fleisch zur Marinade geben. Alles vermengen und zugedeckt 30 Minuten ziehen lassen. Die Glasnudeln in einer Schüssel mit lauwarmem Wasser übergießen und mindestens 25 Minuten einweichen, bis sie durchsichtig sind.

2. Inzwischen die Sesamsamen in einer kleinen beschichteten Pfanne ohne Fett bei mittlerer Hitze unter Rühren rösten, bis die ersten Samen in der Pfanne zu „springen" beginnen. Herausnehmen. Frühlingszwiebeln, Chinakohl und Paprikaschote waschen. Frühlingszwiebeln putzen, längs halbieren und in ca. 2 cm große Stücke schneiden. Chinakohl vierteln, vom Strunk befreien und in fingerbreite Steifen schneiden. Paprikaschote vierteln, Kerne und weiße Trennwände entfernen und Viertel quer in dünne Streifen schneiden.

3. Die Glasnudeln in ein großes Sieb abschütten, abtropfen lassen und in mundgerechte Stücke schneiden [→a].

4. Einen Wok aufheizen, dann darin 2 EL Öl stark erhitzen. Das Fleisch samt Marinade hineingeben und unter ständigem Rühren ca. 3 Minuten braten, salzen, pfeffern und herausheben. Das Gemüse nacheinander im restlichen Öl anbraten. Zuerst Paprika ca. 1 Minute pfannenrühren, dann Frühlingszwiebeln und Chinakohl zufügen und weitere 2–3 Minuten unter Rühren braten.

5. Fleisch, Nudeln und Sesamöl zum Gemüse geben, unter Wenden heiß werden lassen. 3–4 EL Wasser zufügen. Mit der restlichen Sojasauce, Salz und Pfeffer abschmecken. Glasnudeln mit geröstetem Sesam bestreuen und sofort servieren. Chilisauce zum Nachwürzen dazu reichen.

Die Variante

Glasnudeln mit Fisch und Meeresfrüchten
200 g beliebiges festfleischiges Fischfilet kalt abbrausen, trocken tupfen und in mundgerechte Stücke schneiden. 200 g frische oder aufgetaute gemischte Meeresfrüchte in einem Sieb abbrausen und gut abtropfen lassen. Glasnudeln, Frühlingszwiebeln, Chinakohl und Paprikaschote wie links beschrieben vorbereiten. Fisch und Meeresfrüchte in einem Wok in 3 EL heißem Öl bei mittlerer Hitze unter ständigem Rühren 4–5 Minuten anbraten, herausnehmen. Gemüse wie links beschrieben pfannenrühren. 1 zerkrümelte und entkernte getrocknete Chilischote zugeben. Glasnudeln untermischen und heiß werden lassen. Fisch und Meeresfrüchte unterheben. Alles mit 4 EL heller Sojasauce, 1 EL Austernsauce und Salz abschmecken.

UDON-NUDELN

mit Spinat

REISNUDELN

mit Hähnchen

Zutaten für 4 Portionen

500 g Udon-Nudeln (jap. Weizennudeln)

500 g Wurzelspinat

3 Frühlingszwiebeln

1 große Möhre

100 g Shiitake-Pilze (ersatzweise Champignons)

4 EL Mirin (s. Glossar)

6 EL dunkle Sojasauce

1 TL geröstetes Sesamöl

1 TL Rohrzucker

1 TL Wasabipaste

3 EL Öl

Zeitbedarf

- ca. 35 Minuten

So geht's

1. Udon-Nudeln nach Packungsangabe garen. In ein Sieb abgießen, kalt abschrecken und abtropfen lassen. Nudeln behutsam auflockern.

2. Vom Spinat die Wurzelansätze und eventuell dicke Stiele abschneiden. Spinatblätter in stehendem Wasser mehrmals gründlich waschen und abtropfen lassen. Große Blätter kleiner zupfen. Frühlingszwiebeln putzen, waschen, in Ringe schneiden. Möhre schälen, schräg in dünne Scheiben schneiden. Pilze putzen und in Streifen schneiden (s. Seite 18). Mirin mit 3 EL Wasser, Sojasauce, Sesamöl, Zucker und ½ TL Wasabipaste zu einer Würzflüssigkeit verrühren.

3. Wok aufheizen, dann das Öl darin erhitzen. Möhrenscheiben darin unter Rühren 2 Minuten braten, Frühlingszwiebeln und Pilze zufügen und 1 Minute mitbraten. Erst die Nudeln, dann den Spinat in den Wok geben. Die flüssige Würzmischung hinzufügen und aufkochen lassen. Das Ganze unter Rühren noch 2–3 Minuten pfannenrühren, bis auch die Nudeln heiß sind. Mit der restlichen Wasabipaste abschmecken.

SO SCHMECKT'S AUCH Wer mag, kann mit der flüssigen Würzmischung noch 200 g gewürfelten Tofu unter die Nudeln mischen. Geschmacksache ist, ob man Natur-Tofu oder geräucherten nimmt.

Zutaten für 4 Portionen

400 g Reisbandnudeln

300 g Hähnchenbrustfilet

500 g Brokkoli

3 Thai-Schalotten

2 Knoblauchzehen

3 EL Öl

2 EL Fischsauce

2 getrocknete Chilischoten

2 EL helle Sojasauce

3 EL Reisessig (ersatzweise milder Weißweinessig)

2 TL Palmzucker (ersatzweise Rohrzucker)

Salz

2 EL geröstete, ungesalzene Erdnüsse

Zeitbedarf

- ca. 30 Minuten

So geht's

1. Die Reisbandnudeln nach Packungsangabe garen. Abgießen, kalt abschrecken und gut abtropfen lassen.

2. Hähnchenfleisch kalt abbrausen und trocken tupfen. Zuerst längs halbieren, dann quer zur Faser in ca. 1 cm dünne Scheiben schneiden. Den Brokkoli in sehr kleine Röschen teilen, waschen und abtropfen lassen. Brokkolistiele schälen, klein würfeln. Schalotten und Knoblauch schälen, beides in dünne Scheiben schneiden (Thai-Schalotte s. Seite 16).

3. Wok aufheizen, dann das Öl darin erhitzen. Schalotten und Knoblauch darin nur kurz anbraten. Die Fleischscheiben zufügen, bei starker Hitze ca. 1 Minute mitbraten. Mit Fischsauce würzen. Brokkoliröschen und -stiele dazugeben, alles unter ständigem Rühren in ca. 5 Minuten bissfest garen.

4. Chilischoten zerbröseln, zusammen mit Sojasauce, Essig und Zucker in den Wok geben. Die Nudeln und 4 EL Wasser zufügen, gut durchmischen und weiterbraten, bis alles sehr heiß ist. Mit Salz abschmecken. Die Erdnüsse grob hacken und zum Servieren über die Nudeln streuen.

INDONESIEN
VIELFÄLTIGE REGIONALKÜCHEN

OB WÜRZIG, EXOTISCH, SCHARF, SÜSSSAUER ODER AUCH FRUCHTIG – DIE AROMENPALETTE DIESER KÜCHE IST ENORM ABWECHSLUNGSREICH.

VIELFÄLTIGE INSELKÜCHEN

Das Land besteht aus Tausenden von Inseln, darunter so bekannten wie Sumatra, Java, Bali und Borneo. Weltweit gibt es kein anderes Gebiet, in dem solch eine Fülle an Gewürzen gedeiht. Diese Fülle spiegelt sich natürlich in der indonesische Küche wider. Ebenso üppig wie Gewürze wachsen auf der vulkanischen Erde und bei tropischem Klima viele Früchte wie Ananas, Mangos, Papayas, Pomelos, Rambutans und Kokosnüsse. Durch die geografischen und kulturellen Unterschiede haben sich in Indonesien außerdem eine Vielzahl an Regionalküchen entwickelt. Auch die Holländer, die lange Zeit hier die Kolonialherren waren, hatten Einfluss auf die Küchenkultur. Das Grundnahrungsmittel in Indonesien ist Reis. Daneben werden vor allem Gemüse, Fisch, Meeresfrüchte und Hühnerfleisch aufgetischt. Schweinefleisch wird nur von den Nicht-Muslimen gegessen.

DIE GEWÜRZINSELN

Die Inselkette der Molukken, im Osten von Indonesien, hat eine vielseitige Flora und Fauna und ist für ihre Gewürzevielfalt bekannt. Durch das feuchte Klima gedeihen hier Gewürze besonders prächtig. Viele Jahrhunderte lang war die Inselgruppe der einzige Ort der Welt, an dem man Muskatnuss, Nelken und Zimt in größeren Mengen kaufen konnte. Lange bevor die Europäer die sogenannten Gewürzinseln entdeckten, herrschte bereits ein reger Handelsverkehr der Insulaner mit Arabern, Chinesen und Indern. Mit Beginn des 16. Jahrhunderts kamen Portugiesen, Spanier, Holländer und Briten auf der Suche nach den sagenhaften Gewürzinseln auf die Molukken.

WÜRZIG BIS SCHARF

Würzmischungen werden in Indonesien wie auch in Malaysia Sambals genannt. Diese dickflüssigen und süß-pikanten bis feurig-scharfen Pasten oder Saucen auf Basis von Chilischoten werden direkt beim Kochen oder zum Nachwürzen bei Tisch verwendet – aber immer nur in kleinen Mengen. In Indonesien gibt es eine unglaubliche Vielfalt an Sambal-Varianten. Die bei uns bekannteste dieser Würzpasten ist Sambal Oelek, hergestellt aus zerstoßenen frischen roten Chilis, Essig und Salz.

INDONESISCHE REISTAFEL

Diese ursprünglich in Indonesien unbekannte Form eines Festessens wurde von den Holländern während ihrer Kolonialherrschaft eingeführt, um die zahlreichen Spezialitäten auf ein Mal genießen zu können. Mittelpunkt der Tafel ist Reis. Dazu kommen Gemüsesuppe, Salate, verschiedene Fleischspießchen (Saté), die mit einer Erdnuss-Sauce gereicht werden. Es gibt außerdem geschmortes Gemüse, gebratene Fische und Garnelen, die mit Sambals serviert werden. Komplettiert wird das üppige Essen mit Chutneys und Knabbereien wie gerösteten Kokosspänen, Erdnüssen und den Krabbenchips Krupuk.

KULTUREN UND TRADITIONEN

Unterschiedliche Religionen, eine Vielzahl an Volksgruppen und Sprachen bestimmen das bunte Miteinander der Menschen im viertgrößten Staat der Welt. Hightech und Geisterbeschwörung, alles ist kombinierbar im Inselstaat. Indonesier haben fast immer ein Lächeln auf den Lippen und Muße für eine Tasse Tee. Stress und Hektik gibt es kaum, denn alles arrangiert sich mit der Zeit. Auch wenn der Bus nicht fährt, geplante Geschäfte platzen, die Ruhe wird gewahrt.

DAS IST
WIRKLICH
WICHTIG

REIS VORBEREITEN Durch das Ausquellen und Auskühlen am Vortag behält körniger Reis beim Pfannenrühren bei starker Hitze seine Form und wird nicht weich oder matschig.

GEBRATENER REIS
mit zweierlei Fleisch

WENN REIS SCHON AM VORTAG GEKOCHT WIRD, LÄSST ER SICH BESONDERS GUT BRATEN. IN DIESR VARIANTE AUS THAILAND WIRD ER AM NÄCHSTEN TAG MIT FLEISCH UND GRÜNEM SPARGEL ERGÄNZT.

Zutaten für 4 Portionen

- 300 g Thailändischer Duftreis
- Salz
- 150 g Schweinefleisch aus der Oberschale
- 150 g Hähnchenbrustfilet
- 4 EL helle Sojasauce
- 1 TL Speisestärke
- 2 Thai-Schalotten
- 1 Knoblauchzehe
- 1 Stück Ingwer (ca. 2 cm)
- 250 g grüner Spargel
- 1 Stängel Zitronengras
- 3 Stängel Koriandergrün
- 1 TL abgeriebene Bio-Limettenschale
- 1 TL Palmzucker (ersatzweise Rohrzucker)
- 4 EL Öl
- 1 getrocknete Chilischote

Zeitbedarf
- ca. 40 Minuten
- Reis quellen

So geht's

1. Den Reis am Vortag in Salzwasser nach der Quellreis-Methode für körnigen Reis (s. Seite 55) garen. Zeitangabe auf der Packung beachten. Reis über Nacht kalt stellen.

2. Reis am nächsten Tag Zimmertemperatur annehmen lassen. Inzwischen beide Fleischsorten kalt abbrausen, trocken tupfen und quer in fingerbreite Streifen schneiden. 2 EL Sojasauce mit der Speisestärke in einer Schüssel glatt rühren, Fleisch dazugeben und alles gründlich vermengen.

3. Schalotten schälen, halbieren und längs in feine Spalten schneiden (s. Seite 16). Knoblauch und Ingwer schälen, klein würfeln (Ingwer s. Seite 28). Spargel waschen, nur das untere Drittel schälen und die holzigen Enden abschneiden. Stangen schräg in 2–3 cm lange Stücke schneiden. Zitronengras waschen, putzen und in feine Scheiben schneiden (s. Seite 26). Koriander waschen, trocken schütteln und grobe Stiele entfernen (s. Seite 24). Den Reis mit einer Gabel oder Stäbchen auflockern. Restliche Sojasauce mit 2 EL Wasser, Limettenschale und Zucker verrühren.

4. Einen Wok aufheizen, dann 2 EL Öl darin erhitzen. Fleisch hineingeben und unter Rühren ca. 3 Minuten anbraten, herausheben. Restliches Öl in den Wok geben. Schalotten, Knoblauch, Ingwer und Zitronengras darin ca. 1 Minute pfannenrühren. Chilischote dazuzerbröseln. Spargelstücke untermischen und unter Wenden ca. 5 Minuten bissfest braten. Fleisch und Reis in den Wok geben und unter Rühren weitere 2–3 Minuten braten, bis alles heiß ist.

5. Die angerührte Würzflüssigkeit unter den Reis rühren, mit Salz abschmecken. Den Reis mit Koriander bestreut servieren.

Die Variante

Bratreis mit Eiern
3 Zwiebeln schälen, in dünne Ringe hobeln und mit 3 EL Mehl mischen. Überschüssiges Mehl abschütteln und Zwiebeln in einer Pfanne in 4 EL heißem Öl in 2–3 Minuten goldbraun und knusprig braten, herausheben, auf Küchenpapier entfetten und leicht salzen. 2 kleine rote Chilischoten, waschen, längs halbieren, entkernen und in Streifen schneiden. 1 Stück Ingwer (ca. 3 cm) schälen, klein würfeln und mit den Chilis im verbliebenen Bratfett anbraten. 1 kg gegarten Duftreis vom Vortag (aus 350 g rohem Langkornreis) zugeben und bei starker Hitze 2–3 Minuten unter Wenden anbraten. 5 Eier mit 80 ml Gemüsebrühe, 2 EL heller Sojasauce, 1 EL Fischsauce, 1 TL Palmzucker und etwas Pfeffer verquirlen. Unter den Bratreis rühren und kurz stocken lassen. Mit Salz abschmecken und mit den Röstzwiebeln bestreut servieren.

SAFRANREIS
mit Gemüse und Kokosspänen

ÜPPIGE REISGERICHTE, VOR ALLEM AUS INDIENS SÜDEN, BEGEISTERN DURCH IHRE AROMEN- UND ZUTATENVIELFALT. SIE KÖNNEN ALS BEILAGE ODER HAUPTGERICHT SERVIERT WERDEN.

Zutaten für 4 Portionen

1 Zwiebel, 300 g Möhren

1 Döschen Safranfäden (0,1 g)

3 EL Ghee

50 g Cashewnusskerne

1 Zimtstange

6 grüne Kardamomkapseln

4 Gewürznelken

2 Lorbeerblätter, 300 g Basmati

½ TL gemahlener Kreuzkümmel

Salz, 1 EL mildes Currypulver

600 ml Gemüsebrühe (Rezept S. 54 oder aus dem Glas)

150 g Baby-Spinat

4 Kirschtomaten

200 g tiefgekühlte Erbsen

1–2 EL frisch gepresster Limettensaft

Pfeffer aus der Mühle

40 g frisches Kokosnussfleisch (s. Tipp S. 105)

Zeitbedarf
- ca. 35 Minuten

So geht's

1. Die Zwiebel schälen, klein würfeln. Möhren schälen, putzen und in möglichst kleine Würfel schneiden. Safranfäden in einer kleinen Schüssel mit Wasser verrühren [→a].

2. Ghee in einem großen breiten Topf oder in einer großen beschichteten Pfanne erhitzen. Cashewnüsse und die unzerteilten Gewürze darin rösten [→b].

3. Möhren- und Zwiebelwürfel, Reis und Kreuzkümmel dazugeben, unter Rühren ca. 3 Minuten mitbraten, mit Salz würzen. Currypulver unterrühren und kurz anschwitzen. Gemüsebrühe dazugießen, alles aufkochen lassen und zugedeckt bei kleiner Hitze 10 Minuten garen.

4. Inzwischen den Spinat verlesen, waschen und abtropfen lassen. Tomaten waschen und halbieren. Beides mit den Erbsen unter den Reis mischen und bei mittlerer Hitze noch weitere ca. 5 Minuten köcheln lassen, bis der Reis körnig und gar ist. Den aufgelösten Safran unterrühren.

5. Safranreis mit Limettensaft, Salz und Pfeffer abschmecken. Reis behutsam mit einem Kochlöffel auflockern. Kokosnussfleisch zum Garnieren mit einem Sparschäler in dünne Späne hobeln und vor dem Servieren auf dem Safranreis verteilen.

Als Beilage reicht der Safranreis für 6–8 Personen und schmeckt zu kurz gebratenem oder gegrilltem Fisch und Fleisch.

UNZERTEILTE GEWÜRZE wie Zimtstange, Kardamomkapseln, Gewürznelken und Lorbeerblätter werden zwar mitserviert, aber nicht mitgegessen.

DAS IST WIRKLICH WICHTIG

IST DAS WASSER SO ORANGE GEFÄRBT, IST DER SAFRAN FERTIG EINGEWEICHT.

[a] **SAFRANAROMEN** sind nicht fettlöslich. Darum die Fäden nicht in Fett anschwitzen oder direkt damit würzen, sondern vor der Verwendung in lauwarmem Wasser einweichen, bis sich das Wasser orange gefärbt hat. Nur so können die Fäden ihr volles Aroma entwickeln. Es reichen auch schon winzige Mengen, um ein Gericht zu aromatisieren. Zu viel davon macht bitter.

[b] **GANZE GEWÜRZE** enthalten noch mehr ätherische Öle als bereits gemahlene. Durch zusätzliches Anrösten werden die Öle besser freigesetzt. Dafür die ganzen Gewürze mit den Nüssen in der Pfanne unter Rühren bei mittlerer Hitze rösten, bis sie duften. Gewürze nicht anbrennen lassen, dann werden sie bitter.

CHIRASHI-SUSHI

mit Rinderfilet

EINE DER VIELEN SUSHI-VARIANTEN, BEI DER ROHE WIE GEGARTE ZUTATEN AUF WARMEM SUSHI-REIS IN EINER SCHALE ANGERICHTET WERDEN. GANZ EINFACH, ABER GENIAL.

Zutaten für 4 Portionen

2 Rezepte Sushi-Reis (Rezept S. 77)

1 EL dunkle Sojasauce

1 EL Sake

1 EL Mirin (s. Glossar)

1 EL Reisessig

1 TL geröstetes Sesamöl

3 Spritzer Chiliöl

1 EL geschälte Sesamsamen

400 g marmoriertes Rinderfilet (ohne Haut, Fett und Sehnen)

je 100 g Möhren, Lauch, Rettich und Salatgurke

Salz

3 EL Öl

Zeitbedarf
- ca. 1 Stunde

So geht's

1. Den Sushi-Reis wie im Rezept auf Seite 77 zubereiten. Die Sojasauce mit Sake, Mirin, Essig, Sesamöl und Chiliöl verrühren.

2. In einer Pfanne ohne Fett die Sesamsamen bei mittlerer Hitze anrösten, bis die ersten Samen in der Pfanne zu „springen" beginnen. Herausnehmen und beiseitestellen. Das Filet kalt abbrausen und trocken tupfen. Erst in ca. 4 cm breite Stücke, dann quer zur Faser in 3–4 mm dünne Scheiben schneiden (s. Seite 62).

3. Gemüse waschen und putzen und/oder schälen. Alles in ca. 5 cm lange und 0,5 cm dicke Streifen schneiden. In einem Topf Salzwasser aufkochen. Möhrenstreifen darin 3 Minuten blanchieren, in der letzten Minute den Lauch zufügen. Gemüse in ein Sieb abgießen, kalt abschrecken und abtropfen lassen.

4. In einer Pfanne das Öl erhitzen. Das Fleisch darin bei starker Hitze portionsweise unter ständigem Wenden ca. 1 Minute kräftig braten. Pfanne vom Herd nehmen und das gesamte Fleisch wieder hineingeben. Möhren-, Lauch-, Rettich- und Gurkenstreifen, geröstete Sesamsamen und die angerührte Würzsauce zufügen. Alles vermischen, mit Salz abschmecken und zugedeckt noch kurz ziehen lassen. Den warmen Sushi-Reis in Portionsschalen füllen, darauf den Rinderfilet-Gemüse-Mix verteilen.

SO SCHMECKT'S AUCH Diese Sushi-Variante kann ganz nach Lust und Laune und persönlichem Geschmack variiert werden. Reichen Sie zu dem warmen Sushi-Reis z. B. auch gedämpften oder rohen Fisch (dann in Sushi-Qualität), ihr Lieblingsgemüse, in Streifen geschnittene Noriblätter u.s.w.

WÜRZIGER BRATREIS
mit Allerlei

GEBRATENER REIS HEISST IN INDONESIEN NASI GORENG. DIE ZUTATEN KÖNNEN VARIIEREN JE NACHDEM, WAS DIE VORRÄTE HERGEBEN UND WONACH DER SINN STEHT.

Zutaten für 4 Portionen

- 300 g Thailändischer Duftreis oder Basmati, Salz
- 1 Bund Frühlingszwiebeln
- 2 Stangen Staudensellerie
- 3 Tomaten, 1 Knoblauchzehe
- 1 Stück Ingwer (ca. 2 cm)
- 1 Stängel Zitronengras
- 2 rote Chilischoten, 4 EL Öl
- 125 ml Gemüsebrühe (Rezept S. 54 oder aus dem Glas)
- 300 g gegartes Fleisch (z. B. Garnelenfleisch, Kochschinken, Geflügelbrust, Schweinefleisch)
- 1 EL Austernsauce
- 1 TL Palmzucker (ersatzweise Rohrzucker)
- 2 EL helle Sojasauce
- 1 EL frisch gepresster Limettensaft
- ½ Bund Koriandergrün
- Sambal Oelek

Zeitbedarf
- ca. 55 Minuten
- über Nacht kühlen

So geht's

1. Am Vortag den Reis nach der Quellreis-Methode für körnige Reissorten (s. Seite 55) zubereiten, dann über Nacht kalt stellen.

2. Frühlingszwiebeln und Sellerie putzen, waschen und in dünne Ringe bzw. Scheiben schneiden. Den Stielansatz aus den Tomaten herausschneiden. Tomaten in einer Schüssel mit kochend heißem Wasser überbrühen. Wenn die Haut an den Schnittkanten beginnt sich zu lösen, Tomaten abgießen, abschrecken und häuten. Tomaten halbieren, entkernen und in grobe Stücke teilen. Knoblauch und Ingwer schälen und würfeln (Ingwer s. Seite 28). Zitronengras waschen, putzen und fein hacken (s. Seite 26). Chilischoten waschen, den Stiel entfernen, längs halbieren, entkernen und in feine Streifen schneiden (s. Seite 29).

3. Einen Wok aufheizen, dann das Öl darin erhitzen. Knoblauch, Ingwer und Zitronengras darin bei starker Hitze kurz anbraten. Chilis, Frühlingszwiebeln und Sellerie zugeben und ca. 3 Minuten pfannenrühren. Tomaten und Brühe zufügen, salzen und pfeffern.

4. Nacheinander gegartes Fleisch und den aufgelockerten Reis dazugeben. Das Ganze mit Austernsauce, Zucker, Sojasauce und Limettensaft würzen und bei starker Hitze unter Rühren ca. 5 Minuten braten, bis alles heiß ist.

5. Koriander waschen, trocken schütteln, die Blättchen abzupfen und bis auf 1 EL unter den Reis mischen. Übrigen Koriander vor dem Servieren darüberstreuen. Zum Nachwürzen Sambal Oelek dazu reichen.

DEKORATIV ANRICHTEN Es sieht sehr schön aus, wenn Sie den Bratreis in ausgehöhlten Ananashälften anrichten. Einen Teil des ausgelösten Fruchtfleisches können Sie mit dem Fleisch und dem Reis in den Wok geben und erhitzen.

[a]

DAS IST WIRKLICH WICHTIG

[a] TOFU AUSPRESSEN Damit feuchter Tofu schnittfester wird, muss Flüssigkeit ausgepresst werden. Dafür jeweils mehrere Lagen Küchenpapier auf und unter den Tofu legen und ihn behutsam mit der flachen Hand etwas zusammendrücken.

SO GOLDGELB UND KNUSPRIG SIND DIE STICKS FERTIG GEBRATEN.

TOFU PANIEREN

KOKOS-TOFU-STICKS
mit Paprikagemüse

HIER ZEIGT SICH DIE SANFTE SEITE INDONESIENS. DAZU GEHÖREN UNBEDINGT DIE ZUTATEN KOKOSNUSS UND TOFU. WER MAG, KANN FÜR DIE STICKS DIE INDONESISCHE TOFU-SPEZIALITÄT TEMPEH VERWENDEN.

Zutaten für 4 Portionen

- 600 g Natur- oder Kräuter-Tofu
- 3 EL frisch gepresster Limettesaft
- Chilipulver (s. Glossar)
- 150 ml ungesüßte Kokosmilch
- 3 TL Mehl
- 40 g getrocknete Kokosraspel
- 2 orange Paprikaschoten
- 2 rote Paprikaschoten
- 2 Frühlingszwiebeln
- 6 EL Öl
- 3 EL helle Sojasauce
- ½ TL Palmzucker (ersatzweise Rohrzucker)
- Salz, Pfeffer aus der Mühle

besonderes Werkzeug
- lange Holzspieße

Zeitbedarf
- ca. 45 Minuten

So geht's

1. Die Tofustücke auspressen [→a]. Tofustücke quer halbieren, dann die Hälften quer in ca. 2–3 cm gleich große Sticks schneiden und trocken tupfen. Stücke gleichmäßig mit 2 EL Limettensaft beträufeln und mit Chilipulver kräftig würzen.

2. Kokosmilch mit Mehl in einer flachen Schüssel glatt rühren. Nach Bedarf noch etwas Wasser zufügen, bis der Teig dünnflüssig ist. Die Kokosraspel auf einem flachen Teller ausbreiten.

3. Für das Gemüse die Paprikaschoten waschen, halbieren, Kerne und weiße Trennhäute entfernen und die Hälften in schmale Streifen schneiden. Frühlingszwiebeln waschen, putzen und in Ringe schneiden. Einen Wok aufheizen, dann 2 EL Öl darin erhitzen. Paprika und Frühlingszwiebeln dazugeben und unter Rühren bei starker Hitze in 2–3 Minuten bissfest braten. Sojasauce, Zucker und restlichen Limettensaft unterrühren. Gemüse mit Salz und Pfeffer abschmecken, warm halten.

4. Die Tofustücke portionsweise in die Kokos-Mehl-Mischung tauchen, abtropfen lassen, dann in den Kokosraspeln wenden, bis sie vollständig damit überzogen sind. Panade leicht andrücken.

5. Restliches Öl in einer großen beschichteten Pfanne erhitzen. Die panierten Tofustücke darin portionsweise bei mittlerer Hitze in ca. 5 Minuten rundum knusprig braten. Tofu-Sticks auf Küchenpapier entfetten, anschließend jeweils mehrere Sticks auf einen Holzspieße stecken und mit dem Paprikagemüse anrichten.

Dazu schmecken Langkorn-Klebreis und der Chili-Limetten-Dip von Seite Seit 57.

Die Variante

Erdnuss-Tofu-Sticks
Wie links beschrieben, den Tofu vor- und das Paprikagemüse zubereiten, warm halten. Zum Panieren des Tofus 1 Ei in einem tiefen Teller leicht verquirlen. 5 EL geröstete, ungesalzenen Erdnüsse fein hacken, auf einem flachen Teller ausbreiten. Die Tofustücke zuerst im Ei, danach in den Erdnüssen wenden. Die Nüsse leicht andrücken. Tofustücke wie links beschrieben rundherum knusprig braten. Zum Servieren nach Belieben mehrere Sticks auf lange Holzspieße stecken.

TOFU MARINIEREN

MARINIERTER TOFU
mit geschmorten Baby-Paksoi

SO SIEHT LEICHTE CHINESISCHE KÜCHE AUS: IN EINEM PIKANTEN MIX AUS ORANGENSAFT, SOJASAUCE, HONIG UND CHILIFLOCKEN WIRD TOFU MARINIERT, DAZU GIBT ES KNACKIG GEDÜNSTETES GEMÜSE.

Zutaten für 4 Portionen

600 g Natur-Tofu

1 Orange

6 EL helle Sojasauce

1 EL flüssiger Honig

½ TL Chiliflocken (s. Glossar)

Salz

4 Baby-Paksoi

200 g Shiitake-Pilze

1 kleine Möhre

100 ml Gemüsebrühe (Rezept S. 54 oder aus dem Glas)

2 EL Reiswein

3 EL Öl

Pfeffer aus der Mühle

besonderes Werkzeug
- Grillpfanne
- Küchenpinsel

Zeitbedarf
- 30 Minuten
- 1 Stunde marinieren

So geht's

1. Tofu in fingerdicke Scheiben schneiden, diese quer halbieren und trocken tupfen. Tofu nebeneinander in eine Schale legen. Für die Marinade die Orange auspressen und den Saft mit 2 EL Sojasauce, Honig, Chiliflocken und etwas Salz verrühren. 3 EL der Marinade beiseitestellen, mit dem Rest die Tofuscheiben marinieren [→a].

2. Baby-Paksoi waschen und trocken schütteln. Die Wurzelenden nur knapp abschneiden, damit der Kohl nicht auseinanderfällt, dann der Länge nach halbieren (s. Seite 12). Pilze putzen und die Stiele abschneiden (s. Seite 18). Möhre schälen und längs in dünne Scheiben, dann diese in lange dünne Stifte schneiden. Brühe mit Reiswein, restlicher Sojasauce und der beiseitegestellten Marinade verrühren.

3. 2 EL Öl in einer großen beschichteten Pfanne erhitzen. Die Pilze darin bei starker Hitze unter Rühren anbraten, Möhren zugeben und kurz mitbraten. Gemüse an den Rand schieben. Paksoihälften mit der Schnittfläche nach unten in die Pfanne legen und bei mittlerer Hitze ca. 2 Minuten anbraten. Die angerührte Würzflüssigkeit zum Gemüse gießen und zugedeckt bei kleiner Hitze bissfest garen.

4. Inzwischen eine Grillpfanne heiß werden lassen, dann die Bratstege dünn mit dem restlichen Öl einpinseln. Die marinierten Tofuscheiben portionsweise aus der Marinade nehmen, abtropfen lassen, in die Pfanne legen und auf jeder Seite 2 – 3 Minuten grillen. Tofu nur einmal wenden, da sonst kein typisches Grillmuster entsteht.

5. Paksoi-Gemüse salzen und pfeffern und mit dem gegrillten Tofu anrichten.

FÜR VIEL AROMA MARINADE GLEICHMÄSSIG ÜBER DEN TOFU VERTEILEN.

DAS IST
WIRKLICH
WICHTIG

[a] **TOFU MARINIEREN** Der Geschmack von Natur-Tofu ist mild, fast neutral. Darum wird er vor der Zubereitung häufig in Marinaden aus kräftigen Gewürzen und würzigen Flüssigkeiten gelegt. Tofu nimmt die Aromen der Gewürze sehr gut auf, braucht aber etwas Zeit dafür. Tofu zum Marinieren rundum mit Marinade bedecken und mindesten 1 Stunde, besser länger, zugedeckt ziehen lassen.

SCHARFER TOFU
in gelber Sauce

Zutaten für 4 Portionen

- 300 g kleine runde Auberginen
- 2 Schalotten
- 1 Knoblauchzehe
- 1 Stängel Zitronengras
- 5 Macadamia- oder Cashewnusskerne
- 400 g Natur-Tofu
- 3 EL Öl
- 2 TL gelbe Currypaste
- ½ TL Kurkumapulver
- 150 ml ungesüßte Kokosmilch
- 150 ml Gemüsebrühe (Rezept S. 54 oder aus dem Glas)
- einige Halme Schnittknoblauch zum Garnieren
- 2 EL helle Sojasauce
- 2–3 TL frisch gepresster Limettensaft
- Salz

Zeitbedarf
- ca. 35 Minuten

So geht's

1. Auberginen waschen, putzen und vierteln (s. Seite 13). Schalotten und Knoblauch schälen, Zitronengras putzen, alles fein hacken (Zitronengras s. Seite 26). Die Nüsse im Blitzhacker fein mahlen. Tofu in 2 cm große Würfel schneiden, trocken tupfen.

2. Wok aufheizen, dann das Öl darin erhitzen. Die Auberginen bei starker Hitze unter ständigem Rühren darin 3–4 Minuten hellbraun braten. Herausheben und beiseitestellen. Schalotten, Knoblauch und Zitronengras im verbliebenen Bratfett 1 Minute pfannenrühren. Currypaste und Kurkumapulver kurz mitbraten. Kokosmilch und Brühe zugießen, die Sauce glatt rühren und aufkochen lassen. Die gemahlenen Nüsse unterrühren. Auberginen und Tofu in der Sauce zugedeckt bei kleiner Hitze ca. 5 Minuten schmoren.

3. Schnittknoblauch waschen, trocken schütteln und in Stücke schneiden (s. Seite 23). Die Sauce mit Sojasauce, Limettensaft und Salz abschmecken. Den Tofu mit Schnittknoblauch garniert servieren.

Dazu schmeckt Langkornreis, nach Belieben körnig oder leicht klebend.

GEBRATENER TOFU
mit knusprigem Ingwer

Zutaten für 4 Portionen

- 100 g Ingwer
- 1 rote Chilischote
- 3 Stängel Thai-Basilikum
- 600 g Natur- oder Kräuter-Tofu
- 3 EL Öl
- 200 ml Öl zum Frittieren
- Salz, Pfeffer aus der Mühle
- Süßsaure Chilisauce (Rezept S. 56 oder Fertigprodukt)

Zeitbedarf
- ca. 25 Minuten

So geht's

1. Den Ingwer schälen (s. Seite 28), längs in hauchdünne Scheiben hobeln, dann die Scheiben der Länge nach in hauchdünne kurze Streifen schneiden. Trocken tupfen. Die Chilischote waschen, längs halbieren, entkernen und in feine Streifen schneiden (s. Seite 29). Basilikum waschen, trocken schütteln und die Blätter abzupfen. Größere Blätter in Streifen schneiden (s. Seite 22).

2. Tofu in 2 cm große Würfel schneiden und trocken tupfen. 3 EL Öl in einer großen beschichteten Pfanne erhitzen, Tofuwürfel darin bei starker Hitze in ca. 5 Minuten rundum goldbraun braten, dabei Chilistreifen zugeben.

3. Gleichzeitig in einem kleinen Topf das Frittieröl erhitzen und die Ingwerstreifen darin in 10–20 Sekunden hellgelb und knusprig frittieren. Auf Küchenpapier abtropfen lassen.

4. Tofuwürfel mit Salz und grob gemahlenem Pfeffer würzen und mit dem frittierten Ingwer und dem Basilikum garniert servieren. Dazu die Chilisauce reichen.

Dazu schmecken körniger Duftreis und Weißkohlsalat mit Erdnüssen (Rezept S. 71).

DESSERTS

LEICHT UND SÜSS: IN ASIEN WERDEN NACH DEM ESSEN MEIST AROMATISCHE FRÜCHTE AUFGETISCHT. DESSERTS IN UNSEREM KLASSISCHEN SINN SERVIERT MAN NUR SELTEN. DOCH ES GIBT AUSNAHMEN UND DIE SOLLTEN SIE IN JEDEM FALL PROBIEREN! HIER EINE KLEINE, ABER FEINE AUSWAHL.

DAS IST
WIRKLICH
WICHTIG

[a] VANILLESCHOTE AUSKRATZEN Für die Creme wird nur das Mark der Vanilleschote gebraucht. Dafür die Schote mit einem kleinen scharfen Messer längs halbieren, dann das Mark mit dem Messerrücken aus den Hälften auskratzen.

[b] OBST MEHLIEREN Durch das Wenden in Mehl wird die Feuchtigkeit an den Oberflächen der Obststücke gebunden.

[a]

ÜBERSCHÜSSIGES MEHL VON DEN FRÜCHTEN ABSCHÜTTELN.

[b]

FRÜCHTE FRITTIEREN

GEBACKENE FRÜCHTE
mit Minzecreme

AUSGEBACKENE FRÜCHTE SIND IN VIELEN ASIATISCHEN LÄNDERN BELIEBT. IN VIETNAM WIRD DAZU EINE CREME SERVIERT, DIE EINEN FRANZÖSISCHEN EINFLUSS ERKENNEN LÄSST.

Zutaten für 4 Portionen

Für die Früchte

150 g Mehl

1 EL heller Palmzucker (ersatzweise Rohrzucker)

1 Msp. gemahlener Zimt

Salz, 1 Ei

800–900 g exotische Früchte (z. B. Ananas, Mango, Physalis, Baby-Banane, Nashi)

1 l Öl zum Frittieren

Mehl zum Wenden

Für die Creme

½ Vanilleschote, 50 ml Milch

1 EL heller Palmzucker (ersatzweise Rohrzucker)

1 Stängel Minze

200 g Crème fraîche

½ TL abgeriebene Bio-Limettenschale

1–2 TL frisch gepresster Limettensaft (nach Belieben)

Zeitbedarf
- ca. 50 Minuten

So geht's

1. Für den Ausbackteig das Mehl in einer Schüssel mit Zucker, Zimt und 1 Prise Salz vermischen. Nacheinander 150 ml Wasser und das Ei zufügen und mit einem Holzlöffel glatt rühren. Den Teig 30 Minuten quellen lassen.

2. Inzwischen für die Creme die Vanilleschote auskratzen [→a]. Milch mit Zucker und Vanillemark erhitzen, bis sich der Zucker aufgelöst hat, abkühlen lassen. Die Minze waschen, trocken schütteln, die Blätter abzupfen und möglichst fein hacken. Crème fraîche mit der Vanillemilch glatt rühren. Minze und Limettenschale unter die Creme mischen. Nach Belieben mit etwas Limettensaft abschmecken. Creme zugedeckt kalt stellen.

3. Die Früchte je nach Sorte waschen, schälen und/oder putzen. Das Fruchtfleisch in mundgerechte Stücke schneiden. Frittieröl in einem Wok oder einem breiten Topf erhitzen. Das Öl ist heiß genug, wenn an einem hineingehaltenen Holzkochlöffelstiel viele kleine Bläschen aufsteigen (s. Seite 52).

4. Fruchtstücke in Mehl wenden und überschüssiges Mehl abschütteln [→b]. Die Früchte mithilfe einer Gabel in den Ausbackteig tauchen, kurz abtropfen lassen und im heißen Öl portionsweise in 3–4 Minuten rundum goldgelb frittieren. Herausheben und auf Küchenpapier abtropfen lassen. Die gebackenen Früchte noch warm mit der Minzecreme servieren.

Die Variante

Gebackene Früchte mit Honig und Sesam
Den Ausbackteig sowie die Früchte wie links beschrieben vorbereiten. 1 EL geschälte Sesamsamen in einer trockenen Pfanne goldgelb rösten. Herausnehmen und abkühlen lassen. 4 EL flüssigen Honig mit 3 EL Wasser erhitzen und glatt rühren. Die Früchte wie links beschrieben goldgelb frittieren. Noch warm mit Honig beträufeln und mit Sesam bestreut servieren.

EIS HERSTELLEN

PISTAZIENEIS
mit frischen Früchten

IN INDIEN WERDEN AUCH DESSERTS GEKONNT UND RAFFINIERT MIT GEWÜRZEN VERFEINERT. ZUM GLÜCK! DENN DIESES EIS IST ZUM DAHINSCHMELZEN GUT.

Zutaten für 4 Portionen

- 4 grüne Kardamomkapseln
- ½ l Milch
- 1 Prise gemahlene Nelken
- 100 g ungesalzene Pistazienkerne
- 1 TL Reismehl (ersatzweise Speisestärke)
- 80 g heller Palmzucker (ersatzweise Rohrzucker)
- 1 TL fein abgeriebene Bio-Orangenschale
- 300 g Naturjoghurt (3,5 % Fett)
- 400 g frische gemischte Früchte der Saison

besonderes Werkzeug
- breiter Topf mit schwerem Boden
- breite Metallschüssel oder Eismaschine

Zeitbedarf
- Auskühlzeit ca. 30 Minuten
- Gefrierzeit

So geht's

1. Kardamomkapseln mit der Breitseite eines Messers anquetschen. Von der Milch 4 EL abnehmen und beiseitestellen.

2. In einem breiten Topf mit schwerem Boden die restliche Milch mit Kardamom und Nelken aufkochen, bei kleiner Hitze und halb geöffnetem Deckel in ca. 20 Minuten auf 300 ml einkochen lassen, währenddessen ab und zu umrühren.

3. 2–3 El der Pistazien grob hacken und beiseitestellen, den Rest fein hacken. Reduzierte Gewürzmilch durch ein feines Sieb in einen Topf gießen und wieder aufkochen lassen. Reismehl mit der beiseitegestellten Milch glatt rühren. Mit Zucker, Orangenschale und fein gehackten Pistazien in die Milch geben und unter Rühren aufkochen. Vom Herd nehmen und auskühlen lassen.

4. Joghurt und die Milchmasse gründlich verrühren und in einer Eismaschine [→a] oder im Gefrierschrank [→b] gefrieren.

5. Zum Servieren das Eis aus dem Gefrierfach nehmen und etwas antauen lassen. Inzwischen die Früchte waschen, je nach Sorte putzen und/oder schälen und in mundgerechte Stücke schneiden. Vom Eis mit einem Eisportionierer Kugeln abstechen. Pistazieneiskugeln mit den fein gehackten Pistazien bestreuen und mit den Früchten anrichten.

Die Variante

Kokos-Safran-Krokant
1 Prise Safranfäden in 2 EL Milch einweichen. 2 EL ungesalzene Pistazienkerne grob hacken. In einer beschichteten Pfanne 4 EL Zucker mit 1 EL Wasser bei mittlerer Hitze zu hellem Karamell schmelzen lassen. 50 g frisches, fein geraspeltes Kokosnussfleisch (ersatzweise getrocknete Kokosraspel, s. Tipp S. 105), 1 Msp. gemahlenen Kardamom, Pistazien und Safranmilch in die Pfanne geben. Aufkochen und rühren, bis sich alles gut verbunden hat, dann zum Abkühlen in einen Teller füllen. Der Krokant passt als Topping gut zu Vanille- oder Joghurteis.

MILCH KOCHEN Wird Milch beim Erhitzen und Kochen nicht ständig gerührt, setzt sie sehr schnell am Boden an und verbrennt. Das wird beim Kochen in einem Topf mit schwerem Boden verhindert.

DAS IST
WIRKLICH
WICHTIG

[a] IN DER EISMASCHINE zubereitet wird das Eis etwas cremiger, da sich durch das ständige Rühren keine Eiskristalle bilden können. Dafür die Eismasse in die Eismaschine füllen und darin in 20–25 Minuten cremig gefrieren lassen.

[b] IN DER METALLSCHÜSSEL Die Eismasse in eine breite Metallschüssel füllen und für 3–4 Stunden ins Gefrierfach stellen, dabei alle 30 Minuten kräftig von außen nach innen durchrühren, damit sich keine großen Eiskristalle bilden und das Eis geschmeidig wird.

MANDEL-REIS
mit Rosenwasser

Zutaten für 4 Portionen

2 EL Sultaninen

4 EL Mandelstifte

½ l Milch

2 TL Ghee (ersatzweise Butterschmalz)

130 g Basmati

2 EL heller Palmzucker (ersatzweise Rohrzucker)

¼ TL gemahlener Kardamom

1 EL ungesalzene Pistazienkerne

½–1 TL Rosenwasser (s. Glossar)

1 kleiner Granatapfel (s. Glossar)

Zeitbedarf
- ca. 45 Minuten
- Abkühlzeit

So geht's

1. Sultaninen unter lauwarmem Wasser waschen, trocken tupfen und eventuell noch vorhandene Stiele entfernen. Mandelstifte in einer kleinen Pfanne ohne Fett unter Rühren goldgelb rösten, herausnehmen und beiseitestellen.

2. Milch langsam erhitzen, aber nicht kochen lassen. Währenddessen in einem breiten Topf das Ghee erhitzen. Darin den Reis bei mittlerer Hitze unter Rühren ca. 3 Minuten andünsten, aber keine Farbe annehmen lassen. Die heiße Milch zugießen. Zucker, Kardamom, Sultaninen und 3 EL Mandelstifte untermischen. Einmal aufkochen, dann den Reis zugedeckt bei kleinstmöglicher Hitze unter gelegentlichem Rühren in ca. 25 Minuten ausquellen lassen. Er soll gerade gar sein.

3. Reis vom Herd nehmen und lauwarm abkühlen lassen. Inzwischen die Pistazienkerne für die Garnitur grob hacken.

4. Den Mandelreis nach Geschmack mit Rosenwasser abschmecken. Zum Servieren in Portionsschälchen füllen und mit gehackten Pistazien und den restlichen Mandelstiften bestreuen. Granatapfel waschen, trocken reiben, dann mit einem Messer halbieren. Hälften in Stücke brechen und Kerne aus den weißen Trennhäuten herauslösen. Granatapfelkerne separat zum Reis servieren.

MANGOCREME

erfrischend fruchtig

Zutaten für 4 Portionen

- 2 EL Speisestärke
- 100 ml Kondensmilch (10 % Fett)
- 50 g heller Palmzucker (ersatzweise Rohrzucker)
- 400 g Mangopüree (aus der Dose; Asia-Laden)
- 2 EL frisch gepresster Limettensaft
- gemahlener Zimt zum Bestäuben

Zeitbedarf

- 20 Minuten
- 30 Minuten kühlen

So geht's

1. Stärke mit 2 EL kaltem Wasser glatt rühren. Kondensmilch mit 50 ml Wasser und Zucker unter gelegentlichem Rühren in einem kleinen Topf aufkochen. Den Topf von der Herdplatte nehmen. Die angerührte Stärke unter ständigem Rühren dazugießen. Wieder auf die heiße Herdplatte stellen, weiterrühren und aufkochen lassen. Dann vom Herd nehmen und 2–3 Minuten abkühlen lassen.

2. Das Mangopüree nach und nach unter das Milchgemisch rühren. Diese Creme mit 1–2 EL Limettensaft abschmecken. In Schälchen füllen und im Kühlschrank in mindestens 30 Minuten fest und kühl werden lassen.

3. Zum Servieren die Mangocreme jeweils mit 1 Messerspitze gemahlenem Zimt bestäuben.

MANGOPÜREE Wenn Sie kein fertiges Mangopüree bekommen, machen Sie es selbst: 2 reife asiatischen Mangos (à ca. 300 g) schälen und das Fruchtfleisch vom Stein schneiden (s. Seite 31). Fruchtfleisch mit 2 EL Wasser sehr fein pürieren und durch ein Sieb streichen. Die Mangos müssen wirklich reif sein, sonst lassen sie sich nicht gut pürieren.

ZITRUSFRÜCHTE

in Gewürzsirup

Zutaten für 4 Portionen

- 4 Kardamomkapseln
- 4 EL frisch gepresster Limettensaft
- 1 EL heller Palmzucker (ersatzweise Rohrzucker)
- ½ TL gemahlene Vanille
- ¼ Zimtstange
- 2 Sternanis
- 2 Gewürznelken
- 800 g gemischte Zitrusfrüchte (z. B. Orangen, Grapefruits, Pomelos)
- Chiliflocken zum Bestäuben (s. Glossar)

Zeitbedarf

- ca. 15 Minuten
- 15–30 Minuten marinieren

So geht's

1. Kardamomkapseln mit der Breitseite des Messers anquetschen. Limettensaft, 150 ml Wasser und Zucker mit allen Gewürzen aufkochen. Alles unter gelegentlichem Rühren bei kleiner Hitze ca. 10 Minuten köcheln, dann abkühlen lassen.

2. Währenddessen das obere und untere Ende der Zitrusfrüchte mit einem Messer gerade abschneiden. Früchte mit der Schnittfläche auf eine Arbeitsfläche stellen und die Schalen mit dem Messer von oben nach unten abschneiden. Dabei auch die weiße Haut unter der Schale entfernen. Mit einem kleinen Messer das Fruchtfleisch zwischen den Trennhäutchen herausschneiden, dabei den Saft auffangen. Fruchtfilets in mundgerechte Stücke teilen, in einem Sieb abtropfen lassen, dabei den Saft auffangen.

3. Alle Fruchtstücke und den entstandenen Saft in eine Schüssel füllen. Den Gewürzsirup durch ein Sieb darübergießen und untermischen. Das Obst zugedeckt mindestens 15 Minuten oder länger ziehen lassen.

4. Die Zitrusfrüchte mit dem Gewürzsirup in Schälchen anrichten und mit einem Hauch Chiliflocken bestreut servieren.

SO SCHMECKT'S AUCH Nicht nur Zitrusfrüchte schmecken so zubereitet. Marinieren Sie z. B. auch Kaki, Physalis, Papaya und Karambole in dem Gewürzsirup.

KOREA
TYPISCH WÜRZIG

WAS HIER AUF DEN TISCH KOMMT, IST HERRLICH LEICHT UND GESUND. ALLES WIRD GRUNDSÄTZLICH FETTARM ZUBEREITET UND GEMÜSE IMMER KNACKIG SERVIERT.

IMMER KRÄFTIG GEWÜRZT

Die beiden Teilstaaten Koreas, also Süd- und Nordkorea, haben trotz ihrer verfeindeten Regierungen zumindest eine Gemeinsamkeit: Ihre traditionellen Küchen ähneln sich sehr. Die Speisen werden stärker gewürzt als in anderen asiatischen Ländern. Man verwendet Gewürze mit dominierenden Aromen wie Chilischoten, Pfeffer, geröstete Sesamsamen, geröstetes Sesamöl sowie Ingwer, Knoblauch, Koriander, Sojasauce und fermentierte rote Bohnenpaste. Reis ist bei jedem Essen ein absolutes Muss, selbst wenn es ein Nudelgericht gibt. Ebenso wichtig wie Reis ist eine Suppe sowie Kimchi, die scharf-säuerlich eingelegte Spezialität aus Chinakohl. Vor allem in Südkorea wird Gemüse sehr vielfältig zubereitet. Und da der Süden eine Halbinsel ist, stehen Fisch und Meeresfrüchte häufiger auf dem Tisch als Fleisch.

ALLGEGENWÄRTIGER KIMCHI

Ohne Kimchi ist für Koreaner kein Essen vollkommen. Die Beilage gibt es in zahllosen Varianten von mild bis feurig. Nach der Ernte im Herbst wird der Chinakohl in großen Mengen gesalzen, ähnlich wie unser Sauerkraut. Paprikaschoten, Knoblauch, Ingwer, scharfes Paprikapulver und andere Gewürze geben zusätzliches Aroma. In irdene Töpfe eingelegt, zieht der Kohl einige Tage durch, wobei er milchsauer vergärt. Das macht ihn nicht nur zur begehrten Delikatesse, sondern durch seinen Vitamin-C-Gehalt obendrein noch sehr gesund. Auf dem Land hat jede Familie ihr eigenes Rezept, Städter kaufen Kimchi frisch auf dem Markt oder notfalls als Konserve. Ein Rezept für Kimchi finden Sie auf Seite 98/99.

OBST ALS DESSERT

Traditionell gibt es zum Abschluss eines Essens meist frisches Obst. Äpfel, Nashi (asiatische Birnen), Kaki, Zitrusfrüchte, Pflaumen, Kirschen, Trauben und vieles mehr werden im Land angebaut. Saftiges Obst wird in Korea in der heißen Jahreszeit gerne als Durstlöscher oder Zwischenmahlzeit gereicht. Es ist auch üblich, auf dem Weg zu einem Besuch bei Bekannten bei einem Straßenhändler eine Auswahl an verschiedenen Obstsorten zu kaufen und als Gastgeschenk mitzubringen.

TYPISCH KOREANISCH

Das alltägliche Getränk der Koreaner neben Wasser ist Tee, der aus gerösteter Gerste aufgebrüht wird. Südkorea hat aber auch eine ausgeprägte Kaffeekultur, überall gibt es einladende Cafés. Das populärste alkoholische Getränk ist Soju, ein Branntwein aus Reis, dem meist noch andere Getreide wie Weizen oder Gerste oder auch Süßkartoffel beigemischt sind. Soju ist klar, hat einen Alkoholgehalt von rund 20 Prozent und wird schon seit Jahrhunderten im Land destilliert. Koreaner haben außerdem viel für Fruchtweine übrig, die beliebtesten sind aus Pflaumen, Quitten, Kirschen und Granatäpfeln, sogar Azaleenwein gibt es. Zum Essen ist Wasser und Tee üblich, aber auch importierte Biere und Weine werden immer gefragter.

EINFACH, ABER RAFFINIERT

Bei Feierlichkeiten wie familiären oder religiösen Anlässen werden die Speisen aufwendig garniert und präsentiert. Die Alltagsküche dagegen ist schlicht und begnügt sich mit Einfachem, setzt aber raffinierte Akzente: ein paar geröstete und daher nussig-duftende Sesamsamen, etwas gehackte Lauchzwiebel, nadelfeine Streifen von roter Chilischote, ein wenig rote Bohnenpaste oder ein paar Krümel von in Sesamöl gerösteten Noriblättern. Korea hat eine schnörkellose Küche, die aber vom gekonnten Zusammenspiel zwischen Zutaten und Gewürzen lebt und deshalb fasziniert.

TAPIOKAPUDDING ZUBEREITEN

TAPIOKAPUDDING
mit gratinierter Ananas

TAPIOKAPERLEN SORGEN FÜR EINEN ZARTEN BISS IN DIESEM PUDDING. DIESE KONSISTENZ IST FÜR UNS ETWAS UNGEWOHNT, IN INDONESIEN ABER GANZ NORMAL.

Zutaten für 4 Portionen

- ½ l Milch
- 200 ml ungesüßte Kokosmilch
- Salz
- 125 g Tapiokaperlen (ersatzweise Perlsago)
- 1 Bio-Limette
- ¼ Vanilleschote
- 70 g heller Palmzucker (ersatzweise Rohrzucker)
- 1 Eigelb
- 1 Baby-Ananas
- 1 Stängel Asia-Minze
- 1 EL geröstete Kokoschips (z. B. aus dem Reformhaus)

besonderes Werkzeug
- ofenfeste Form (ca. 20 x 30 cm)
- Mörser
- lange Holzstäbchen

Zeitbedarf
- ca. 40 Minuten

So geht's

1. Von der Milch 3 EL abnehmen und beiseitestellen. Restliche Milch in einem Topf mit Kokosmilch und 1 Prise Salz aufkochen. Tapiokaperlen einrühren und zugedeckt bei kleinster Hitze 20–25 Minuten köcheln und quellen lassen [→a], dabei ab und zu umrühren, damit nichts am Topfboden ansetzt.

2. Inzwischen die Limette heiß waschen und trocken reiben. 1 TL Schale sehr fein abreiben und den Saft auspressen. Die Vanilleschote längs halbieren und das Mark mit dem Messerrücken herauskratzen.

3. 50 g Zucker, Limettenschale und Vanillemark unter die fertig gequollenen Tapiokaperlen rühren. Das Eigelb mit der beiseitegestellten Milch verquirlen und unter den heißen, aber nicht mehr kochenden Pudding mischen. Mit 2–3 TL Limettensaft abschmecken. Pudding auf der ausgeschalteten Herdplatte noch ca. 5 Minuten ruhen lassen. Nochmals umrühren, in Gläser füllen und bis zum Servieren kalt stellen.

4. Kurz vor dem Servieren die Ananas schälen, halbieren, den Strunk herausschneiden und das Fruchtfleisch in ca. 0,5 cm dicke Scheiben schneiden (s. Seite 30). Ananasscheiben in eine ofenfeste Form legen [→b]. Die Minze waschen, trocken schütteln, die Blätter abzupfen und fein hacken (s. Seite 25). Den Backofengrill vorheizen. Minze und restlichen Zucker in einem Mörser fein zerstoßen. Den Minzezucker über die Ananasscheiben streuen. Ananasscheiben unter dem Grill 3–5 Minuten gratinieren, bis sie goldbraune Ränder bekommen und der Zucker karamellisiert ist.

5. Ananasstücke auf Holzspießchen stecken. Pudding mit dem entstandenen Ananassaft beträufeln und mit den Ananas-Spießen und den Kokoschips garnieren.

TAPIOKA wie auch Perlsago sind natürliche Bindemittel für Süßspeisen und Saucen. Sie werden aus der Stärke der Maniokwurzel gewonnen, die während der Gewinnung zu weißen Kügelchen in unterschiedlichen Gößen geformt und anschließend getrocknet wird.

SO TRANSPARENT IST DER PUDDING FERTIG GEQUOLLEN.

DAS IST
WIRKLICH
WICHTIG

[a] QUELLEN LASSEN Der Pudding ist fertig, wenn die Tapiokaperlen nicht mehr weiß und hart, sondern aufgequollen und transparent sind.

[b] ANANASSCHEIBEN möglichst nebeneinander in die flache, ofenfeste Form legen, damit der Zucker gleichmäßig karamellisieren kann und alle Scheiben leicht gebräunte Ränder bekommen.

DAS IST WIRKLICH WICHTIG

[a] REISMEHLPFANNKUCHENTEIG ist nicht ganz so flüssig wie Teig aus Weizenmehl, sollte aber trotzdem in einem Strahl von einer Schöpfkelle zurück in die Schüssel fließt.

[b] DÜNNE PFANNKUCHEN BACKEN
Eine Schöpfkelle Teig in die Pfanne geben, Pfanne leicht schwenken, so dass der ganze Boden dünn mit Teig bedeckt ist. Überschüssigen Teig zurück in die Schüssel gießen. Ca. 1 Minute backen. Wenn die Mitte des Pfannkuchens nicht mehr feucht ist, mit einem Spatel wenden und in ca. 1. Minute fertig backen.

SO DÜNNFLÜSSIG IST PFANNKUCHENTEIG GENAU RICHTIG.

REISMEHLPFANNKUCHEN
mit Kokos und Papaya

IN DER THAI-KÜCHE WIRD DER PFANNKUCHENTEIG MANCHMAL MIT LEBENSMITTELFARBE LEUCHTEND GRÜN ODER ROT GEFÄRBT. AUF DAS UNVERGLEICHLICHE AROMA DER PFANNKUCHEN HAT DAS ABER KEINEN EINFLUSS.

Zutaten für 4 Portionen

1 kleine Dose ungesüßte Kokosmilch (160–200 ml)

100 g Reismehl (s. Glossar; ersatzweise Weizenmehl)

1 Msp. Kurkumapulver

Salz

3 EL heller Palmzucker (ersatzweise Rohrzucker)

60 g frisches Kokosnussfleisch (s. Tipp S. 105)

2 EL frisch gepresster Limettensaft

1 reife Papaya (ca. 400 g)

1 EL Öl

besonderes Werkzeug
- Blitzhacker

Zeitbedarf
- 25 Minuten
- 20 Minuten quellen

So geht's

1. Die Kokosmilchdose ungeschüttelt öffnen und von der dickcremigen Schicht, der Kokossahne, die sich oben abgesetzt hat, 2 EL abnehmen und beiseitestellen.

2. Für den Teig das Reismehl mit Kurkuma, 1 Prise Salz, 2 EL Zucker, 100 ml Kokosmilch und 200 ml Wasser zu einem glatten, dünnen Teig verrühren [→a]. 20 Minuten quellen lassen.

3. Vom Kokosnussfleisch nach Belieben die braune Haut abschälen (s. Seite 35). 30 g Fruchtfleisch in grobe Stücke schneiden, im Blitzhacker fein zerkleinern und mit restlichem Zucker, 1 TL Limettensaft und der Kokossahne zu einer glatten Creme rühren. Von dem übrigen Kokosnussfleisch mit einem Sparschäler dünne Späne abhobeln.

4. Die Papaya der Länge nach halbieren, die Kerne mit einem Esslöffel entfernen. Papayahälften schälen und das Fruchtfleisch in mundgerechte Stücke schneiden (s. Seite 32). Mit dem restlichen Limettensaft beträufeln.

5. Den Boden einer Pfanne dünn mit Öl einfetten und aus dem Teig bei mittlerer Hitze 4 dünne Pfannkuchen backen [→b]. Fertige Pfannkuchen im Backofen bei 70 °C warm halten.

6. Pfannkuchen dünn mit der Kokoscreme bestreichen und zusammenklappen. Noch warm mit den Papayastücken anrichten und mit den Kokosspänen bestreut servieren.

Die Variante

Kokos-Mandel-Füllung
Von 150 g frischem Kokosnussfleisch die braune Haut abschälen, Fruchtfleisch im Blitzhacker fein zerkleinern. 80 g Palmzucker mit 140 ml Orangensaft in einem kleinen Topf unter Rühren aufkochen, bis sich der Zucker gelöst hat. Kokosfleisch, 50 g gemahlene Mandeln, 4 EL Kokossahne und ½–1 TL gemahlenen Zimt in die Flüssigkeit rühren. Eventuell noch kurz offen köcheln lassen, bis die Masse streichfähig ist. Lauwarm abkühlen lassen und mit etwas Limettensaft abschmecken. Pfannkuchen wie im Rezept beschrieben backen, mit der Füllung bestreichen und aufrollen oder zusammenklappen.

TEE, BIER ODER WEIN?

WER GESCHMACK AN DER ASIATISCHEN KÜCHE GEFUNDEN HAT, INTERESSIERT SICH FRÜHER ODER SPÄTER AUCH FÜR DIE DAZU PASSENDEN GETRÄNKE. DENN BEIDES BILDET EINE KULINARISCHE EINHEIT. HIER EINE PRAKTISCHE HILFE, DIESE HARMONIE AUF DEM GAUMEN ZU ERREICHEN.

TEE

Aus guter alter Tradition trinken Asiaten Tee zum Essen. Denn er harmoniert außerordentlich gut mit allen Geschmacksrichtungen von süß über scharf bis bitter und salzig. Außerdem neutralisiert und erfrischt er den Gaumen. Grüner Tee mit seinem weichen Aroma ist für fast alle Speisen ein idealer Begleiter und empfiehlt sich auch zu scharfen Gerichten, denn er mildert die Schärfe, ohne ihr die Aromen zu nehmen. Jasmintee ist eine gute Alternative. Dagegen eignet sich kräftiger schwarzer Tee wegen seiner Gerbstoffe nicht wirklich als passendes Getränk zu asiatischen Gerichten. Ein leichter Darjeeling First Flush (von der Frühlingsernte) allerdings passt recht gut zu dunklem Fleisch.

BIER

Ob asiatisch oder europäisch – erfrischendes Bier passt ideal zu fernöstlichen Gerichten mit ihren kraftvollen Aromen. In vielen asiatischen Ländern wird nach deutschem Vorbild Bier gebraut, zum Beispiel Kirin in Japan, Tsingtao in China, Singha in Thailand, Saigon in Vietnam und BinTang in Indonesien. Asiatische Biere haben meist einen Alkoholgehalt um die fünf Volumenprozent, schmecken leicht süßlich und sind deshalb recht süffig. Im Internet können Sie verschieden große Sets mit asiatischen Biersorten aus unterschiedlichen Ländern bestellen und zu Hause zu selbst gekochten asiatischen Gerichten probieren. Aber auch die Kombination mit deutschem Bier ist immer eine gute Entscheidung.

WEIN

Um eine wirkliche Harmonie der asiatischen Küche mit Wein zu erreichen, sollten Sie bei der Auswahl drei Dinge beherzigen: 1. wenig Säure, 2. wenig Alkohol, 3. etwas fruchtige Süße. Dennoch müssen weiße wie rote Weine Charakter haben, denn dünne Tropfen haben den vielfältigen und ausgeprägten Aromen der Speisen nichts entgegenzusetzen.
Von den deutschen Weißweinen sind deshalb aromatische Rieslinge mit feiner Restsüße, samtige Weißburgunder oder Ruländer mit blumiger Note eine gute Wahl. Ebenso wie ausdrucksvolle Muskateller und leichte Gewürztraminer aus Südtirol, oder ein fruchtiger Chardonnay aus Kalifornien.
Zu kräftigen Gerichten mit Ente, dunkler Soja- und Austernsauce ist durchaus auch mal ein Rotwein gefragt. Hier passen fruchtige, weiche Weine mit wenig Gerbstoff (Tannin) und ohne Holznote (Barrique-Ausbau), wie zum Beispiel ein St. Laurent aus Deutschland oder Österreich, ein Beaujolais aus Frankreich oder ein Shiraz aus Südafrika oder Australien. Und zum Schluss noch ein Vorschlag für experimentierfreudige Genießer: Probieren Sie auch Weine aus Thailand, Vietnam, China oder Indien, die es auch schon bei uns zu kaufen gibt. Asiatische Weine haben etwas weniger Volumenprozent als europäische und sind sehr fruchtbetont.

ASIA-ZUTATEN

BANANENBLATT Das nicht essbare Blatt wird gerne als schützende Hülle beim Garen zarter Lebensmittel wie z. B. Fisch verwendet. Ein Blatt ist zwischen 50 und 150 cm lang. In Asia-Läden bekommt man verpackt entweder ein großes zusammengefaltetes Blatt oder mehrere Bananenblattstücke zu kaufen.

BOHNENSPROSSEN Unter diesem Namen erhält man hier meist die weißen Keimlinge der grünen Mungbohnen, seltener die der Sojabohnen. Die Sprossen werden in Supermärkten, Asien-Läden und Bioläden frisch angeboten. Sie geben Salaten einen knackigen Biss und Wokgerichten einen Frische-Kick.

CHILIFLOCKEN Aromatische Chilischoten oder scharfe Paprikaschoten werden für dieses Gewürz zuerst getrocknet und anschließend grob geschrotet. Die Flocken verleihen den Speisen eine pikante Schärfe.

CHILIPULVER Ein Gewürzpulver, das hauptsächlich aus gemahlenen Chilischoten besteht und zusätzlich mit Kreuzkümmel, Gewürznelken, Knoblauch, Oregano und Koriander kombiniert wird. Es ist vor allem zum Würzen von indischen Gerichten geeignet.

CURRYBLÄTTER Die aromatischen, getrockneten Blätter eines lorbeerähnlichen Strauches. Gibt es in Indien frisch, bei uns nur getrocknet zu kaufen. Sie sind aber nicht, wie der Name vielleicht vermuten lässt, Bestandteil von Currypasten oder Currypulver. Curryblätter werden gerne für Gemüsegerichte verwendet.

DASHI-BRÜHE Die klare, fettfreie Fischbrühe aus getrocknetem Seetang (Kombu) und Bonitoflocken (getrocknete Thunfischart) wird in Japan so häufig verwendet wie Bouillon in Europa. Dashi-Brühe gibt ihr typisches Aroma dezent an Suppen, Gemüsegerichte oder Saucen weiter. In Asien-Läden ist sie als Instant-Produkt erhältlich. Als Ersatz kann Fischfond oder Gemüsebrühe verwendet werden.

GALGANT Die Wurzel ist mit Ingwer verwandt und auch unter der Bezeichnung Thai-Ingwer bekannt. Ihre frischen Triebe haben rosa Spitzen und eine transparente Haut. Der Geschmack ist kräftig-würzig. Jungen Galgant vor der Zubereitung nur waschen und putzen, ältere Wurzeln auch schälen.

GEMÜSEPAPAYA ist auch als Salatpapaya bekannt. Die länglich-ovale Frucht hat eine grüne Haut und helles, weißliches Fruchtfleisch. Gemüsepapaya wird vor allem für Salate, Gemüsegerichte und Currys verwendet.

GRANATAPFEL In Persien beheimatet, wächst er heute in den Subtropen wie auch im Mittelmeerraum. Die runden Früchte haben eine harte, braunrote Schale. Im Innern befinden sich die essbaren, blassrosa bis dunkelroten Kerne, die saftig sind und süß-säuerlich schmecken.

HÜLSENFRÜCHTE Asien hat eine dreitausend Jahre alte vegetarische Tradition. Deshalb wird häufig mit getrockneten Hülsenfrüchten wie Linsen, Erbsen, Kichererbsen & Co. gekocht. Nicht zu Unrecht, denn in Hülsenfrüchten stecken wertvolle Inhaltsstoffe wie Eiweiß, Kohlenhydrate, Vitamine und Mineralstoffe.

KAFFIR-LIMETTE Diese spezielle Limettensorte hat eine dicke, stark genarbte Schale und wenig Fruchtfleisch. Von der Limette wird als Würze nur die Schale verwendet und mitgekocht. Sie verleiht den Speisen einen typischen Zitrusgeschmack.

KETJAP MANIS Eine indonesische süße, dunkle und dickflüssige Sojasauce, die zum Marinieren, aber auch als Dip verwendet wird.

KICHERERBSENMEHL Die Hülsenfrüchte werden vor dem Mahlen geröstet, dadurch bekommt das Mehl eine nussige Note. Es wird beispielsweise als Zutat für Ausbackteige verwendet. Im Bio-Supermarkt oder Reformhaus erhältlich.

GLOSSAR

KOKOSCREME Die sahnig-samtige Creme wird aus dem weißen Fruchtfleisch reifer Kokosnüsse und Wasser hergestellt. Sie ist kompakt in der Konsistenz und schmeckt dadurch intensiver als Kokosmilch.

KOKOSWASSER ist die klare, süß-säuerliche Flüssigkeit aus dem Hohlraum der Kokosnuss. Es eignet sich als aromatische Flüssigkeitszugabe beim Kochen oder gekühlt als Erfrischungsgetränk. Kokoswasser wird im Tetrapak angeboten und ist nicht zu verwechseln mit Kokosmilch.

KRUPUK Die in Öl ausgebackenen, knusprigen Krabbenchips sind besonders in Indonesien als Beilage beliebt. Hauptzutaten der Knabberei sind Krabben und Mehl, das aus der Maniokwurzel gewonnen wird.

MIRIN Der süße, helle und klare Reiswein aus Japan wird nicht zum Trinken, sondern ausschließlich zum Würzen und Marinieren verwendet. Geöffnet und gekühlt ist er ca. 3 Monate haltbar. Anstelle von Mirin kann auch trockener Sherry, z. B. Amontillado, verwendet werden. Normaler Reiswein oder Sake ist kein geeigneter Ersatz.

NASHI Die Frucht heißt aufgrund ihrer ursprünglichen Heimat auch Japanische Birne oder Chinesische Birne. Nashi hat das feste Fruchtfleisch eines Apfels und den zart-säuerlichen und gleichzeitig süßen Geschmack einer milden Birne.

PANEER ist ein milder indischer Frischkäse aus Kuhmilch mit krümeliger bis schnittfester Konsistenz. Alternativ Feta verwenden.

REISMEHL gibt es aus klebenden und nicht klebenden Reissorten. Das stärkereichere Klebreismehl wird vor allem für Desserts verwendet. Mehl aus nicht klebendem Reis ist beispielsweise für die Zubereitung von Pfannkuchen und Crêpes geeignet.

ROHRZUCKER Dieser Haushaltszucker wird aus Zuckerrohr gewonnen. Durch seinen besonderen Duft, sein feines karamellartiges Aroma sowie seine braune Farbe ist er eine Alternative zu Palmzucker. In Japan wird überwiegend Rohrzucker verwendet, den es dort in großer Vielfalt gibt.

ROSENWASSER Die lieblich und zart blumig duftende Essenz ist ein Nebenprodukt der Parfümherstellung und wird aus Rosenblüten gewonnen. In Indien wird es vor allem für süße Milchdesserts verwendet. Da die ätherischen Aromen rasch verfliegen, Rosenwasser erst kurz vor dem Servieren zugeben. In Apotheken und Reformhäusern erhältlich.

SESAMPASTE Die dick-fließende Creme aus vermahlenen hellen Sesamsamen wird als würzende Zutat für Salate, Gemüse und Saucen verwendet. Die Paste enthält über 50 Prozent Sesamöl, das sich als klare goldgelbe Schicht über der Paste absetzt, und darum vor der Verwendung kräftig untergerührt werden muss.

SUSHI-INGWER Dieser eingelegte japanische Ingwer wird als Beilage zu Sushi gereicht und zwischen den einzelnen Bissen gegessen. Das neutralisiert den Geschmack, so dass jeder Sushi-Happen neu zur Geltung kommen kann. Sushi-Ingwer gibt es natur- oder rosafarben.

SZECHUANPFEFFER Die kleinen rotbraunen Beeren sind mit echtem Pfeffer nur weitläufig verwandt. Sie schmecken scharf, mit einem Hauch von Zitrone, und prickeln beim Essen angenehm auf der Zunge. Szechuanpfeffer wird in Fernost vor allem in China, Japan und Indien verwendet.

TEMPURAMEHL Dieses Mehl besteht in der Regel aus Weizenmehl, Reismehl und Backpulver. In manchen Mischungen findet man auch einen Anteil Maismehl. Mit dem Mehl-Mix wird Tempurateig zubereitet, ein Ausbackteig zum knusprigen Umhüllen von Fisch, Meeresfrüchten, Fleisch, Gemüse und Obst.

TERIYAKI-SAUCE Die Fertigsauce kann als aromatische Marinade für Kurzgebratenes und Gegrilltes verwendet werden. Die Sauce mit der leichten Knoblauchnote eignet sich aber auch als Dip für in Teig ausgebackene Snacks.

ZWIEBELSAMEN sind ein typisches Gewürz der indischen Küche. Die kleinen tropfenförmigen Samen geben den Speisen einen zarten Zwiebelgeschmack. Zwiebelsamen werden wegen ihres ähnlichen Aussehens oft mit Schwarzkümmelsamen verwechselt, die aber leicht pfeffrig schmecken.

REZEPTE NACH LÄNDERN

China Reportage 166/167
Auberginengemüse mit Tomaten (Variante) 89
Brat-Rettich mit Lauch und Eiern 96
Fischbällchen im Sud 148
Forellenfilets mit Ingwer (Variante) 141
Frittiertes Schweinefleisch (Variante) 177
Gebratene Auberginen sauer-scharf 89
Gedämpfte Forelle mit Wurzelgemüse 141
Klare Suppe mit Filet und Gurke 64
Lachssteak mit Sellerie und Knuspernudeln 146
Mangocreme erfrischend fruchtig 209
Marinierter Tofu mit geschmorten Baby-Paksoi 198
Red Snapper mit Tomaten und Sesam 120
Scharf-süßer Weißkohl mit Paksoi 87
Schweinefleisch mit Weißkohl 178
Schweinefleisch süßsauer 177
Sojabohnensprossen mit Tofu und Paprika 95
Wok-Gemüse mit gebratenem Tofu 84
Wok-Gemüse mit Pilzen und Glasnudeln (Variante) 84

Indien Reportage 116/117
Blumenkohl mit Chili und Joghurt 95
Bohnen-Gemüse mit Kokos 101
Eier-Curry mit Erbsen 112
Erbsenpüree mit Würz-Zwiebeln 107
Frittiertes Gemüse im Teigmantel 79
Gelbe Linsen mit Kreuzkümmel 106
Hähnchen in Pfeffer-Marinade 123
Kichererbsen in Ingwersauce (Variante) 102
Kichererbsentopf mit Käsewürfeln 102
Kokos-Safran-Krokant (Variante) 206
Lammcurry mit Spinat 132
Lamm-Kichererbsen-Curry (Variante) 132
Linsensuppe mit Chili 65
Mandel-Reis mit Rosenwasser 208
Mungbohnen mit Blumenkohl und Kokosnuss 105
Mungbohnen mit Soba-Nudeln und Möhren (Variante) 105
Ofen-Fisch mit Tomaten-Zwiebel-Sauce 140
Pangasiusfilet mit Tomatensauce (Variante) 140
Pistazieneis mit frischen Früchten 206
Reis-Lamm-Topf mit Mandeln 173
Rote Linsen mit pikanter Mango 106
Safranreis mit Gemüse und Kokosspänen 192
Schnelles Gemüsecurry mit Mandeln (Variante) 111
Tandoori-Hähnchen herrlich würzig 164
Veggi-Curry mit Chapati 111

Indonesien Reportage 188/189
Buntes Gemüse süßsauer 88
Eiernudeln mit Sprossen (Variante) 182
Erdnuss-Tofu-Sticks (Variante) 197
Hähnchenbrust in Curry-Erdnuss-Sauce 122
Hähnchenspieße mit Erdnuss-Sauce 79
Gebratene Eiernudeln mit Hähnchen und Garnelen 182
Kokos-Tofu-Sticks mit Paprikagemüse 197
Rindfleisch-Curry mit Röstzwiebeln und Gurke 129
Tapiokapudding mit gratinierter Ananas 212
Würziger Bratreis mit Allerlei 195

Japan Reportage 142/143
Chirashi-Sushi mit Rinderfilet 194
Entenbrust mit Würzsauce und Knusperhaut 161
Hosomaki-Sushi mit Gurke und Sesam (Variante) 77
Hosomaki-Sushi mit Lachs und Avocado 77
Marinierte Entenbrustfilets (Variante) 161
Misosuppe mit Seidentofu 65
Sesam-Thunfisch mit Enoki-Pilzen 137
Spinatsalat mit Sesamsauce 71
Thunfisch mit Wasabisauce (Variante) 137
Udon-Nudeln mit Spinat 187

Korea Reportage 210/211
Glasnudeln mit Fisch und Meeresfrüchten (Variante) 185
Glasnudeln mit mariniertem Rindfleisch 185
Hausgemachter Kimchi scharf und würzig 99
Zartes Rinderfilet mit würzigem Dip 174
Zitrusfrüchte in Gewürzsirup 209

Malaysia
Scharfe Tintenfische in Kokossauce 155
Scharfer Tofu in gelber Sauce 200

Myanmar
Entenbrust mit Früchten 164

Philippinen
Fischsalat mit Kräutern (Variante) 66
Marinierter Fischsalat mit Kokosdressing 66

Singapur
Garnelen-Saté-Spieße (Variante) 151
Garnelenspieße mariniert und gegrillt 151
Tintenfischstreifen im Würzmantel 152

Thailand Reportage 72/73
Backfisch auf grünem Gemüse 145
Bratreis mit Eiern (Variante) 191
Eierküchlein mit Sprossen 78
Entenbrustsalat mit knusprigem Reisgrieß 69
Enten-Curry mit frischer Mango 125
Fischmousse erfrischend und leicht 78
Garnelensuppe sauer-scharf 60
Gebratener Reis mit zweierlei Fleisch 191
Gebratener Tofu mit knusprigem Ingwer 200
Gemüse mit Austernsauce 101
Glasierte Garnelen süß-scharf 148
Glasnudelsalat mit Hackfleisch 70
Grünes Curry mit Auberginen und Hähnchen 126
Grünes Garnelencurry (Variante) 119
Gurkensalat mit Chili 70
Hähnchenkeulen in Soja-Kokos-Sauce (Variante) 169
Hühnersuppe mit Kokosmilch 64
Ingwer-Brühe mit Garnelen (Variante) 60
Lauwarmer Hähnchenbrustsalat (Variante) 69
Meeresfrüchte-Curry mit Thai-Spargel 119
Reismehlpfannkuchen mit Kokos und Papaya 215
Reisnudeln mit Hähnchen 187
Rinderlende mit Tomaten und Basilikum 172
Rindfleisch-Curry mit Ananas 130
Scharfe Pilze mit Thai-Basilikum 92
Schmortopf mit Rindfleisch 172
Schweinebauch mit grünem Pfeffer 130
Schweinefilet mit Gemüse 178
Süßkartoffel-Curry mit Bohnen und Shiitake 115
Thai-Fischcurry mit Paprikaschoten 115
Wolfsbarsch im Bananenblatt 138
Zarte Hähnchenbrust mit Ingwersauce 169

Vietnam Reportage 90/91
Gebackene Früchte mit Honig und Sesam (Variante) 205
Gebackene Früchte mit Minzecreme 205
Lackierte Ente knusprig gebraten 74
Meeresfrüchte mit Gemüse und Minze 156
Miesmuscheln im Aromasud 155
Reisnudelsuppe mit Huhn (Variante) 63
Reisnudelsuppe mit Rindfleisch 63
Reispapierecken gefüllt und gebraten 74
Sommerrollen mit Garnelen und Hähnchen 80
Sommerrollen mit Rinderhack (Variante) 80
Weißkohlsalat mit Erdnüssen 7

REGISTER

A

Ananas (Warenkunde + Küchentechnik) 30
    Ananas-Sauce 56
    Frittiertes Schweinefleisch (Variante) 177
    Rindfleisch-Curry mit Ananas 130
    Schweinefleisch süßsauer 177
    Tapiokapudding mit gratinierter Ananas 212
Asia-Minze (Warenkunde + Küchentechnik) 25
    Asiatischer Feuertopf leicht und vielfältig 170
Auberginen (Warenkunde + Küchentechnik) 13
    Auberginengemüse mit Tomaten (Variante) 89
    Gebratene Auberginen sauer-scharf 89
    Grünes Curry mit Auberginen und Hähnchen 126
    Scharfer Tofu in gelber Sauce 200
Austernpilze (Warenkunde + Küchentechnik) 21
    Scharfe Pilze mit Thai-Basilikum 92
Austernsauce (Warenkunde) 36
Avocado: Hosomaki-Sushi mit Lachs und Avocado 77

B

Backfisch auf grünem Gemüse 145
Bananenblatt, garen im 138/139
Blumenkohl mit Chili und Joghurt 95
Blumenkohl vorbereiten 104
Bohnen-Gemüse mit Kokos 101
Bratreis mit Eiern (Variante) 191
Brat-Rettich mit Lauch und Eiern 96
Bratreis, würziger, mit Allerlei 195
Brokkoli-Hähnchen mit Cashewnüssen 47
Buntes Gemüse süßsauer 88

C

Chili-Limetten-Dip 57
Chiliöl (Warenkunde) 36
Chilisauce (Warenkunde) 37
Chilisauce, süßsaure 56
Chilischoten (Warenkunde + Küchentechnik) 29
Chinakohl
    Backfisch auf grünem Gemüse 145
    Glasnudeln mit Fisch und Meeresfrüchten (Variante) 185
    Glasnudeln mit mariniertem Rindfleisch 185
    Hausgemachte Kimchi scharf und würzig 99
    Spargel und Garnelen mit Sesam-Vinaigrette 51
Chirashi-Sushi mit Rinderfilet 194
Curry, Eier-, mit Erbsen 112
Curry, Enten-, mit frischer Mango 125
Curry, grünes, mit Auberginen und Hähnchen 126
Curry, Lamm-Kichererbsen- (Variante) 132
Curry, Meeresfrüchte-, mit Thai-Spargel 119
Curry, Rindfleisch-, mit Ananas 130
Curry, Rindfleisch-, mit Röstzwiebeln und Gurke 129
Curry, Veggi-, mit Chapati 111
Currypaste, grüne (Grundrezept) 55
Currypaste, rote (Grundrezept) 55
Currypasten (Warenkunde) 37

D/E

Dämpfen (Gartechnik-Workshop) 50/51
    Fischmousse erfrischend und leicht 78
    Forellenfilets mit Ingwer (Variante) 141
    Gedämpfte Forelle mit Wurzelgemüse 141
    Spargel und Garnelen mit Sesam-Vinaigrette 51
Eier-Curry mit Erbsen 112
Eier einkaufen (Tipp) 112
Eierküchlein mit Sprossen 78
Eiernudeln (Warenkunde) 42
    Eiernudeln mit Sprossen (Variante) 182
    Gebratene Eiernudeln mit Hähnchen und Garnelen 182
    Ingwer-Brühe mit Garnelen (Variante) 60
Enoki (Warenkunde + Küchentechnik) 19
    Sesam-Thunfisch mit Enoki-Pilzen 137
Ente tranchieren 162
Entenbrust braten 124
Entenbrust mit Früchten 164
Entenbrust mit Knusperhaut und Würzsauce 161
Entenbrustsalat mit knusprigem Reisgrieß 69
Enten-Curry mit frischer Mango 125
Erbsenpüree mit Würz-Zwiebeln 107
Erdnüsse (Tipp) 122
Erdnussöl (Warenkunde) 36
Erdnuss-Sauce 56
Erdnuss-Tofu-Sticks (Variante) 197

F

Feuertopf 170/171
Fisch, Ofen-, mit Tomaten-Zwiebel-Sauce 140
Fischbällchen im Sud 148
Fischcurry, Thai-, mit Paprikaschoten 115
Fischmousse erfrischend und leicht 78
Fisch-Sambal mit Frühlingszwiebeln 49
Fischsalat, marinierter, mit Kokosdressing 66
Fischsalat mit Kräutern (Variante) 66
Flügelbohnen (Warenkunde + Küchentechnik) 15
Forelle, gedämpfte, mit Wurzelgemüse 141
Forellenfilets mit Ingwer (Variante) 141
Frittieren (Gartechnik-Workshop) 52/53
    Backfisch auf grünem Gemüse 145
    Frittiertes Gemüse im Teigmantel 79
    Frittiertes Schweinefleisch (Variante) 177
    Gebackene Früchte mit Honig und Sesam (Variante) 205
    Gebackene Früchte mit Minzecreme 205
    Knuspriger Tofu auf süßsaurem Gemüse 53
    Lachssteak mit Sellerie und Knuspernudeln 146
    Tintenfischstreifen im Würzmantel 152
Früchte, gebackene, mit Honig und Sesam (Variante) 205
Früchte, gebackene, mit Minzecreme 205

G

Garnelen Schale ablösen 61
    Asiatischer Feuertopf leicht und vielfältig 170
    Einkaufstipp 148, 151
    Garnelen-Saté-Spieße (Variante) 151
    Garnelenspieße mariniert und gegrillt 151
    Garnelensuppe sauer-scharf 60
    Gebratene Eiernudeln mit Hähnchen und Garnelen 182
    Glasierte Garnelen süß-scharf 148
    Grünes Garnelencurry (Variante) 119
    Ingwer-Brühe mit Garnelen (Variante) 60
    Reispapierecken gefüllt und gebraten 74
    Sommerrollen mit Garnelen und Hähnchen 80
    Spargel und Garnelen mit Sesam-Vinaigrette 51
Garnelenpaste (Warenkunde) 37
Gebackene Früchte mit Honig und Sesam (Variante) 205
Gebackene Früchte mit Minzecreme 205
Gebratene Eiernudeln mit Hähnchen und Garnelen 182
Gebratener Reis mit zweierlei Fleisch 191
Gebratener Tofu mit knusprigem Ingwer 200
Gedämpfte Forelle mit Wurzelgemüse 141
Geflügel
    Asiatischer Feuertopf leicht und vielfältig 170
    Ente, lackierte, knusprig gebraten 163
    Entenbrust mit Früchten 164
    Entenbrust mit Würzsauce und Knusperhaut 161
    Enten-Curry mit frischer Mango 125
    Entenbrustfilets, marinierte (Variante) 161
    Entenbrustsalat mit knusprigem Reisgrieß 69
    Gebratene Eiernudeln mit Hähnchen und Garnelen 182
    Gebratener Reis mit zweierlei Fleisch 191
    Grünes Curry mit Auberginen und Hähnchen 126
    Hähnchen, Brokkoli-, mit Cashewnüssen 47
    Hähnchen in Pfeffer-Marinade 123
    Hähnchenbrust in Curry-Erdnuss-Sauce 122
    Hähnchenbrust, zarte, mit Ingwersauce 169
    Hähnchenbrustsalat, lauwarmer (Variante) 69
    Hähnchenkeulen in Soja-Kokossauce (Variante) 169
    Hähnchenspieße mit Erdnuss-Sauce 79
    Hühnersuppe mit Kokosmilch 64
    Reisnudeln mit Hähnchen 187
    Reisnudelsuppe mit Huhn (Variante) 63
    Sommerrollen mit Garnelen und Hähnchen 80

Tandoori-Hähnchen herrlich würzig 164
Gelbe Linsen mit Kreuzkümmel 106
Gelbe Schälerbsen (Tipp) 107
Gemüse, buntes, süßsauer 88
Gemüse, frittiertes, im Teigmantel 79
Gemüse mit Austernsauce 101
Gemüse, Wok-, mit gebratenem Tofu 84
Gemüse, Wok-, mit Pilzen und Glasnudeln (Variante) 84
Gemüsebrühe (Grundrezept) 54
Gemüsecurry, schnelles, mit Mandeln (Variante) 111
Gewürze (Warenkunde) 38/39
Gewürze rösten 193
Ghee (Warenkunde) 36
Glasierte Garnelen süß-scharf 148
Glasnudeln (Warenkunde) 42
   Glasnudeln mit Fisch und Meeresfrüchten (Variante) 185
   Glasnudeln mit mariniertem Rindfleisch 185
   Glasnudelsalat mit Hackfleisch 70
   Sommerrollen mit Garnelen und Hähnchen 80
   Wok-Gemüse mit Pilzen und Glasnudeln (Variante) 84
Glücksrollen 80
Granatapfel: Mandel-Reis mit Rosenwasser 208
Grüne Currypaste (Grundrezept) 55
Grüner Spargel: gebratener Reis mit zweierlei Fleisch 191
Grünes Curry mit Auberginen und Hähnchen 126
Grünes Garnelencurry (Variante) 119
Gurkensalat mit Chili 70

H/I
Hähnchen in Pfeffer-Marinade 123
Hähnchenbrust in Curry-Erdnuss-Sauce 122
Hähnchenkeulen in Soja-Kokos-Sauce (Variante) 169
Hähnchenspieße mit Erdnuss-Sauce 79
Hausgemachter Kimchi scharf und würzig 99
Hoisin-Erdnuss-Dip 57
Hoisinsauce (Warenkunde) 37
Hosomaki-Sushi mit Gurke und Sesam (Variante) 77
Hosomaki-Sushi mit Lachs und Avocado 77
Hühnerbrühe (Grundrezept) 54
Hühnersuppe mit Kokosmilch 64
Ingwer (Warenkunde + Küchentechnik) 28
Ingwer-Brühe mit Garnelen (Variante) 60
Ingwersauce 56

K
Kichererbsen in Ingwersauce (Variante) 102
Kichererbsentopf mit Käsewürfeln 102
   Lamm-Kichererbsen-Curry (Variante) 132
Kimchi, hausgemachter, scharf und würzig 99
Klare Suppe mit Filet und Gurke 64
Kokosnussfleisch (Tipp) 105
Kokosmilch (Grundrezept) 54
   Eier-Curry mit Erbsen 112
   Enten-Curry mit frischer Mango 125
   Erdnuss-Sauce 56

Fischmousse erfrischend und leicht 78
Fisch-Sambal mit Frühlingszwiebeln 49
Grünes Curry mit Auberginen und Hähnchen 126
Grünes Garnelencurry (Variante) 119
Hähnchenkeulen in Soja-Kokossauce (Variante) 169
Hähnchenspieße mit Erdnuss-Sauce 79
Hühnersuppe mit Kokosmilch 64
Marinierter Fischsalat mit Kokosdressing 66
Meeresfrüchte-Curry mit Thai-Spargel 119
Rindfleisch-Curry mit Ananas 130
Rindfleisch-Curry mit Röstzwiebeln und Gurke 129
Scharfe Tintenfische in Kokossauce 155
Scharfer Tofu in gelber Sauce 200
Schweinebauch mit grünem Pfeffer 130
Süßkartoffel-Curry mit Bohnen und Shiitake 115
Tapiokapudding mit gratinierter Ananas 212
Thai-Fischcurry mit Paprikaschoten 115
Veggi-Curry mit Chapati 111
Kokosnuss (Warenkunde + Küchentechnik) 35
   Bohnen-Gemüse mit Kokos 101
   Fischbällchen im Sud 148
   Kokos-Mandel-Füllung (Variante) 215
   Kokos-Safran-Krokant (Variante) 206
   Kokos-Tofu-Sticks mit Paprikagemüse 197
   Mungbohnen mit Blumenkohl und Kokosnuss 105
   Reismehlpfannkuchen mit Kokos und Papaya 215
   Safranreis mit Gemüse und Kokosspänen 192
Koriandergrün (Warenkunde + Küchentechnik) 24

L
Lachssteak mit Sellerie und Knuspernudeln 146
Lackierte Ente knusprig gebraten 163
Lammfleisch
   Lammcurry mit Spinat 132
   Lamm-Kichererbsen-Curry (Variante) 132
   Reis-Lamm-Topf mit Mandeln 173
Lauwarmer Hähnchenbrustsalat (Variante) 69
Limettenblätter (Warenkunde + Küchentechnik) 27
Linsen, gelbe, mit Kreuzkümmel 106
Linsen, rote, mit pikanter Mango 106
Linsensuppe mit Chili 64
Litschi (Warenkunde + Küchentechnik) 33

M/N
Mandel-Reis mit Rosenwasser 208
Mango (Warenkunde + Küchentechnik) 31
   Enten-Curry mit frischer Mango 125
   Mangocreme erfrischend fruchtig 209
   Rote Linsen mit pikanter Mango 106
Mangostane (Warenkunde + Küchentechnik) 34
   Entenbrust mit Früchten 164
Marinieren 67, 175
Marinierte Entenbrustfilets (Variante) 161
Marinierter Fischsalat mit Kokosdressing 66
Marinierter Tofu mit geschmorten Baby-Paksoi 198
Meeresfrüchte auftauen 118

Meeresfrüchte-Curry mit Thai-Spargel 119
Meeresfrüchte mit Gemüse und Minze 156
Miesmuscheln im Aromasud 155
Minze-Joghurt 57
Misosuppe mit Seidentofu 65
Mu-Err (Warenkunde + Küchentechnik) 20
   Ingwer-Brühe mit Garnelen (Variante) 60
   Lachssteak mit Sellerie und Knuspernudeln 146
   Schmortopf mit Rindfleisch 172
   Wok-Gemüse mit Pilzen und Glasnudeln (Variante) 84
Mungbohnen mit Blumenkohl und Kokosnuss 105
Mungbohnen mit Soba-Nudeln und Möhren (Variante) 105
Nudeln (Warenkunde) 42/43
Nudeln frittieren 147

O/P
Ofen-Fisch mit Tomaten-Zwiebel-Sauce 140
Paksoi (Warenkunde + Küchentechnik) 12
   Gebratene Eiernudeln mit Hähnchen und Garnelen 182
   Glasierte Garnelen süß-scharf 148
   Marinierter Tofu mit geschmorten Baby-Paksoi 198
   Scharf-süßer Weißkohl mit Paksoi 87
Pangasiusfilet mit Tomatensauce (Variante) 140
Papaya (Warenkunde + Küchentechnik) 32
   Reismehlpfannkuchen mit Kokos und Papaya 215
   Wolfsbarsch im Bananenblatt 138
Pfannenrühren (Gartechnik-Workshop) 46/47
   Auberginengemüse mit Tomaten (Variante) 89
   Brat-Rettich mit Lauch und Eiern 96
   Brokkoli-Hähnchen mit Cashewnüssen 47
   Entenbrust mit Früchten 164
   Gebratene Auberginen sauer-scharf 89
   Gebratene Eiernudeln mit Hähnchen und Garnelen 182
   Gebratener Reis mit zweierlei Fleisch 191
   Gemüse mit Austernsauce 101
   Glasnudeln mit mariniertem Rindfleisch 185
   Meeresfrüchte-Curry mit Thai-Spargel 119
   Reisnudeln mit Hähnchen 187
   Rinderlende mit Tomaten und Basilikum 172
   Rindfleisch-Curry mit Ananas 130
   Scharf-süßer Weißkohl mit Paksoi 87
   Scharfe Pilze mit Thai-Basilikum 92
   Scharfe Tintenfische in Kokossauce 155
   Schweinefilet mit Gemüse 178
   Schweinefleisch mit Weißkohl 178
   Schweinefleisch süßsauer 177
   Sojabohnensprossen mit Tofu und Paprika 95
   Thai-Fischcurry mit Paprikaschoten 115
   Udon-Nudeln mit Spinat 187
   Wok-Gemüse mit gebratenem Tofu 84
   Wok-Gemüse mit Pilzen und Glasnudeln (Variante) 84
   Würziger Bratreis mit Allerlei 195
Pflaumensauce (Warenkunde) 37
Pilze, scharfe, mit Thai-Basilikum 92
Pistazieneis mit frischen Früchten 206

REGISTER

R

Red Snapper mit Tomaten und Sesam 120
Reis (Warenkunde) 40/41
Reis garen (Grundrezepte) 55
Reis, gebratener, mit zweierlei Fleisch 191
Reis, Mandel-, mit Rosenwasser 208
Reisessig (Warenkunde) 36
Reisgrieß herstellen 68/69
Reis-Lamm-Topf mit Mandeln 173
Reismehl
    Reismehlpfannkuchen mit Kokos und Papaya 215
    Pistazieneis mit frischen Früchten 206
Reisnudeln (Warenkunde) 42
    Lachssteak mit Sellerie und Knuspernudeln 146
    Reisnudeln mit Hähnchen 187
    Reisnudelsuppe mit Huhn (Variante) 63
    Reisnudelsuppe mit Rindfleisch 63
Reispapierblätter (Warenkunde) 42
    Reispapierecken gefüllt und gebraten 74
    Sommerrollen mit Garnelen und Hähnchen 80
    Sommerrollen mit Rinderhack (Variante) 80
Rettich, Brat-, mit Lauch und Eiern 96
Rindfleisch
    Asiatischer Feuertopf leicht und vielfältig 170
    Chirashi-Sushi mit Rinderfilet 194
    Glasnudeln mit mariniertem Rindfleisch 185
    Rinderfilet, zartes, mit würzigem Dip 174
    Reisnudelsuppe mit Rindfleisch 63
    Rinderlende mit Tomaten und Basilikum 172
    Rindfleischbrühe (Grundrezept) 54
    Rindfleisch-Curry mit Ananas 130
    Rindfleisch-Curry mit Röstzwiebeln und Gurke 129
    Schmortopf mit Rindfleisch 172
    Sommerrollen mit Rinderhack (Variante) 80
Rote Currypaste (Grundrezept) 55
Rote Linsen mit pikanter Mango 106

S

Safranreis mit Gemüse und Kokosspänen 192
Sake (Warenkunde) 36
Sambal Oelek (Warenkunde) 37
Scharf-süßer Weißkohl mit Paksoi 87
Scharfe Pilze mit Thai-Basilikum 92
Scharfe Tintenfische in Kokossauce 155
Scharfer Tofu in gelber Sauce 200
Schlangenbohnen (Warenkunde + Küchentechnik) 15
Schmoren (Gartechnik-Workshop) 48/49
    Fisch-Sambal mit Frühlingszwiebeln 49
    Lammcurry mit Spinat 132
    Lamm-Kichererbsen-Curry (Variante) 132
    Rindfleisch-Curry mit Röstzwiebeln und Gurke 129
    Scharfer Tofu in gelber Sauce 200
    Schmortopf mit Rindfleisch 172
Schnelles Gemüsecurry mit Mandeln (Variante) 111
Schnittknoblauch (Warenkunde + Küchentechnik) 23

Schweinefleisch
    Asiatischer Feuertopf leicht und vielfältig 170
    Gebratener Reis mit zweierlei Fleisch 191
    Klare Suppe mit Filet und Gurke 64
    Reispapierecken gefüllt und gebraten 74
    Schweinebauch mit grünem Pfeffer 130
    Schweinefilet mit Gemüse 178
    Schweinefleisch, frittiertes (Variante) 177
    Schweinefleisch mit Weißkohl 178
    Schweinefleisch süßsauer 177
Sesam rösten 121
Sesamöl, geröstet (Warenkunde) 36
Sesam-Thunfisch mit Enoki-Pilzen 137
Shiitake (Warenkunde + Küchentechnik) 18
    Asiatischer Feuertopf leicht und vielfältig 170
    Frittiertes Schweinefleisch (Variante) 177
    Garnelensuppe sauer-scharf 60
    Marinierter Tofu mit geschmorten Baby-Paksoi 198
    Scharfe Pilze mit Thai-Basilikum 92
    Scharfe Tintenfische in Kokossauce 155
    Schweinefleisch süßsauer 177
    Süßkartoffel-Curry mit Bohnen und Shiitake 115
    Udon-Nudeln mit Spinat 187
Soba (Warenkunde) 43
    Mungbohnen mit Soba-Nudeln und Möhren (Variante) 105
Soja und Sojaprodukte (Warenkunde) 39
Sojabohnensprossen mit Tofu und Paprika 95
Soja-Ingwer-Dip 57
Sojasauce (Warenkunde) 36
Sommerrollen mit Garnelen und Hähnchen 80
Sommerrollen mit Rinderhack (Variante) 80
Spargel und Garnelen mit Sesam-Vinaigrette 51
Spinatsalat mit Sesamsauce 71
Sprossen (Tipp) 156
    Backfisch auf grünem Gemüse 145
    Eierküchlein mit Sprossen 78
    Eiernudeln mit Sprossen (Variante) 182
    Hähnchenbrust in Curry-Erdnuss-Sauce 122
    Meeresfrüchte mit Gemüse und Minze 156
    Reisnudelsuppe mit Huhn (Variante) 63
    Reisnudelsuppe mit Rindfleisch 63
    Sojabohnensprossen mit Tofu und Paprika 95
    Sommerrollen mit Garnelen und Hähnchen 80
    Sommerrollen mit Rinderhack (Variante) 80
Suppe, klare, mit Filet und Gurke 64
Sushi
    Chirashi-Sushi mit Rinderfilet 194
    Hosomaki-Sushi mit Gurke und Sesam (Variante) 77
    Hosomaki-Sushi mit Lachs und Avocado 77
Sushi-Qualität (Tipp) 66
Sushi-Reis (Warenkunde) 41
Sushi-Reis zubereiten 76/77
Süßkartoffeln (Warenkunde + Küchentechnik) 14
    Süßkartoffel-Curry mit Bohnen und Shiitake 115
Süßkartoffel-Curry mit Bohnen und Shiitake 115
Süßsaure Chilisauce 56

T

Tamarindenpaste (Warenkunde) 37
Tandoori-Hähnchen herrlich würzig 164
Tandoori-Paste (Warenkunde) 37
Tapiokapudding mit gratinierter Ananas 212
Thai-Basilikum (Warenkunde + Küchentechnik) 22
Thai-Fischcurry mit Paprikaschoten 115
Thai-Schalotten (Warenkunde + Küchentechnik) 16
Thai-Spargel (Warenkunde + Küchentechnik) 17
    Grünes Garnelencurry (Variante) 119
    Meeresfrüchte-Curry mit Thai-Spargel 119
    Spargel und Garnelen mit Sesam-Vinaigrette 51
Thunfisch mit Wasabisauce (Variante) 137
Thunfisch, Sesam-, mit Enoki-Pilzen 137
Tintenfische, scharfe, in Kokossauce 155
Tintenfischstreifen im Würzmantel 152
Tofu
    Erdnuss-Tofu-Sticks (Variante) 197
    Gebratener Tofu mit knusprigem Ingwer 200
    Knuspriger Tofu auf süßsaurem Gemüse 53
    Kokos-Tofu-Sticks mit Paprikagemüse 197
    Marinierter Tofu mit geschmorten Baby-Paksoi 198
    Misosuppe mit Seidentofu 65
    Scharfer Tofu in gelber Sauce 200
    Sojabohnensprossen mit Tofu und Paprika 95
    Wok-Gemüse mit gebratenem Tofu 84
    Wok-Gemüse mit Pilzen und Glasnudeln (Variante) 84
Tomaten häuten 113

U/V

Udon (Warenkunde) 43
    Udon-Nudeln mit Spinat 187
Veggi-Curry mit Chapati 111

W

Wasabipaste (Warenkunde) 37
Weißkohl vorbereiten 86
Weißkohl, scharf-süßer, mit Paksoi 87
Weißkohlsalat mit Erdnüssen 71
Wok-Gemüse mit gebratenem Tofu 84
Wok-Gemüse mit Pilzen und Glasnudeln (Variante) 84
Wolfsbarsch im Bananenblatt 138
Würziger Bratreis mit Allerlei 195

Z

Zarte Hähnchenbrust mit Ingwersauce 169
Zartes Rinderfilet mit würzigem Dip 174
Zitronengras (Warenkunde + Küchentechnik) 26
Zitrusfrüchte in Gewürzsirup 209
Zwiebeln rösten 128

ERFOLGSREZEPTE – DIE KOSMOS GRUNDKOCHBÜCHER

NATÜRLICH KANN ICH KOCHEN.

Cornelia Schinharl
**Vegetarisch gut gekocht!
Das Grundkochbuch**
224 Seiten, 193 Abbildungen, €/D 19,95

„Fleischlos glücklich" lautet die Devise von mehr als sechs Millionen Vegetariern in Deutschland, die auf Vielfalt und Genuss beim Essen nicht verzichten möchten: Zum Lebensgefühl dieser qualitätsbewussten Zielgruppe gehört eine kreative, zeitgemäße Küche einfach dazu. „Vegetarisch gut gekocht" trifft diesen Geschmacksnerv ganz genau und macht als Grundkochbuch seinem Namen alle Ehre: Vom klassischen Gemüseauflauf bis zum originellen Limetten-Koriander-Pesto zeigt es das gesamte Spektrum vegetarischer Rezeptideen – für sichere Erfolgserlebnisse und viel Spaß beim Kochen.

Cornelia Schinharl • Christa Schmedes
**Fein gebacken!
Das Grundbackbuch**
240 Seiten, 288 Abbildungen, €/D 19,95

Cornelia Schinharl
**Gut gekocht!
Das Grundkochbuch**
240 Seiten, 265 Abbildungen, €/D 19,95

gutgekocht.de

AKTEURE

Marlisa Szwillus Schreiben, Kochen und Genießen ist ihre Leidenschaft. Nach dem Studium der Ernährungswissenschaft leitete sie unter anderem mehrere Jahre das Kochressort der größten deutschen Zeitschrift für Essen und Trinken. Inzwischen arbeitet sie als freie Journalistin und Buchautorin, ist Mitglied des Food Editors Clubs Deutschland, hat rund 50 Bücher selbst geschrieben oder daran mitgearbeitet und dafür schon mehrere Auszeichnungen bekommen. Ihre besondere Liebe gilt den Küchen fremder Länder, vor allem der asiatischen, deren kreativer Umgang mit Gemüse, Kräutern und Gewürzen sie immer wieder begeistert. Die ambitionierte Kochbuchautorin begibt sich immer wieder auf kulinarische Reisen. Spürt die besten Rezepte auf, um sie dann mit nach Deutschland zu bringen und so umzusetzen, dass man sie auch bei uns leicht nachkochen kann.

Alexander Walter ist seit über 20 Jahren selbstständiger Fotograf. Im Auftrag renommierter Verlage und internationaler Agenturen arbeitet er vor allem in den Bereichen Food, Still Life, People, Reportage und Industrie. Der leidenschaftliche Hobbykoch war bei über 50 Kochbüchern für die optische Umsetzung des Konzepts verantwortlich. Er lebt und arbeitet mitten im Grünen, im schönsten bayerischen Oberland im Raum München.

Sven Dittmann hat die Gerichte für dieses Buch verführerisch in Szene gesetzt. Der gelernte Koch, der 11 Jahre lang in renommierten Restaurants gearbeitet hat, ist seit 2006 als freiberuflicher Foodstylist für Verlage und Werbeagenturen tätig.

Maria Gilg, gelernte Floristin, hat ihre Liebe und ihr Gespür für Gestaltung und Requisiten mit der Zeit auf die Bereiche Food und Still Life erweitert. Für Alexander Walter hat sie schon mehrere Fotoproduktionen in Szene gesetzt und ist auch bei diesem Buch ganz entscheidend für das wunderschöne asiatische Styling verantwortlich.

Der Verlag dankt folgenden Unternehmen für die Unterstützung dieses Buchprojekts:

- BSH Neff, www.neff.de
- Der Messerspezialist, www.messerspezialist.de
- ASA Selection GmbH, www.asa-selection.de

IMPRESSUM

Mit 252 Farbfotos von Alexander Walter

Umschlaggestaltung von
Gramisci Editorialdesign, München,
unter Verwendung eines Fotos von
Alexander Walter

Rezepte, Geling-Tipps, Infos zum KOSMOS-Kochbuch-Programm und vieles mehr unter
kosmos.de/gut-gekocht

Unser gesamtes lieferbares Programm und viele weitere Informationen zu unseren Büchern, Spielen, Experimentierkästen, DVDs, Autoren und Aktivitäten finden Sie unter
kosmos.de

Gedruckt auf chlorfrei gebleichtem Papier

© 2012, Franckh-Kosmos Verlags-GmbH & Co. KG, Stuttgart
Alle Rechte vorbehalten

ISBN 978-3-440-13271-5

Projektleitung und Lektorat:
Stephanie Schönemann
Gesamtgestaltungskonzept:
Gramisci Editorialdesign, München
Satz: Cordula Schaaf, Grafik-Design, München
Produktion: Eva Schmidt
Printed in Germany / Imprimé en Allemagne